# 소청변호사
## 상담노트

# 소청변호사 상담노트

| | |
|---|---|
| 발행일 | 2017년 03월 27일 |

| | | | |
|---|---|---|---|
| 지은이 | 송 도 인 | | |
| 펴낸이 | 손 형 국 | | |
| 펴낸곳 | (주)북랩 | | |
| 편집인 | 선일영 | 편집 | 이종무, 권유선, 송재병, 최예은 |
| 디자인 | 이현수, 김민하, 이정아, 한수희 | 제작 | 박기성, 황동현, 구성우 |
| 마케팅 | 김회란, 박진관 | | |
| 출판등록 | 2004. 12. 1(제2012-000051호) | | |
| 주소 | 서울시 금천구 가산디지털 1로 168, 우림라이온스밸리 B동 B113, 114호 | | |
| 홈페이지 | www.book.co.kr | | |
| 전화번호 | (02)2026-5777 | 팩스 | (02)2026-5747 |

ISBN    979-11-5987-493-2 13360(종이책)   979-11-5987-494-9 15360(전자책)

이 도서의 국립중앙도서관 출판예정도서목록(CIP)은 서지정보유통지원시스템 홈페이지(http://seoji.nl.go.kr)와
국가자료공동목록시스템(http://www.nl.go.kr/kolisnet)에서 이용하실 수 있습니다.
(CIP제어번호 : CIP2017007375)

교원 및 공무원 소청심사제도의 핵심 쟁점과 사례

# 소청변호사
# 상담노트

송도인 지음

북랩 book Lab

　한 해 교원소청심사위원회에 접수되는 소청심사 청구 건수는 600건 이상, 인사혁신처 소청심사위원회에 접수되는 건수는 900건에 가깝습니다. 교원 및 공무원들의 권리의식이 높아지며 소청심사제도를 이용하는 수도 해마다 증가하고 있는 것입니다.

　소청심사제도는 특별행정심판의 한 종류로서 신속한 처리절차, 무비용, 온라인 청구 등을 통한 높은 접근성과 편리성 등의 장점을 가지고 있습니다. 또한 장기간 축적된 결정례들을 중심으로 공정하고 균형 있는 심사가 이루어지고 있습니다.

　비위행위를 범한 교원 및 공무원에 대하여는 그에 상응하는 징계 등의 처분을 함으로써 높은 도덕성을 갖춘 교원으로서의 사회적 책임을 다하도록 하고, 엄정하고 깨끗한 공직기강을 확립할 필요가 있겠으나, 이 과정에서 교원 및 공무원들의 정당한 권익이 침해되어서는 안 되며, 적절한 지위 보장 역시 이루어져야 할 것입니다. 또한 어떠한 경우에서든지 적법절차는 준수되어야 하고 법적으로 보장된 권리의 범위 내에서 실체적 진실을 밝힐 기회가 널리 주어져야 합니다.

　그런데 변호사로서 소청 사건을 담당하며 다수의 상담자들을 만나면서 느낀 점 중 하나는 교원 또는 공무원이라는 특수한 신분 때문인지 많은 분들이 소청심사청구를 통해 이러한 정당한 권리 구제를 도모하는 것을 어려워하고 망설인다는 것이었습니다. 해임 또는 파면의 배제처분을 받은 경우 이러한 망설임이 좀 덜할 수 있으나, 이와 달리 현재 조직 내에 속한 상담자들의 경우 소청심사를 청구하는 것이 오히려 피청구인 과의 관계에서 불편함을 가져오거나 반성하지 않는 모습으로 비춰져 더 큰 불이익을 받게 되는 것은 아닌지 염려하기 때문입니다. 그러나 앞서 강조한 바 있듯이 소청심사청구는 교원 및 공무원들에게 주어진 정당한 법적 권리이자, 나아가 부당한 처분 등에 대하여 소청심사위원회의 체계 화된 시정을 바탕으로 교직 및 공직사회가 보다 준법적으로 운영될 수 있는 기회를 제공하는 수단이 되기도 하므로 이는 장려되어야 할 것이 지 자제되어야 할 것이 전혀 아닙니다.

저는 이러한 이유에서 교원소청심사위원회 및 인사혁신처 소청심사위 원회의 최근 결정례들을 중심으로 소청 심사 청구에 관한 주요 쟁점들 을 함께 살펴보고, 실제 사례를 바탕으로 소청심사위원회에서 권리 구제 가 이루어지는 모습을 통해 교원 및 공무원분들이 소청심사제도를 이해 하는 데 작은 도움이 되었으면 하는 마음에서 이 책을 집필하게 되었습 니다. 또한 소청 심사 청구를 준비하는 분들을 위하여 실제 작성 서면을 수록하였습니다. 실무적 내용과 청구서 작성 례를 포함하여 소청 전반을 다루는 도서는 이 책이 처음일 것입니다. 모쪼록 소청심사제도에 관심을 기울이고 있는 교원 및 공무원 여러분들이 이 책을 통하여 자신의 권익 구제에 보다 적극적으로 임할 수 있는 용기를 가지실 수 있기 바랍니다.

2017년 3월

소청변호사 송도인

# 제3장 실제 사례 중심 Q&A

## **제4장** 서면 작성 례

### **부록**

# 제 1 장

# 교 원 소 청

교원소청심사청구는, 국·공·사립을 망라하여 유치원에서 대학에 이르기까지 유아교육법 제20조, 초·중등교육법 제19조, 고등교육법 제14조에 명시된 교원이 징계처분(파면, 해임, 정직, 감봉, 견책), 그 밖에 그 의사에 반하는 불리한 처분(재임용거부, 면직, 직위해제, 휴직, 강임 등)을 받고, 이에 대한 취소·변경 등을 구하고자 할 때, 처분이 있은 것을 안 날부터 30일 이내에 소청심사청구서를 직접, 우편, FAX 또는 홈페이지에서 온라인으로 제출하여 교원소청심사위원회에 도달하게 하면 됩니다.

# 교원소청심사절차

## ① 소청심사청구

- □ 청구인의 성명·주소 및 전화번호, 소속 학교명 또는 전(前) 소속 학교명과 직위 또는 전 직위, 피청구인, 소청심사청구의 대상이 되는 처분의 내용, 처분이 있음을 안 날, 청구의 취지, 청구 이유 및 입증방법을 기재한 소청심사청구서를 제출합니다.

- □ 파면 또는 해임이나 면직처분에 대하여 교원소청심사청구가 있는 경우 처분권자는 위원회의 최종 결정이 있을 때까지 후임자의 보충발령을 하지 못합니다. 다만, 소청심사청구 기간이 경과한 후에는 보충발령이 가능합니다.

- □ 청구인은 심사위원회의 결정이 있을 때까지는 청구의 일부 또는 전부를 취하 할 수 있습니다.

## ② 소청심사청구서 접수

- □ 심사위원회는 소청심사청구서에 흠이 있다고 인정할 때에는 접수한 날로부터 7일 이내에 상당한 기간을 정하여 청구인에게 보정요구를 할 수 있으며, 흠이 경미한 때에는 직권으로 보정을 합니다.

- □ 보정이 있는 경우 처음부터 적법한 소청심사청구가 제기된 것으로 봅니다.

## ③ 소청심사청구서 접수 통지 및 피청구인에 대하여 답변서 제출 요구

- □ 심사위원회는 소청심사청구서 부본 1부를 피청구인에게 송부하고

필요한 경우 답변서 제출을 요구할 수 있습니다.

- 피청구인은 지정된 기일 내에 소청심사청구의 취지와 이유에 대한 답변 및 이에 대한 입증자료가 포함된 답변서와 청구인의 수에 따른 부본을 심사위원회에 제출하여야 합니다.

### ④ 답변서 접수 및 검토

- 심사위원회는 피청구인의 답변서가 접수되면 그 부본을 청구인에게 송부하고 필요할 경우 현지 등을 방문하여 사실 조사를 실시할 수 있습니다.

### ⑤ 심사기일 지정·통지

- 심사위원회가 소청심사청구사건을 심사할 때에는 청구인과 피청구인이 심사위원회에 출석할 수 있도록 심사개최 7일 전까지 당사자에게 심사기일 및 장소를 통지하여 줍니다(세종특별자치시에 위치한 교원소청심사위원회에 출석합니다).

- 이 경우 심사기일 등의 통지를 받은 자가 정당한 사유로 출석할 수 없는 때에는 심사위원회에 심사연기를 요청할 수 있고, 심사위원회는 다시 심사일시 및 장소를 정하여 당사자가 출석할 수 있도록 하여야 합니다.

### ⑥ 심사

- 위원회는 소청심사청구의 원인이 된 사실 외의 사실에 대해서는 심사하지 못합니다.

- 소청제기기간, 청구인 적격, 청구대상 등에 대한 요건심사, 징계 등

불이익 처분 절차, 사실관계, 법령적용, 징계양정 등이 제대로 이루어졌는지를 검토하고, 위원회는 전문적인 지식과 경험을 갖춘 자에게 검정·감정을 의뢰하거나 소속직원으로 하여금 사실조사를 실시할 수 있습니다.

☐ 소청사건과 관련된 증인을 불러 질문하거나 관계기관 등에 필요한 서류제출을 요구할 수 있습니다.

☐ 위원회는 청구인에게 구두로 진술의 기회를 부여하여야 합니다. 대리인이 선임된 경우 대리인과 함께 출석하여 진술합니다(사안에 따라 다르나 30분에서 1시간가량 소요됩니다. 청구인은 심사위원의 질문에 답변하는데 주심위원께서 주로 질문을 하며 심사진행을 하십니다). 다만, 소청심사의 청구가 부적법하여 각하결정을 하는 때와 소청심사청구의 대상이 되는 처분의 절차상 하자가 명백하여 그 처분의 취소결정을 하는 때는 당사자의 서면진술만으로 결정할 수 있습니다.

## ⑦ 결정

☐ 접수일로부터 60일 이내(30일 연장 가능)에 결정하되 결정 유형에는 각하, 기각, 취소, 변경 등이 있습니다(실무적으로 위원회는 심사 다음날 미리 고지한 연락처로 심사 결과를 통지하여 줍니다).

## ⑧ 결정서 작성 및 송부

☐ 결정서는 결정일로부터 15일 이내에 결정 주문과 이유 등을 명시하여 청구인과 피청구인에게 송부합니다.

☐ 결정에 불복할지 여부를 검토하여 행정소송 단계로 나아갑니다.

# 소청심사청구서 작성 예[1]

1. 사 건 명 : ○○처분 취소 또는 감경 청구
2. 청 구 인 :

| 성명 | | 생년월일 | |
|---|---|---|---|
| 소속 학교명 | | (전)직위 | |
| 주소 | 주민등록 등(초)본 주소 | | |
| | 우편물수령 희망 주소 | | |
| 연락처 | 전화번호 (휴대폰번호) | | |
| | 전자우편 (이메일) | | |
| 대리인 | | | |

※ 주민등록등(초)본 주소는 당사자 확인을 위해 작성하는 사항입니다.
※ 대리인 선임 시 소송 위임장을 별지로 첨부해 주시기 바랍니다.

3. 피청구인 :
4. 처분이 있는 것을 안 날 :
5. 청구취지 :
※ (예) 피청구인이 0000년 00월 00일 청구인에게 한 00처분의 취소(또는 감경)를 구합니다.
6. 청구이유 :
※ 구체적인 청구이유는 별지로 작성하여 제출하셔도 됩니다.

위와 같이 청구합니다.
20    .    .    .           위 청구인           (서명)

## 교원소청심사위원회 귀중

---

1) 교원소청심사위원회 홈페이지 자료실 관련서식 참고

# 구제방법

사립학교 교원에 대한 징계처분은 사법(私法)행위의 성질을 띠고 있으므로 사립학교 교원의 경우 교원소청심사위원회에 대한 심사청구절차를 거치거나 또는 교원소청심사위원회에 대한 심사청구절차를 거쳤는지 여부를 불문하고 징계처분 자체에 대해 민사소송을 제기하여 권리구제를 받을 수 있습니다. 그리고 이때 소송에서의 피고는 징계처분을 한 학교법인이 됩니다. 사립학교 교원이 징계처분에 대하여 교원소청심사위원회에 심사청구를 하는 경우, 해당 교원소청심사위원회의 결정에 불복이 있으면 행정소송을 제기할 수 있습니다. 이 경우 행정소송의 대상이 되는 행정처분은 교원소청심사위원회의 결정이 되는 것이며, 당초 학교법인의 징계처분이 되는 것이 아닙니다. 즉, 사립학교 교원은 교원소청심사위원회를 피고로 하여 행정소송으로서 구제를 받을 수 있는 것입니다.

이처럼 교원의 소청심사에 대한 교원소청심사위원회의 기각결정에 대하여는 당해 교원이 행정소송에 있어서 원고가 될 것이고, 교원소청심사위원회의 인용결정에 대하여는 학교법인 또는 사립학교 경영자가 원고가 될 것인데, 교원소청심사의 피청구인이 된 학교의 장이 교원소청심사위원회의 결정에 대하여 행정소송을 제기할 수 있는지에 대해서는 문제가 된 바 있습니다. 이에 대하여 대법원은 "학교의 장은 학교법인의 위임 등을 받아 교원에 대한 징계처분, 인사발령 등 각종 업무를 수행하는 등 독자적 기능을 수행하고 있어 이러한 경우 하나의 활동단위로 특정될 수 있는 점까지 아울러 고려하여 보면, 교원소청심사위원회의 결정에 대하여 행정소송을 제기할 수 있는 자에는 교원지위 향상을 위한 특별법 제10조 제3항에서 명시하고 있는 교원, 사립학교법 제2조에 의한 학교법인, 사립학교 경영자뿐 아니라 소청심사의 피청구인이 된 학교의 장도 포함된다고 보는 것이 타당하다(대법원 2011. 6. 24. 선고 2008두9317 판결)."라고 판시하여 사립 대학교 총장이 소속 대학교 교원의 임용권을 위임받아 전임강사에 대하여 재임용기간의 경과를 이유로 당연면직의 통지를 하였고, 이에 해당 교원이 총장을 피청구인으로 재임용 거부처분 취소 청구를 하여 교원소청심사위원회가 재임용 거부처분을 취소한다는 결정처분을 한 사안에서, 총장이 교원소청심사위원회를 상대로 결정처분의 취소를 구하는 행정소송을 제기할 당사자 능력 및 당사자 적격이 있다고 하였는바, 구제 당사자의 범위를 학교의 장에 대해서까지 인정했습니다.

---

**대법원 1993. 2. 12. 선고 92누13707 판결**

사립학교 교원은 학교법인 또는 사립학교 경영자에 의하여 임면되는 것으로서 사립학교 교원과 학교법인의 관계를 공법상의 권력관계라고는 볼 수 없으므로 사립학교 교원에 대한 학교법인의 해임처분을 취소소송의 대상이 되는 행정청의 처분으로 볼 수 없고, 따라서 학교법인을 상대로 한 불복은 행정소송에 의할 수 없고 민사소송절차에 의할 것이다.

사립학교 교원에 대한 해임처분에 대한 구제방법으로 학교법인을 상대로 한 민사소송 이외 교원지위 향상을 위한 특별법 제7 내지 10조에 따라 교육부 내에 설치된 교원징계재심위원회에 재심청구를 하고 교원징계재심위원회의 결정에 불복하여 행정소송을 제기하는 방법도 있으나, 이 경우에도 행정소송의 대상이 되는 행정처분은 교원징계재심위원회의 결정이지 학교법인의 해임처분이 행정처분으로 의제되는 것이 아니며 또한 교원징계재심위원회의 결정을 이에 대한 행정심판으로서의 재결에 해당되는 것으로 볼 수는 없다.

반면, 국·공립학교 교원의 경우 해당 교원에 대한 징계처분은 행정처분에 해당하므로 이를 다투고자 하는 경우 교원소청심사위원회에 심사를 청구하여야 하고, 그 결정에 불복이 있으면 원처분청(당초 징계처분을 한 학교)을 상대로 하여 원처분의 취소를 구하는 행정소송으로 다퉈야 합니다. 즉 교원소청심사위원회의 심사청구는 임의적인 것이 아니라 반드시 그 절차를 밟아야 하는 필수적인 것입니다(행정심판전치주의). 이처럼 국·공립학교 교원에 대해서는 교원소청심사위원회에 대한 불복절차가 특별행정심판절차가 되는 것이고, 교원소청심사위원회의 결정은 행정심판의 재결에 해당하게 되는 것입니다. 따라서 교원소청심사위원회가 국·공립학교 교원의 심사청구를 인용하거나 원래의 불이익 처분을 변경하는 처분을 하여도 처분권자는 이에 기속되어 불복할 수 없게 되는 것입니다.

# 징계처분 사유 결정서의 교부

사립학교법 제66조 제3항[2]에서는 해당 교원에게 징계처분의 사유를 적은 결정서를 교부하여야 한다고 규정하고 있으며, 판례는 그 기재가 너무 추상적이고 모호한 경우에는 적법한 처분 사유 설명서의 요건을 갖추었다고 볼 수 없으므로 처분 사유 설명서의 교부 절차를 흠결한 하자가 있다고 봅니다(서울고등법원 1989. 10. 13. 선고 89나293 판결). 이 같은 징계의결서의 사유 적시는 청구인에게 자신을 방어할 수 있는 기회를 보장하도록 하는 것으로서 이를 결여한 경우 중대한 절차의 하자가 되는 것입니다. 따라서 징계처분 사유 결정서를 교부 받은 경우 해당 내용을 잘 살펴보아 구체적이고 명확한 사실의 적시가 있는지, 해당 기재 내용에 따라 징계사유를 정확히 알 수 있어 이에 대한 소명이 가능하도록 충분한 방어권이 보장되고 있는지를 확인하여야 할 것입니다.

이에 교원소청심사위원회는 징계의결서에 "카페를 개설하여 은유적인 글을 올리고 댓글을 유도함으로써 악의적인 글이 올라오는 것을 권장 또는 방조하였다.", "○○대학교의 모든 구성원에 대해 대내외적인 명예 실추·훼손은 물론 인격적인 모욕감과 수치심을 느끼게 하고 카페를 통하여

---

2) 제66조(징계의결) ① 교원징계위원회는 징계사건을 심의한 결과 징계를 의결하였을 때에는 주문(主文)과 이유를 적은 징계의결서를 작성하여 임용권자에게 보내어 알려야 한다. ② 제1항의 징계의결은 재적위원 3분의 2 이상의 출석과 재적위원 과반수의 찬성으로 하여야 한다. ③ 임용권자가 제1항의 징계의결서를 받았을 때에는 제66조의2 제2항에 따라 재심의를 요구받은 경우를 제외하고는 징계의결서를 받은 날부터 15일 이내에 그 의결 내용에 따라 징계처분을 하여야 한다. 이 경우 임용권자는 징계처분의 사유를 적은 결정서를 해당 교원에게 교부하여야 한다.

집단행위를 선동 조장하였다."라고 적시한 사안에 대해서 이를 징계의결서에 구체적인 징계 사유가 적시되지 아니하였다는 이유로 절차상 하자를 인정하였습니다(2014-146, 147 파면처분 취소 청구).

그러나 위원회와 판례가 요구하는 것은 구체적이고 명확한 사실의 적시를 통해 청구인으로 하여금 방어권 행사에 지장이 없을 것을 의미하는 것이지 징계처분 사유 결정서에 모든 증거와 내용을 일일이 설명하는 내용까지 기재할 것을 요구하는 것은 아닙니다. 즉 판례는 "사립학교법시행령 제26조에서 징계의결서의 이유에 증거의 판단과 적용법령을 명시하도록 한 취지는 피징계자로 하여금 어떠한 근거에서 징계가 이루어졌는지를 알 수 있도록 하여 줌으로써 징계의 공정을 기하고 그로 하여금 불복할 수 있는 쟁점을 밝혀 주고자 하는 데 있는 것으로 보이는 점에 비추어, 그 설시의 정도는 그러한 목적을 달성할 수 있는 범위 내에서 징계사유로 된 사실관계와 이에 해당하는 의무위반의 사유가 무엇인지를 인식할 수 있을 정도로 적시하면 족하고 모든 증거와 적용법령을 구체적으로 일일이 나열하여야 할 것은 아니다."라고 판시하고 있는바[3], 징계의결서의 내용을 통해 징계사유가 무엇인지에 대하여 청구인이 이를 충분히 파악할 수 있는 정도인지 여부가 절차 위반 여부를 가르는 핵심이 될 것입니다.

---

3) 대법원 1993. 9. 10. 선고 93누5741 판결

# 파면·해임 시 이사회 의결

　사립학교법 제53조의2 제1항[4]은 사립학교의 교원의 임면은 당해 학교의 장의 제청으로 이사회의 의결을 거쳐야 한다고 규정하고 있으며, 대부분의 학교법인 정관에서는 위와 같은 법률 규정을 반영하여 이사회의 심의 결정사항에 교원의 임면에 관한 사항을 두고 있습니다. 따라서 사립학교 교원에 대한 징계처분을 하고자 하는 경우 사립학교 교원의 임면권자는 해당 교원에 대한 조사를 거친 후 교원징계위원회에 징계의결을 요구하고자 하는 징계처분의 수준이 면직에 해당하는 파면이나 해임에 해당하는 경우, 사립학교법 및 정관규정에 따라 이에 대하여 이사회에 해당 안건을 제청하고, 이러한 이사회의 심의·의결을 거쳐 교원징계위원회에 그 징계의결을 요구하여야 하는 것입니다.

　이에 대법원은 "구 사립학교법(1997. 1. 13. 법률 제5274호로 개정되기 전의 것) 제2조 제1항과 제3조 제1호, 제16조 제1항 제5호와 제53조의2 제1항 제1호 및 제61조 제1, 2항과 제64조에 의하면, 사립대학 교원의 임면에 관한 사항은 학교법인 이사회의 심의·의결 사항인 것으로 규정되어 있지만, 파면·해임 등의 징계에 관하여는 임면권자인 학교법인이 당해 교원징계위원회에 징계의결을 요구하여 그 결과에 따라 징계를 하여야 하는 것으

---

[4] 제53조의2(학교의 장이 아닌 교원의 임면) ① 각급 학교의 교원은 당해 학교법인 또는 사립학교경영자가 임면하되, 다음 각 호의 1에 의하여야 한다.
　1. 학교법인 및 법인인 사립학교경영자가 설치·경영하는 사립학교의 교원의 임면은 당해 학교의 장의 제청으로 이사회의 의결을 거쳐야 한다.

로 규정되어 있을 뿐 그 징계의결의 요구에 학교법인 이사회의 심의·의결이 필요한지 여부가 명시적으로 규정되어 있지 아니하다. 그렇지만 법 제54조 제1항과 법 시행령 제23조 제2항에서 관할청에 대한 교원의 임면보고 사항 중에 해임보고를 포함시키는 한편, 당해 해임이 징계에 의한 것인 경우에는 그 해임보고서에 징계의결서 사본 외에 이사회 회의록 사본도 첨부하여야 하는 것으로 규정하고 있는 점과 영 제25조에서 학교법인이 징계의결의 요구를 함에 있어 첨부하여야 할 서류에 징계의 종류와 양을 기재한 서류를 포함시키고 있는 점, 그리고 법 제62조 제2항에서 징계위원회는 학교법인의 이사가 그 위원의 2분의 1을 초과할 수 없는 것으로 규정함으로써 학교법인의 이사회와는 그 구성을 달리하도록 규정하고 있는 점 및 국가공무원법 제32조와 공무원 임용령 제2조 및 교육공무원법 제2조 제5항 등 관련 법령의 규정에서 '임면' 또는 '임용'에는 징계로서 행하여지는 파면·해임도 포함되는 것으로 정의하고 있는 점 등에 비추어 보면, 법상 징계로서 행하여지는 파면·해임 역시 교원의 임면에 속하는 것으로서 그에 관한 징계의결의 요구에는 이사회의 심의·의결이 필요한 것으로 풀이된다. 따라서 원심이 징계에 의한 파면·해임은 교원의 임면에 관한 사항에 속하지 아니하여 그에 관한 징계의결의 요구에는 이사회의 심의·의결을 거칠 필요가 없다고 판단한 것은 잘못이라고 할 것이다(대법원 2000. 10. 13. 선고 98두8858 판결)."라고 판시한바 있습니다.

따라서 법률규정 및 정관, 대법원 판례에 따라 사립학교 교원에 대하여 파면 또는 해임의 징계처분을 하고자 하는 경우 이는 교원의 임면에 관한 사항에 해당하므로, 사립학교의 장은 이사회에 의결을 제청하여 심의·의결을 거친 후 징계위원회에 해당 징계의결을 요구하여야 할 것이므로 청구인에 대한 해임의결 요구안에 대하여 이사회의 안건으로 이를 상정하지 아니하고 이사회의 심의·의결 없이 개최된 징계위원회에서 청구인에 대하여 파면 또는 해임처분을 한 경우 이는 징계처분에 있어 절차적 정당성을 결여한 것에 해당하므로 징계의결의 실체적 정당성을 판단할 필요도 없이 위법·무효라고 할 것입니다. 그러므로 해임 또는 파면의 처분을 받은 경우 우선 이사회 회의록을 확보하여 징계의결 요구에 관한 심의·의결을 거쳤는지 여부를 확인해 보아야 할 것입니다.

# 진상 조사 미비와 절차적 하자

징계위원회를 개최하기 전 비위사실에 대하여 감사 부서 등에서 첩보를 입수하거나 혐의 사실을 포착하는 경우 학교 내부에서 자체적인 진상조사위원회를 구성하여 사전에 비위사실에 대한 사실여부를 파악하는 일이 종종 있습니다. 특히 성희롱·성폭력 문제와 관련하여서는 학교 내부에 별도의 규정을 두고 조사위원회를 운영하고 있는 경우가 대부분입니다. 이에 해당 (진상)조사위원회의 조사가 미비하거나 그 과정에 청구인의 참여가 배제되는 등 절차적 문제가 있었음을 제기하는 청구인들이 다수 있습니다. 즉 진상조사위원회에서 이루어진 미비한 조사를 근거로 징계위원회가 독자적으로 조사를 실시하지 아니하고 해당 진상조사위원회의 조사결과에 따른 결정을 하였으므로 징계위원회의 판단에 하자가 있다는 주장입니다.

이와 관련한 교원소청심사위원회의 사례를 살펴보면, 성희롱·성폭력 특별위원회에서 진상 조사를 함에 있어 그 과정에서 청구인에게 의견 청취나 이의 제기 절차를 부여하지 않았으며 증거자료를 확보하거나 증인들의 진술을 적극적으로 청취하지 아니하여 진상 조사를 미비하게 하였다고 청구인이 주장한 사안에서, 위원회는 "징계 의결 요구권자는 징계 사유에 해당하는 소속 교원이 있을 때에는 사립학교법 제64조(징계의결의 요구)에 따라 미리 충분한 조사를 한 후 징계 의결을 요구하여야 한다할 것이지만, 그 조사 방법에 대하여는 별도로 규정된 바가 없고, 징계위원회는 자체의 책임 하에 독자적으로 진상을 조사하고 징계 사유의 존부를 결정할 권한과 의무가 있으므로 피청구인으로서는 재량에 따라 적절하다고 판단하는 방식으로 징계 혐의 사실의 존부를 입증할 만한 정도의 구체적인 조사를 하여 징계 의결을 요구한 것으로 족하다고 할 것이다. 그렇다면 피청구인은 신○○ 학생이 2013. 11. 6. 성희롱·성폭력상담소에 사건을 신고한 이후 피해자와 혐의자, 참고인의 진술을 대조하고 인정되는 사실을 추려낸 후 특별위원회를 거쳐 징계 혐의 사실이 있다고 인정하여 이 사건 징계 의결의 요구에 이르게 되었으므로 징계 의결의 요구에 있어 진위 조사가 미비하였다는 청구인의 주장은 이유 없다."고 판단하였습니다(2014-277 해임처분 취소 청구). 그리고 이 사안에서는 피청구인이 청구인에게 학교 내부 규정인 성희롱·성폭력 예방 및 처리에 관한 규정에 위반하여 재심의 기회를 부여하지 않았음에도 이렇듯 재심의 기회를 부여하지 않은 것은 잘못이라 할 것이나 청구인이 징계위원회에 출석하여 진술하는 등 자신의 입장을 소명한 사실이 인정되므로 이 사건 처분을 취소할 정도의 중대한 절차상 하자에 해당한다고는 볼 수 없다고 하였는바, 이러한 위원회의 판단을 종합하여 보면, 진상조사위원회 등의 조사 과정에 반드시 청구인에 대한 의견 청취나 이의 제기 절차 등을 부여하여야 하는 것은 아니라고 하겠으나 다만 그 과정에서 청구인이 전혀 소명의 기회를 부여받지 못하였다거나 징계 혐의 사실의 존부가 분명히 확인되는 수준에 이르지 못할 정도의 형식적인 조사가 이루어진 경우 등에 대하여는 절차상 하자를 주장할 수 있다고 할 것입니다.

# 징계양정의 적정성 판단 기준

　　교원소청심사위원회에서는 징계절차가 적법한지, 징계사유가 존재하는지, 징계양정이 적정한지의 순서로 사건을 심사하게 됩니다. 그런데 이때 징계양정이 적정한지 여부는 다음과 같은 원칙에 의거하여 심사가 이루어지는 것이므로 이러한 법리를 염두에 두고 적정성 여부를 판단하여야 할 것입니다.

---

**공무원에 대한 징계처분에 있어서 재량권의 한계 및 재량권남용 여부의 판단 기준**

공무원인 피징계자에게 징계사유가 있어서 징계처분을 하는 경우 어떠한 처분을 할 것인가는 징계권자의 재량에 맡겨진 것이고, 다만 징계권자가 재량권의 행사로서 한 징계처분이 사회통념상 현저하게 타당성을 잃어 징계권자에게 맡겨진 재량권을 남용한 것이라고 인정되는 경우에 한하여 그 처분을 위법하다고 할 수 있으며, 공무원에 대한 징계처분이 사회통념상 현저하게 타당성을 잃었다고 하려면 구체적인 사례에 따라 징계의 원인이 된 비위사실의 내용과 성질, 징계에 의하여 달성하려고 하는 행정목적, 징계 양정의 기준 등 여러 요소를 종합하여 판단할 때 그 징계 내용이 객관적으로 명백히 부당하다고 인정할 수 있는 경우라야 하고, 징계권의 행사가 임용권자의 재량에 맡겨진 것이라고 하여도 공익적 목적을 위하여 징계권을 행사하여야 할 공익의 원칙에 반하거나 일반적으로 징계사유로 삼은 비행의 정도에 비하여 균형을 잃은 과중한 징계처분을 선택함으로써 비례의 원칙에 위반하거나 또는 합리적인 사유 없이 같은 정도의 비행에 대하여 일반적으로 적용하여 온 기준과 어긋나게 공평을 잃은 징계처분을 선택함으로써 평등의 원칙에 위반한 경우에 이러한 징계처분은 재량권의 한계를 벗어난 처분으로서 위법하다 할 것이다(대법원 2007. 5. 11. 선고 2006두19211 판결). 그리고 공무원에 대한 징계처분이 사회통념상 현저하게 타당성을 잃었는지 여부는 구체적인 사례에 따라 직무의 특성, 징계의 원인이 된 비위사실의 내용과 성질, 징계에 의하여 달성하려고 하는 행정목적, 징계 양정의 기준 등 여러 요소를 종합하여 판단하여야 하고, 특히 금품수수의 경우는 수수액수, 수수경위, 수수시기, 수수 이후 직무에 영향을 미쳤는지 여부 등이 고려되어야 한다(대법원 2006. 12. 21. 선고 2006두16274 판결).

# 징계 감경 제외 대상 징계사유

　교육공무원 징계 양정 등에 관한 규칙 제4조는 이하에서 살펴보는 바와 같이 징계의 감경에 관하여 규정하고 있습니다. 즉 상훈법에 따른 훈장 또는 포장을 받은 공적, 청장 이상 또는 교육감 이상의 표창을 받은 공적, 모범공무원규정에 따라 모범공무원으로 선발된 공적은 징계를 감경할 수 있는 사유가 되는 것입니다. 다만 징계처분이나 경고를 받은 사실이 있는 경우에는 그 징계처분이나 경고처분 전에 받은 공적은 감경의 대상에서 제외됩니다. 따라서 소청 심사 청구 과정에서 이 같은 공적사항을 밝히는 것은 감경사유로서 매우 중요하다고 할 것이며, 위 법률 규정상의 공적에는 해당하지 않더라도 기타 공적사항이 있는 경우 충분히 참작사항이 될 수 있는 만큼 공적사항에 대한 성의 있는 설명이 필요하다고 할 것입니다.

　한편, 동조 제2항에서는 이러한 공적사항에 따른 감경에도 불구하고 징계를 감경할 수 없는 사유에 대하여 규정하고 있는바, 직무와 관련한 금품수수, 학생 성적 조작, 성폭력범죄 등에 대하여는 감경 없는 엄정한 책임을 묻고 있는 것입니다. 이에 교원소청심사위원회에서는 위 규정에 따라 신임교사 임용시험 업무 수행 시 점수를 조작하여 해임처분을 받은 사례(2014-336 해임처분 취소 청구), 학생을 성추행 하여 해임처분을 받은 사례(2014-287 해임처분 취소 청구)에 대하여 (심지어 피해자와의 합의가 있었음에도) 감경불가 사유인 징계사유에 해당함을 이유로 징계를 감경하지 아니하고 원처분이 정당하다고 판단하였습니다.

**제4조(징계의 감경)** ① 징계위원회는 징계의결이 요구된 사람에게 다음 각 호의 어느 하나에 해당하는 공적이 있는 경우에는 징계를 감경할 수 있다. 다만, 교육공무원이 징계처분이나 이 규칙에 따른 경고를 받은 사실이 있는 경우에는 그 징계처분이나 경고처분 전의 공적은 감경대상 공적에서 제외한다.

1. 「상훈법」에 따른 훈장 또는 포장을 받은 공적
2. 「정부표창규정」에 따라 국무총리 이상의 표창을 받은 공적[교사의 경우에는 중앙행정기관의 장인 청장(차관급 상당 기관장을 포함한다) 이상 또는 교육감 이상의 표창을 받은 공적]
3. 「모범공무원규정」에 따라 모범공무원으로 선발된 공적

② 제1항에도 불구하고 다음 각 호의 어느 하나에 해당하는 경우에는 징계를 감경할 수 없다.

1. 「국가공무원법」 제83조의2 제1항에 따라 징계의결 요구 시효가 5년인 징계 사유에 해당하는 비위
2. 「공무원 징계령 시행규칙」 제2조 제2항에 따른 직무와 관련한 금품수수(金品授受) 비위
3. 시험문제를 유출하거나 학생의 성적을 조작하는 등 학생 성적과 관련한 비위 및 학교생활기록부 허위사실 기재 또는 부당 정정(訂正)과 관련한 비위
4. 다음 각 목의 범죄 또는 행위로 징계의 대상이 된 경우
   가. 「성폭력범죄의 처벌 등에 관한 특례법」 제2조에 따른 성폭력범죄 행위
   나. 「아동·청소년의 성보호에 관한 법률」 제2조 제2호에 따른 아동·청소년대상 성범죄 행위
   다. 「성매매알선 등 행위의 처벌에 관한 법률」 제2조 제1항 제1호에 따른 성매매 행위
   라. 「국가인권위원회법」 제2조 제3호 라목에 따른 성희롱 행위
   4의2. 「도로교통법」 제44조 제1항을 위반하여 징계의 대상이 된 경우
5. 학생에게 상습적이고 심각한 신체적 폭력 행위를 하여 징계의 대상이 된 경우
6. 신규채용, 특별채용, 전직, 승진, 전보 등 인사와 관련된 비위
7. 「학교폭력예방 및 대책에 관한 법률」에 따른 학교폭력을 고의로 은폐하거나 대응하지 아니한 경우
8. 「국가인권위원회법」 제2조 제3호 라목에 따른 성희롱 행위 등 소속 기관 내의 성(性) 관련 비위를 고의로 은폐하거나 대응하지 아니한 경우
9. 「공직선거법」상 처벌 대상이 되는 행위로 징계의 대상이 된 경우

③ 징계위원회는 징계의결이 요구된 사람의 비위가 성실하고 능동적인 업무처리 과정에서 과실로 생긴 것으로 인정될 때에는 그 정상을 참작하여 징계를 감경할 수 있다.

④ 제1항과 제3항의 경우에 징계의 감경기준에 관하여는 「공무원 징계령 시행규칙」 별표 3을 준용한다.

# 명예훼손과 징계

상담 사례 중에는 학교 운영과 관련한 문제점을 기자회견 등의 방식을 통해 대외적으로 알리거나 언론에 제보 또는 인터뷰를 하였다는 등의 행위를 한 것에 대하여 학교의 명예를 훼손하였다는 이유로 징계를 받게 되었다는 경우가 다수 있습니다.

이러한 명예훼손의 징계사유 해당 여부는 일률적으로 판단할 수는 없 겠으나, i) 해당 내용이 진실한 사실인지 또는 허위의 사실인지, ii) 청 구인들이 제기한 의혹들이 진실이라고 믿을 만한 상당한 이유가 있었는 지, iii) 이러한 행위 즉 대외적으로 학교 내부 문제를 알리는 행동이 투 명하고 공정한 학교 운영 등을 위한 공공의 이익을 목적으로 한 것인 지 아니면 사익의 추구를 위하여 한 것인지 등이 주요한 판단 기준이 될 수 있을 것입니다. 즉 형법상 명예훼손죄의 성립과 관련하여 판례는 "어 떤 표현이 타인의 명예를 훼손한 것이라도 그 표현이 공공의 이해에 관 한 사항으로서 그 목적이 오로지 공공의 이익을 위한 것일 때에는 진실 한 사실이거나 행위자가 그것을 진실이라고 믿을 만한 상당한 이유가 있 는 경우 위법성이 없다(대법원 2002. 1. 22. 선고 2000다37524 판결)."고 판시하 고 있는데 이러한 법리를 교원소청심사위원회에서도 적용하고 있는 것입 니다.

나아가 교원소청심사위원회에서는 이러한 학교에 대한 명예훼손이 내 부고발의 목적으로 이루어진 경우와 관련하여 「교원지위향상을 위한 특 별법」 제6조 제2항이 "교원은 해당 학교의 운영과 관련하여 발생한 부패

행위나 이에 준하는 행위 및 비리 사실 등을 관계 행정기관 또는 수사기관 등에 신고하거나 고발하는 행위로 인하여 정당한 사유 없이 징계 조치 등 어떠한 신분상의 불이익이나 근무 조건상의 차별을 받지 아니한다."고 규정하고 있는 취지 등을 고려하여 청구인의 행위를 징계사유로 삼은 것이 과연 정당한지에 대하여 엄격한 판단을 하고 있습니다. 이에 교원소청심사위원회는 피청구인이 청구인에 대하여 교원으로서 근무 태도가 불성실하고 대학 비방 및 허위 선전물 배포를 위해 학생과 조교들을 선동·동원하였다는 이유로 해임처분을 한 사례에서 '청구인이 학생들과 참여한 집회는 학교 재단의 비리와 관련된 사안으로 그 목적이 공익을 위한 것인 점, 오히려 이 사건에서 학교 운영과 관련하여 피청구인 측에 상당한 귀책사유가 있다고 보이는 점, 청구인에게 인정되는 비위행위가 중징계에 이를 정도로 중하다고 보이지 않는 점 등을 종합적으로 고려하면 이 사건에서 청구인이 총장 결재를 얻지 않고 학기 중 산업체 연수를 수행한 행위를 모두 고려하더라도 해임처분은 지나치게 과중하여 피청구인의 징계에 관한 재량권을 일탈 혹은 남용하였다고 할 것'이라고 결정한 바 있습니다(2015-144 해임처분 취소 청구). 또한 위원회는 최근 학교의 신입학 및 전·편입학 전형과 관련한 입학성적 조작과 학교폭력 은폐 의혹에 대하여 시의회에 증인으로 출석하여 증언을 하였다가 해임처분을 받은 교사에 대하여 이러한 해임처분이 공익제보자에 대한 부당한 보복성 조치였음을 인정하며 해임처분을 취소하는 결정을 하기도 하였습니다.

한편, 사립학교법 제61조 제1항 제3호는 직무의 내외를 불문하고 교원으로서의 품위를 손상하는 행위를 한 때를 사립학교 교원에 대한 징계 사유 중 하나로 규정하고 있어 학교법인은 학교에 대한 명예훼손 행위를 품위손상이라는 징계사유로 포함시켜 징계처분을 하는데, 대법원은 여기서 품위라 함은 국민에 대한 교육자로서의 직책을 맡아 수행해 나가기에 손색이 없는 인품을 말하고, 어떤 행위가 품위손상행위에 해당하는지는 구체적 상황에 따라 건전한 사회통념에 의하여 판단하여야 한다고 판시하고 있습니다(대법원 2000. 6. 9. 선고 98두16613 판결). 따라서 학교의 문제점을 외부로 알렸다는 행위가 품위손상에 해당한다고 보기 위해서는 청구인의 행위가 공익과는 무관하게 학교의 명예를 훼손하기 위하여 이루어진 것으로서 이로 인하여 교원에 대한 신뢰를 실추시키는 정도에까지 이르렀는지 여부가 엄밀히 판단되어야 할 것입니다.

---

**대법원 2015. 11. 26. 선고 2013두13174 판결(품위 유지 의무 위반을 부정한 사례)**

① 원고가 진술서에 기재한 내용은 주로 대학교의 전임교원 채용과정에서 발생한 부조리에 관한 것으로서 공공의 이익과 관련되어 있을 뿐만 아니라 법원이 위 가처분 신청사건을 심리하는 데 필요했던 사항으로 객관적 사실에도 합치하는 것으로 보이는 점, ② 원고가 개인적인 불만 등을 이유로 참가인이나 ○○대학교, 다른 교원 등을 비방하거나 그 명예나 신용을 훼손하려는 의도에서 법원에 진술서를 제출한 것으로 보이지는 않고, 오히려 전임교원 채용과정에서 자신이 알게 된 사실을 그대로 밝힘으로써 법원이 객관적인 사실에 기초하여 소외 3이 2차 심사대상에서 제외된 이유나 전임교원 채용과정이 위법하였는지 등을 심리할 수 있도록 할 의사가 있었던 것으로 보이는 점, ③ 원고는 소외 3 측의 요청에 따라 진술서를 작성해 준 것으로 보이는데, 구체적 소송사건에서 실체적 진실발견을 위한 법원의 업무에 협조하여 그 사건과 관련하여 알고 있는 내용을 진술서에 기재하여 법원에 제출한 원고의 행위가 분별없는 행동이라거나 또는 그 방법 자체에 비난가능성이나 부작용이 크다고 볼 수는 없는 점 등을 앞서 본 법리에 비추어 살펴보면, 비록 위 진술서에 가처분 신청사건과 직접적인 관련이 없는 내용이 일부 포함되어 있더라도, 원고가 법원에 위와 같이 진술서를 제출함으로써 학교나 교원에 대한 국민의 신뢰가 실추되었다고 단정하기는 어려우므로, 이를 교원으로서의 품위를 손상하는 행위에 해당한다고 볼 수는 없다.

# 성희롱, 성추행

성희롱을 이유로 징계를 받은 다수의 청구인들은 평소 친밀한 사제지간이었다거나 격려 차원에서 한 행위였다는 등의 주장을 하나 교원소청심사위원회는 성희롱에 대해서는 엄격한 판단을 내리고 있습니다. 즉 교원소청심사위원회는 성희롱에 대하여 국가인권위원회법 제2조 제2호 라목이 '업무, 고용, 그 밖의 관계에서 공공기관의 종사자, 사용자 또는 근로자가 그 직위를 이용하거나 업무 등과 관련하여 성적 언동 등으로 성적 굴욕감 또는 혐오감을 느끼게 하거나 성적 언동 또는 그 밖의 요구 등에 따르지 아니한다는 이유로 고용상의 불이익을 주는 행위'라고 하여 그 해석 기준을 제시하고 있으며, 판례는 "사회 통념상 일상생활에서 허용되는 단순한 농담 또는 호의적으로 권유적인 언동이 아닌 것으로서 상대방으로 하여금 성적 굴욕감이나 혐오감을 느끼게 하는 성적 표현 행위를 가리킨다."라고 판시하고 있음을 전제로 청구인의 행동 과정을 전후하여 피해 학생이 성적 굴욕감과 혐오감을 느꼈는지, 적극적으로 불쾌감을 표시하지는 못하였다 하더라도 심적 스트레스를 상당 수준 받은 것으로 볼 수 있는지 등을 기준으로 성희롱 해당 여부를 판단하고 있는 것입니다.

이에 i) 학생에게 '까진 여자', '○○관에 방을 빌릴 수 있다', '어차피 공부 안하니까 놀러가자'라는 표현을 하고 외투를 여며 주는 행위 등을 한 것에 대하여 이는 통상적 사제 관계에서의 행위라고 보기에는 부적절한 언행에 해당한다고 하여 성희롱으로서 징계사유에 해당한다고 보았으며

(2014-277 해임처분 취소 청구), ii) 회식 자리에서 동료 여성 교직원의 손을 잡고 어깨를 두드린 행위에 대하여, 성추행의 경우 자신의 행위 동기보다 이로 인해 상대방이 성적 수치심이나 불쾌감을 느꼈는가가 판단의 기준이 되며, 3명의 여교사가 성적 수치심과 불쾌감이 든다는 진술을 하였음을 근거로 청구인의 행위를 성추행으로 인정하여 국가공무원법 제63조 품위 유지 의무 위반에 해당한다고 보아 해임처분이 정당하다고 인정하였고(2014-469 해임처분 취소 청구), iii) 대학원 MT 중 학생에게 팔짱을 끼는 등 신체 접촉을 하고, 업무와 관련하여 함께 만난 외부 관계자와의 식사 자리에서 해당 외부 관계자와 사귀어 보라는 등의 발언을 한 사안에서도 청구인이 교수의 신분으로 지위와 명예에 합당한 윤리적·도덕적 의무를 다하여야 함에도 부적절한 신체 접촉 및 학생들에게 부적절한 발언을 한 행위가 사실로 인정되고 이로 인하여 다수의 피해자들에게 성적 수치심과 정신적 피해를 입힌 점 등을 감안할 때 비위 정도가 가볍지 아니하다고 보아 정직 3월의 처분이 정당하다고 결정하였습니다(2015-348 정직 3월 처분 취소 청구).

이처럼 성 관련 비위는 교원의 4대 비위에도 포함되어 재량의 범위가 축소되고, 특히 학생을 상대로 한 성희롱, 성추행 및 교직 사회 내 위계관계에 기한 성희롱, 성추행은 소청심사위원회에서 엄격한 판단을 하고 있는 것은 물론이며 나아가 형사상 또는 민사상으로도 문제가 되어 각 절차가 별개로 진행될 수 있는바, 처음부터 이러한 비위행위가 발생하지 않도록 주의 하여야 할 것입니다.

# 학생 체벌

학생 체벌은 성 관련 비위, 금품 수수, 학생 성적 조작과 함께 교원 4대 비위에 해당하는 것으로서 교원소청심사위원회는 이를 심사함에 있어 엄격한 기준을 적용하고 있습니다. 학생 체벌 여부가 문제가 되는 경우의 대부분은 학생 및 학부모들의 민원으로 해당 내용이 학교 측에 알려지고 학교가 사실 여부를 확인하는 과정을 거쳐 징계처분에 이르게 됩니다. 그리고 이때 사실 여부 확인을 위해 학생들에 대한 설문을 이용하는 경우가 많습니다. 따라서 해당 설문 조사 과정에 부당한 압력이 행사되거나 공정성을 저해할만한 특별한 경우가 발생하지 않는 이상 설문 내용은 일응 신빙성을 인정받게 되는 것이고 단지 해당 설문이 익명으로 이루어졌다는 등의 사유만으로는 신뢰성이 부정되지 않습니다.[5] 이처럼 학생들을 대상으로 한 설문 조사 결과 청구인의 비위행위가 확인되면 징계 사유는 인정될 수 있는 것이고 이에 반하여 해당 사실이 발생하지 아니하였음을 입증하는 별도의 진술, 증거 등이 확보되지 아니하는 한 그에 따른 징계처분을 받게 된다고 할 것입니다. 또한 청구인들은 비위행

---

5) 다만 최근 대전고등법원에서는 교사가 학생 7명에게 정신병자 등 모멸감을 주는 발언이나 체벌을 하였다는 이유로 해임처분을 받은 사건에서 학교법인이 학생들을 상대로 한 설문조사 내용만으로는 교사가 언제, 누구에게, 어떤 방식으로 체벌했는지 알 수 없어 교사의 행위가 교육적 목적의 징계권 행사 또는 교수권의 범위를 벗어나는 것이라고 단정하기 어렵다는 이유로 소청심사위원회가 한 해임처분 취소 결정은 타당하다고 보았는바, 설문조사의 내용이 징계사유를 분명히 인정할 수 있는 정도의 내용인지, 즉 해당 내용으로 미루어 사회 통념상 교사에게 허용되는 범위를 넘어선 언동이나 체벌 등이 실제로 존재하였는지는 여부가 정확히 확인되어야 한다고 할 것입니다.

위가 인정되는 경우 해당 체벌이 이루어지게 된 목적이 교육적 차원이었음을 주장하게 되는데, 이때 청구인의 행위가 이루어지게 된 경위, 체벌의 형태와 정도, 대상 학생 및 당시 상황을 목격한 학생들이 청구인의 행위를 어떻게 받아들였는지 여부, 평소 해당 교원의 교육 방법 등을 종합적으로 고려하여 이러한 주장을 받아들일 것인지 여부를 검토하게 될 것이나 현재 관련 법률 및 내부 규정 등에서 체벌 행위 자체를 엄격히 금지하고 있는 이상 이는 참고사항에 그칠 수밖에 없다고 할 것이고 이러한 이유로 징계 사유가 존재하지 않는다고 볼 수는 없을 것입니다.

이에 교원소청심사위원회에서 다루어진 학생 체벌 사례들을 살펴보면, 청구인이 반 전체를 대상으로 '개뿔, 돌대가리, 또라이, 새끼, 지랄, 개새끼, 병신새끼' 등의 욕설을 하고 학생들이 보는 앞에서 공○○ 학생을 때리고 꿀밤, 손, 회초리 등을 사용하여 학생들을 체벌하였으며 이러한 행위들로 인하여 학부모들로부터 담임 교체가 되지 않을 시 자녀의 등교 거부 및 전학 등을 시키겠다는 민원이 있었고, 학생들은 교실에서 연필을 떨어뜨리면 청구인이 앞으로 불러내어 벽을 보도록 하였다고 진술하였으며, 학부모들은 학생들끼리 잘못한 일이 있을 때 청구인이 한 학생으로 하여금 다른 학생을 때리라고 하였다고 진술한 사안에서 이러한 청구인에 대하여 해임의 징계처분을 한 것은 정당하다고 보았습니다 (2015-515 해임처분 취소 청구). 또한 고등학교 교사로 근무하던 청구인이 4명의 학생에 대하여 앉았다 일어서기를 반복하여 실시하도록 하였고 그 중한 학생이 허리가 좋지 않다는 사실을 사전에 인지하였음에도 계속하여 위 행위를 하게 하여 혈뇨 증세 등을 발생시켜 입원까지 하게 한 사안에서 간접 체벌을 하였다는 이유로 감봉 3월의 처분을 한 것은 정당하다고 판단한 것입니다 (2013-54 감봉 3월 처분 취소 청구).

이처럼 학생 체벌의 경우 후자의 사안과 같은 간접 체벌도 학생의 신체에 고통을 가한 것으로서 규정 상 금지하고 있는 체벌에 해당한다고 보아 징계사유가 존재한다고 인정하였는바, 학생 체벌의 경우 법적으로 정당행위에 해당한다고 보기 어려우며, 징계 재량권 일탈·남용이 인정되기도 어렵다는 점을 유의하여야 할 것입니다.

---

**2013-54 감봉 3월 처분 취소 청구**

징계 사유의 인정여부

1) 간접 체벌로 상해를 입힌 사유에 대하여

가) 관련 규정과 판례는 다음과 같다.

□ 국가공무원법

제56조(성실 의무) 모든 공무원은 법령을 준수하며 성실히 직무를 수행하여야 한다.

□ 초·중등교육법

제18조(학생의 징계) ① 학교의 장은 교육상 필요한 경우에는 법령과 학칙으로 정하는 바에 따라 학생을 징계하거나 그 밖의 방법으로 지도할 수 있다.

□ 초·중등교육법 시행령

제31조(학생의 징계 등) ⑧ 학교의 장은 법 제18조 제1항 본문에 따라 지도를 할 때에는 학칙으로 정하는 바에 따라 훈육·훈계 등의 방법으로 하되, 도구, 신체 등을 이용하여 학생의 신체에 고통을 가하는 방법을 사용해서는 아니 된다.

□ ○○고등학교생활규정

제39조(안전지도) 학교는 다음 각 호와 같이 학생의 안전을 위하여 노력한다.

1. 실험·실습 및 체육 활동 시 안전에 유의하도록 지도한다.

제43조(징계 및 벌) 징계 및 벌은 다음 각 호와 같이 한다.

4. 학생의 벌은 훈육·훈계 등의 방법으로 하도록 하고, 도구나 신체 등을 이용하여 학생의 신체에 고통을 가하는 방법(체벌)을 금지한다.

□ 대법원 판례

"초·중등교육법령에 따르면 학생에게 신체적, 정신적 고통을 가하는 체벌, 비하하는 말 등의 언행은 교육상 불가피한 때에만 허용되는 것이어서, 학생에 대한 폭행, 욕설에 해당되는 지도행위는 학생의 잘못된 언행을 교정하려는 목적에서 나온 것이었으며 다른

---

교육적 수단으로는 교정이 불가능하였던 경우로서 그 방법과 정도에서 사회통념상 용인될 수 있을 만한 객관적 타당성을 갖추었던 경우에만 법령에 의한 정당행위로 볼 수 있을 것이다(대법원 2004. 6. 10. 선고 2001도5380 판결).

나) 청구인의 문답서와 피청구인이 제출한 학생들의 진술서를 종합해 보면, 청구인이 학생들에게 시킨 앉았다 일어서기로 4명의 학생이 혈뇨를 보였으며 이는 「○○고등학교생활규정」에서 금지하고 있는 학생의 신체에 고통을 가한 체벌에 해당되고, 도중에 이○○ 학생이 허리가 아프다고 말했음에도 계속 앉았다 일어서기를 시킨 사실이 인정된다. 청구인이 이○○ 학생의 허리가 아픈 사실을 몰랐다고 하더라도 앉았다 일어서기를 실시하기 전에 몸이 좋지 않은 학생에 대해 확인하지 않아 이○○ 학생이 혈뇨 증세 등으로 입원한 것은 사실로 정당한 훈육의 차원이었다는 청구인의 주장은 이유 없다.

다) 그렇다면, 청구인의 위와 같은 행위는 「국가공무원법」 제56조(성실 의무) 및 「초·중등교육법」 제31조(학생의 징계 등)를 위반한 것으로 징계 사유로 인정된다.

이와 같이, 청구인의 징계 사유는 사실로 인정되고, 간접 체벌을 실시하여 학생들이 혈뇨를 보였고 이 중 1명은 10일간 입원하여 치료 받았으며, 학교장과 학부모에게 적시에 알리지 않았다는 점 등을 감안하면, 피청구인이 청구인에게 한 원처분은 재량권을 현저하게 일탈·남용한 것이라고 볼 수 없어 청구를 기각한다.

# 연구비 편취

    교원소청에서 자주 문제가 되는 징계사유 중 하나로 연구비 편취가 있는바, 이와 관련한 교원소청심사위원회의 중요 사례를 살펴보면 다음과 같습니다(2013-63 해임처분 감경 청구).

    청구인은 2004년부터 2012년 4월까지 31개의 정부 및 민간위탁 과제의 연구책임자로서, 자신이 지도한 학생 중 실제로 연구에 참여할 수 없는 직장인 학생 및 대학 동문 등을 연구보조원 또는 자문위원으로 연구에 참여한 것처럼 한 후, 이들에 대한 인건비 등을 명목으로 980,760,800원을 인출하고, 이 중 608,810,800원을 용도를 알 수 없게 사용한 것이 감사원에 의해 지적되어, 감사원이 청구인을 '파면'할 것을 요구하였습니다. 그리고 ○○지방검찰청은 이 사건을 수사한 후 청구인이 연구과제에 참여한 사실이 없는 노○○ 외 5인의 이름으로 자문가 활용비 등의 명목으로 50,200,320원을 편취한 혐의로 사기죄를 적용해 구 약식 처분(벌금 1,000만 원)을 하였습니다. 이에, 청구인은 성실의 의무 위반으로 해임처분을 받게 되었는바 이를 감경하여 달라는 청구를 하였습니다.

    그러면서 청구인은 해임이라는 지극히 무거운 처분을 하면서도 징계위원회가 이 사건의 사실관계에 대해 독자적인 조사를 하지 않고 감사원의 판단만을 맹목적으로 추종하였으며, 통상 연구과제의 수행에서 연구비 총액은 발주기관에서 결정하고 연구책임자는 연구비 사용의 집행내역만 결정하며, 이미 연구비가 확정된 과제의 경우 연구원을 추가로 투입시켜도 연구비가 추가 지급되지는 않으므로 연구비를 편취하는 것은 불가능하고, 또한 지급된 비용에 상응하는 자문 및 용역의 실질이 존재하는 바 허위로 자문비·인건비 지급 신청을 한 사실이 없으며, 나아가 지급받은 연구비를 개인적 용도로 사용한 사실이 없고, 과제 수행을 위하여 대학에 설치된 공동연구실의 운영비용으로 지급하였으므로 이러한 청구인의 동기, 그 진행과정 및 결과에 비추어 보면 청구인의 행동이 '비위가 심하다'고 보기 어렵다고 주장하였습니다.

그러나 이에 대하여 소청심사위원회는 '교원징계위원회는 징계 사건의 심리에 있어서 징계 요구서에 기재된 혐의사실이 진실인지를 확인하는 절차를 반드시 거쳐야 하지만, 그러한 확인의 구체적인 절차는 피징계자에게 진술의 기회와 증거 제출의 기회를 주는 이외에는 징계위원회가 피징계자에 대한 신문, 직접 또는 직원을 통한 사실조사, 관계인이나 증인의 환문, 전문가에 의한 감정 또는 검정 등 적절하다고 생각되는 방법으로 행하면 족한 것(대법원 1995. 9. 29. 선고 93다1428 판결)'이므로 감사원의 공무원징계처분요구서 또는 수사기관의 공무원범죄처분 결과통보에 의하여 징계의결요구를 하는 경우 등 징계혐의의 입증이 통보된 자료만으로도 충분한 경우에는 징계권자의 자체적인 증거조사 과정이 반드시 필요한 것은 아니라고 할 것이고 또한 충분한 조사를 거치지 않았다고 하더라도 그것이 반드시 징계처분을 취소할 정도라고 볼 수도 없다고 하여 우선 절차적 하자는 존재하지 않는 것으로 보았습니다. 그리고 연구비를 편취한 사실이 없다는 청구인의 주장에 대하여는 관련 형사사건의 공소장, 관련자들의 확인서 등을 종합하여 보았을 때 청구인이 연구용역에 참여하는 학생 또는 타 대학 교수들에게 씨○은행 계좌를 개설하게 하거나 씨○은행 계좌를 인도 받아 이를 직접적·실질적으로 관리하고 있었고, 범죄일람표와 같이 노○○, 최○○ 등이 실제로는 연구에 참여하지 않았음에도 자문 등으로 연구에 참가하였다고 하며 ○○대학교 산학협력단에게 허위로 연구비 등을 신청하는 방식으로 연구비를 편취한 사실을 인정할 수 있고, 또한 청구인이 연구비를 사적으로 사용하지 않았다고 하더라도, 연구비 편취의 범의가 없다고 볼 수는 없다고 판단하였는바, 검찰의 수사 결과와 배치되는 내용 즉 연구 용역을 실제로 모두 완수했기 때문에 연구비를 편취한 사실이 없다는 청구인의 주장은 인정할 수 없다고 하여 징계사유가 인정된다고 본 것입니다.

여기서 위원회의 결정 중 중요한 부분은 바로 이러한 연구비 편취행위를 공금의 횡령·유용행위로 보았다는 것입니다. 이 경우 5년의 징계시효가 적용되므로 징계시효가 타 징계사유보다 길어지게 되고 징계양정 또한 엄격한 적용을 받게 됩니다. 청구인은 이러한 불리한 적용을 막기 위하여 편취와 횡령·유용은 구분된다는 주장을 하였으나, 위원회는 "형법상 횡령죄와 사기죄의 법정형을 비교하더라도, 편취행위가 횡령행위보다 죄질이 더 가볍다고 볼 수만은 없는 점, 징벌적 제재로서의 징계는 과거의 공무원의 비위행위에 대하여 질서 유지를 목적으로 행하여지는 점(대법원 2003. 10. 10. 선고2003두5945 판결) 등을 종합하여 보면, 위 규정에서 말하는 공금의 횡령·유용이라 함은 반드시 형법상 횡령죄에 한하지 아니하고 널리 직무에 관하여 용도가 정하여진 공금을 주어진 용도에 사용하지 아니하고 전용하거나 기망행위를 통하여 공금을 편취하는 행위도 포함된다고 할 것이다."라고 결정하여 청구인의 주장은 이유 없다고 보았습니다. 이에 징계양정의 적정성 여부를 판단함에 있어 "교육공무원 징계양정 등에 관한 규칙 별표 '1. 성실의무 위반 가. 공금횡령·유용'의 경우 '비위의 정도가 심하고 고의가 있는 경우'에는 '파면'으로(사. '그 밖의 성실의무위반'의 경우에도 '비위의 정도가 심하고 고의가 있는 경우'에는 '파면-해임'으로 정하고 있다), '비위의 정도가 심하고 중과실인 경우 또는 비위의 정도가 약하고 고의가 있는 경우'에는 '파면·해임'으로 규정되어 있어 공금횡령·유용의 고의가 있는 경우에는 적어도 해임 이상의 처분을 할 것을 기준으로 정하고 있는바, 청구인이 연구원들의 씨○은행 계좌를 사실상 직접 관리하며 연구비를 사용하는 등 청구인에게 공금횡령·유용의 고의가 충분히 인정되는 점, 교수인 청구인에게는 직무의 성질상 고도의 청렴성, 도덕성 및 품위유지가 요구되는 점, 공금횡령·유용과 같이 징계시효가 5년인 징계 사유에 해당하는 비위는 징계 감경을 할 수 없는 점 등을 종합하여 보면, 청구인을 해임하기로 하는 이 사건 징계처분이 객관적으로 명백히 부당하다고 볼 수는 없다."고 결정한 것입니다.

　이처럼 연구비 편취는 단지 성실의무 위반뿐만 아니라 교육공무원의 경우 공금횡령·유용의 징계사유에 해당할 수 있어 징계시효가 연장되고 징계양정이 엄격히 적용될 수 있습니다. 게다가 형사적 처벌까지 가능하게 되어 그에 따른 엄중한 책임을 받게 되는 것입니다. 연구비 편취 사례에서 다수의 청구인들이 연구비를 개인적으로 취득하고자 하였던 고의가 없었으며 대학 내 연구비 사용과 집행의 관행 또는 관리의 번거로움 등을 이유로 행정적 처리가 미비하였을 뿐이라는 주장을 많이 하나 비용의 집행과 처리에 관한 문제는 단지 고의가 없었다는 이유만으로 면책되기 어렵습니다. 따라서 기존의 잘못된 관행을 답습하기보다 문제의 소지가 없도록 분명한 연구비 사용·집행이 이루어질 필요가 있을 것입니다.

# 겸직허가 위반

　　사립학교법 제55조(복무)는 "사립학교의 교원의 복무에 관하여는 국·공립학교의 교원에 관한 규정을 준용한다."라고 규정하고 있으며, 국가공무원법 제4조(영리 업무 및 겸직 금지) 제1항은 "공무원은 공무 외에 영리를 목적으로 하는 업무에 종사하지 못하며 소속 기관장의 허가 없이 다른 직무를 겸할 수 없다."라고 규정하고 있고, 국가공무원복무규정 제25조(영리 업무의 금지)에서는 "공무원은 다음 각 호의 1에 해당하는 업무에 종사함으로써 공무원의 직무상의 능률의 저해, 공무에 대한 부당한 영향, 국가의 이익과 상반되는 이익의 취득 또는 정부에 대한 불명예스러운 영향을 초래할 우려가 있는 경우에는 이에 종사할 수 없다. 1. 공무원이 상업·공업·금융업 기타 영리적인 업무를 스스로 경영하여 영리를 추구함이 현저한 업무, 2. 공무원이 상업·공업·금융업 기타 영리를 목적으로 하는 사기업체의 이사·감사 업무를 집행하는 무한책임사원·지배인·발기인 기타의 임원이 되는 것, 3. 그의 직무와 관련이 있는 타인의 기업에 투자하는 행위, 4. 기타 계속적으로 재산상의 이득을 목적으로 하는 업무를 행하는 것", 같은 규정 제26조(겸직 허가)에서는 "① 공무원이 제25조의 영리업무에 해당되지 아니하는 다른 직무를 겸직하고자 할 때에는 소속기관의 장의 사전 허가를 받아야 한다. ② 제1항의 허가는 담당 직무수행에 지장이 없는 경우에 한한다."라고 규정하고 있습니다. 또한, 교육공무원법 제19조의2(영리업무 및 겸직금지에 관한 특례) 제1항은 "고등교육법 제4조 제1항의 규정에 의한 교수·부교수·조교수 및 전임강사는 학생의 교육·지도와 학문의 연구에 지장이 없는 범위 안에서 소속 학교의 장의 허가를 받아 상업·공업·금융업 그밖에 영리를 목적으로 하는 사기업체의 사외이사를 겸직할 수 있다."라고 규정하고 있습니다.

즉 위 관련 규정에 따르면 교원은 학생의 교육·지도와 학문의 연구에 지장이 없는 범위 안에서 소속 학교의 장의 허가를 받아 영리를 목적으로 하는 사기업체의 사외이사를 겸직할 수 있으며, 다른 직무를 겸하고자 할 때에는 소속기관장의 허가를 받아야만 가능하다고 할 것입니다. 따라서 대학교 소속 교원의 경우 다른 기관에서 전임이 아닌 다른 직의 위촉을 받는 경우 사전에 총장의 허가를 받아야 할 것입니다.

이에 교원소청심사위원회에서는 대학교 교수로 재직 중 사외이사, 변호사 등의 겸직 활동을 하였다는 이유로 정직 1월의 처분을 받은 청구인에 대하여 해당 징계양정이 재량권을 일탈·남용한 것이라고 볼 수 없다고 하였으며(2011-70 정직 1월 처분 취소 청구), 고등학교 교장으로 재직 중 2년 1개월 동안 겸직 허가를 받지 않고 근무 시간 중에 대학에 출강하였다는 이유로 역시 정직 1월의 처분을 받은 청구인의 청구를 기각한 바 있고(2014-529 정직 1월 처분 감경 청구), 대학교 교수로 재직 중 겸직허가 만료일 이후에도 겸직 허가 신청 및 소속기관장의 허가 없이 계속하여 겸직을 하였고 소속기관장의 불허통보에도 겸직이 해소되지 아니하였다는 이유로 정직 3월의 처분을 받은 청구인에 대하여 그 청구를 기각하였습니다(2014-471 정직 3월 처분 감경 청구). 또한 법원 역시 대학총장의 승인 없이 주택재건축정비사업조합 조합장을 겸직한 교수를 해임한 것은 사립학교법 등에 규정된 겸직금지의무 및 성실의무를 위반한 경우로서 이를 징계사유로 삼은 것은 적법하고 이를 비상근·비영리 명예직에 불과한 것으로 보아 겸직의무 위반에 해당하지 않는다고 볼 수 없으며, 양정에 있어서도 해임처분이 지나치게 가혹하다거나 객관적으로 명백히 부당하다고 볼 수 없다는 판결을 한 바 있습니다(서울고등법원 2016. 8. 24. 선고 2016누 41493 판결).

---

## 2011-70 정직 1월 처분 취소 청구

사립학교법 제55조(복무)에 의하여 사립학교의 교원의 복무는 국·공립학교의 교원에 관한 규정을 준용하는바, 국가공무원인 국·공립학교 교원은 국가공무원법 제64조 제1항에 의거 재직 중 영리를 목적으로 하는 업무에는 소속기관장의 허가여부에 관계없이 종사할 수 없고 영리업무의 금지 대상이 되지 않는 다른 직무를 종사하고자 할 때에는 소속 기관장의 허가를 받도록 규정하고 있음. 여기서 말하는 영리업무란 지속적으로 재산상의 이득을 취하는 행위를 말하는 것이고 겸직 허가의 대상이 되는 직무에는 ① 국가공무원복무규정 제25조에서 금지대상 영리업무를 제외한 영리업무와 ② 겸직행위의 '지속성'이 있는 비영리업무로 구분할 수 있는데 겸직의 허기권지기 소속기관의 장임을 감안할 때 구체적인 경우에 어떤 행위가 겸직 허가를 받아야 하는 직무인지의 여부는 당해 공무원이 소속하고 있는 기관의 장이 당해 공무원이 하고자 하는 행위의 내용과 성격, 담당 공무원이 하고 있는 공무의 내용과 성격, 그리고 영리행위 업무 금지 제도의 취지를 종합적으로 고려하여 결정하여야 할 것으로 판단된다.

청구인은 학생의 교육·지도와 학문의 연구에 지장이 없는 범위 안에서 소속 학교의 장의 허가를 받아 영리를 목적으로 하는 사기업체의 사외이사를 겸직할 수 있으며, 다른 직무를 겸하고자 할 때에는 소속기관장의 허가를 받아야만 가능한데도 불구하고 1. OO약품(주)의 사외이사 직무, 2. OO나인의 대표이사 직무대행자 직무, 3. OO증권 및 4. OO디스플레이 OO 파산관재인 직무, 5. 법률사무소의 변호사 직무를 OO대학교 총장의 허가 없이 무단으로 겸직하였음이 사실로 인정된다 할 것인 바, 청구인의 이러한 행위는 교원은 항상 사표가 될 정도의 품성과 학생 교육에 전심전력하여야 한다는 점에서 일반 직업인보다 높은 도덕성이 요구되는 점, 청구인이 교수로 임용될 당시 스스로 변호사 활동 휴업 신고를 하였음에도 무단으로 변호사 활동 개업 신고를 하여 학교 몰래 변호사 활동을 해 왔던 점, 피청구인이 2009. 1. 9.부터 2010. 5. 4.까지 5차례에 걸쳐 학교 인사규정 및 법률에 위반됨을 안내하고 변호사 활동 휴업 신고를 독촉했음에도 이에 응하지 않았던 점, 이 사건과 관련된 다른 교수들은 무료법률상담 및 국선변호, 소속 법무법인의 자문 등의 활동에 그친데 비하여 청구인은 2009년에만 10건의 민사소송 사건을 수임하여 실질적으로 변호사로서 활동을 해 왔던 점을 고려할 때 피청구인의 원처분은 피청구인의 재량권을 현저하게 일탈·남용한 것이라고 볼 수 없다.

## 2014-471 정직 3월 처분 감경 청구

청구인은 겸직에 대한 통보나 안내를 받지 못하였고, 겸직상황을 해소하기 위해 노력 중임에도 이런 부분이 고려되지 않고 형식적인 겸직 여부만을 판단하고 있어 형평성 등에 비추어 비례원칙을 위반한 것이라고 주장하고 있어 살피건대, (1) 「국가공무원법」 제64조(영리 업무 및 겸직 금지) 제1항은 "공무원은 공무 외에 영리를 목적으로 하는 업무에 종사하지 못하며 소속 기관장의 허가 없이 다른 직무를 겸할 수 없다."라고 규정하고 있고, 「국가공무원복무규정」 제26조(겸직 허가) 제1항은 "공무원이 제25조의 영리 업무에 해당되지 아니하는 다른 직무를 겸직하고자 할 때에는 소속 기관장의 사전 허가를 받아야 한다."라고 규정하고 있는바, (2) 청구인은 겸직과 관련하여 학교에 겸직 사유를 기재하여 학교에 신청하고 승인을 받아야 한다. 따라서 겸직에 대한 기한이 만료 또는 연장을 필요로 할 경우에는 당사자인 청구인이 학교에 겸직 허가 신청을 하는 등 행정의 제반사항을 이행하여야 할 책무가 있으므로 청구인이 피청구인에게 겸직 통보나 안내를 받지 않았다는 주장은 이유 없다 할 것이다. 다) 따라서, 청구인은 대표이사 및 사내이사의 직무를 피청구인의 허가 없이 겸직하고 있는 사실이 인정되며, 겸직 해소의 노력을 하였다고 하더라도 징계 의결요구일(2014. 7. 18.)까지도 겸직이 해소되지 않은 사실은 「국가공무원법」 제64조(영리 업무 및 겸직 금지) 및 「국가공무원복무규정」 제26조(겸직 허가)를 위반한 것으로 징계 사유로 인정된다 할 것이다.

# 연구부정행위

　대학교 교원의 경우 연구윤리에 위반한 행위, 즉 소위 논문 표절, 부당한 저자 표시, 중복 게재 등을 이유로 징계처분을 받게 되어 소청 심사를 청구하는 경우가 다수 있습니다. 특히 최근에는 연구윤리의 중요성이 더욱 엄격하게 부각되어 각 학교별로 연구윤리에 관한 구체적인 규정을 별도로 두고 있으며 이에 따라 심사위원회가 구성되어 관련 문제를 내부적으로 조사·심의하기도 합니다. 연구윤리 위반 행위 역시 각 청구인별 사안의 개별성으로 인하여 일률적으로 징계양정을 논하기는 어려우나 최근 교원소청심사위원회에서 연구부정행위와 관련하여 판단을 한 사안을 중심으로 살펴보면 다음과 같습니다.

　청구인은 대학교 교수로 재직 중인 자로서 '○○에 관한 연구' 및 '△△에 관한 연구' 두 편의 논문과 관련하여 학교 연구윤리위원회 규정을 위반하여 부당한 저자 표시를 하였고 교육부 연구윤리 확보를 위한 지침을 위반하여 자신의 연구 결과 사용[6]에 해당하는 연구 윤리 부정행위를 하였다는 이유 등으로 정직 3월의 징계처분을 받게 되었습니다. 이에 대하여 청구인은 이 사건 논문들의 공저자인 청구 외 ○○과 김○○ 교수

---

6) 제7조(자신의 연구결과 사용) 연구자는 다음 각 호의 사항을 준수하도록 노력하여야 한다.
　1. 연구논문 등 작성 시 이전에 발표하지 않은 자신의 연구결과를 사용
　2. 자신의 이전 연구결과와 동일하거나 실질적으로 유사한 저작물을 게재·출간하여 본인의 연구결과 또는 성과·업적 등으로 사용하는 행위금지
　3. 연구자가 자신의 이전 연구결과를 사용하고자 할 경우에는 인용사실을 표시하거나, 처음 게재한 학술지 등의 편집자 또는 발행자의 허락을 받은 후 사용

는 교내 연구 과제 책임자로 선정되었고 이 사건 논문들의 주요 개념 정리 및 문장 구성에 기여하여 공저자로 등재된 것은 정당하며, 다른 연구 윤리 위반자에 대하여는 조사를 하지 않으면서 청구인에 대하여만 연구 윤리위반으로 처벌하는 것이 위법하다는 주장을 하였습니다. 이에 대하여 피청구인은 학내 연구윤리위원회가 조사를 한 내용과 그 과정에서 수집된 증거자료를 제출하며 청구인의 주장을 반박하였는바, 이에 따라 소청심사위원회가 인정한 사실관계는 다음과 같았습니다.

"1) 청구인이 2013. 9. 16. 이 사건 논문들이 포함된 2013년도 연구업적 평가 조서를 ○○대에 제출하였고 이를 검토하는 과정에서 연구윤리 진실성 문제가 제기되어 조사한 결과, ○○대 연구윤리위원회(이하 '윤리위'라 한다)는 2014. 7. 14. 위 논문들에 대하여 '부당한 저자 표시' 및 '자신의 연구 결과 사용'에 대한 위반으로 결정하였다. 2) 이 사건 논문들의 공동 저자인 청구 외 김○○ 교수는 서면답변서를 통하여 자신은 공동저자라 할 만큼 논문 작성에 참여하지 못했다고 진술하였고, 2015. 1. 26. 사직 원을 제출하였다. 3) 2013. 12. 17.경 청구인은 연구 윤리 조사 착수 안내에 대하여 2009년 당시 교무처장 이○○ 교수를 거론하며 '연구재단등재지가 아닌데 정년보장에 필요한 연구 실적을 채울 때까지 가짜 등재지로 하자고 당시 이○○ 연구 실적 관리팀장이 제안하셨다', '위조 연구 실적 관리하는 이○○기획프로젝트에서 한 것입니다'라는 내용의 전자 메일을 다수에게 발송하였다. 4) 청구인은 연구 윤리 조사와 관련 50건의 전자 메일을 발송하여 2014. 4. 29. ○○대 윤리위로부터 조사의 공정성을 해하는 전자메일을 발송하였다고 주의를 촉구 받았으며, 2014. 5.경에는 국민신문고에 외부에서 위촉된 연구 윤리 조사 위원 중 2명에 대하여 복무 관리 실태를 점검해 시정하고 통보해 달라는 취지의 민원을 제기하였다."

이와 같이 청구인은 공동 저자 등재가 위법하지 않다고 주장하였으나 해당 공동 저자 스스로가 공동저자라고 할 수 있을 만큼 논문 작성에 참여하지 못하였다고 진술한 사실이 인정되어 부당한 저자 표시의 징계 사유가 인정되었고, 두 편의 논문이 자신의 이전 연구결과와 동일하거나 실질적으로 유사한 저작물을 집필한 것으로 판단된다는 윤리위원회의 조사결과에 따라 이 역시 징계 사유로 인정되었습니다. 또한 청구인의 경우 윤리위원회의 조사를 방해하고 위촉된 조사위원에 대하여 조사위원으로서의 적격성 문제까지 제기하며 조사의 공정성을 해하는 행위까지 하였는바, 이러한 행위마저 별도의 징계사유로 인정되었던 것입니다. 이에 소청심사위원회는 청구인에 대한 정직 3월 처분은 과중하다고 볼 수 없어 이 사건 처분이 적법하다는 결정을 하였습니다.

연구부정행위는 중대한 징계사유에 해당함은 물론이고, 객관적인 자료인 연구물들과 관련 연구자들에 대하여 조사를 거침으로써 부정행위 해당 여부가 비교적 분명하게 가려질 수 있습니다. 또한 앞서 살펴본 사례와 마찬가지로 대부분의 학교에서는 내부적으로 윤리위원회, 조사위원회 등을 두어 연구윤리 위반 여부를 자세히 조사·심리하기 때문에 교원소청심사위원회에서 해당 연구물들에 대한 연구윤리 위반 여부를 본격적으로 심리하기 이전에 위원회를 통해 도출된 조사결과를 상당부분 신뢰할 수밖에 없습니다. 이에 소청심사위원회에서 학교 내부 위원회에서 인정한 조사 결과와 상반되는 결론을 도출하는 것은 이전에 제시되지 않았던 증거나 증인의 진술이 제출되지 않은 이상 어렵다고 할 수 있습니다. 따라서 소청심사위원회에서 권리구제를 받기 위해서는 내부 위원회 조사에서 미처 심리되지 않았던 사항이나 내부 위원회 조사 결과를 탄핵할 수 있는 별도의 증거수집, 증인의 확보가 중요하다고 할 것입니다.

# 피청구인의 책임을 일부 인정하여 감경한 사례

　청구인이 자신의 비위행위로 인하여 징계처분에 이르게 된 이상 이러한 결과에 피청구인의 책임도 있다는 취지로 주장하는 것은 변명 또는 책임회피로 비춰질 수 있어 바람직하다고만은 볼 수 없습니다. 그러나 교원은 학교에 소속되어 근무를 하게 되고 학교는 교원에 대한 관리·감독자로서의 책임이 인정되는 것도 사실이므로 사안에 따라서 비위행위에 이르게 된 경위 또는 결과 발생에 피청구인의 책임이 일부 개입되어 있다는 점을 조심스럽게 주장해 볼 필요가 있습니다. 다음의 사례는 교원소청심사위원회가 직권으로 이러한 피청구인의 책임을 일부 인정하여 청구인의 징계처분을 감경하여 준 경우이므로 이를 잘 살펴볼 필요가 있습니다.

　교원이 수업에 참여하지 아니한 경우 이는 교사의 기본 책무인 수업에 대한 의식이 부족한 것이자 학생들의 학습권을 침해한 것으로서 중징계 사유에 해당한다고 볼 수 있을 것입니다. 그런데 교원소청심사위원회의 결정 사례 중에는 이러한 청구인의 수업 미참여 비위행위에 일부 피청구인의 책임이 인정된다고 보아 당초의 파면처분을 취소한 경우가 있습니다(2014-451 파면처분 취소 청구). 이 사안에서 피청구인은 청구인이 수업 미참여 등 복무 명령을 이행하지 않은 사실을 징계 사유로 삼았는데, 이에 대하여 위원회는 "피청구인은 교사인 청구인의 교육 활동과 관련한 지도와 관리를 수시로 점검하여야 할 의무가 있다고 할 것이므로 이러한 의무에도 불구하고 수업 시간에 청구인이 참여하지 않은 일련의 일들이 발생한 것에 대하여는 이러한 학업관리를 소홀히 한 피청구인의 책임도 있다.”고 본 것입니다. 나아가 청구인이 이러한 비위행위를 범하고 있는 경우라면 피청구인으로서는 청구인에게 별도로 해당 수업과 관련하여 구체적으로 복무명령이나 행정 지시 등을 하여 이를 관리 감독하였어야 할 것임에도 피청구인이 이러한 복무명령이나 행정 지시 등을 이행하였다는 사실을 구체적으로 제시하지 못하는 이상 청구인의 비위행위에 대하여 이를 복종 의무 위반을 징계 사유로 하여 징계를 할 수는 없다고 본 것입니다. 또한 이 사안 결정문에서는 “청구인이 학생 교육에 전심전력해야 할 교원임에도 기본적으로 준수하여야 할 규정과 협력 수업 등을 소홀히 한 점 등은 인정되나 25년간의 교직 생활 동안 징계를 받은 적이 없고, 교육 발전 등의 노력을 인정받아 13회의 교육감 표창 등을 수상하였음에도 감경 사유로 고려되지 않은 점, 청구인의 징계 사유에 대하여 피청구인에게도 귀책사유가 있는 점 등을 종합적으로 고려하여 볼 때 청구인의 비위 정도에 비하면 교원의 신분을 박탈하는 배제 징계까지는 이르지 않는다고 보인다.”라고 하였는바, 위와 같은 수업 미참여 등의 사유로 중징계처분을 받은 경우 학교가 청구인의 감독자로서의 의무를 다하였는지, 청구인의 비위행위에 피청구인의 귀책사유를 일부 인정할 수 있는지 등을 꼼꼼히 검토해보아야 할 것입니다.

# 폐과에 의한 직권면직처분의 위법성 여부

사립학교법 제56조 제1항은 "사립학교 교원은 형의 선고·징계처분 또는 이 법에 정하는 사유에 의하지 아니하고는 본인의 의사에 반하여 휴직 또는 면직 등 불리한 처분을 받지 아니한다. 다만, 학급·학과의 개폐에 의하여 폐직이나 과원이 된 때에는 그러하지 아니하다."라고 규정하고 있으며, 판례는 폐과의 의미에 대해 "교원에 대한 직권면직처분의 전제로서 사립학교법 제56조 제1항 단서에서 규정하고 있는 폐과라 함은 입학 정원뿐만 아니라 학과 정원 또한 영(0)이 되어 재적생이 존재하지 아니하여 학과가 폐지되는 것을 의미한다."고 판시한바 있습니다. 따라서 소수의 학생이라 할지라도 학생이 해당과에 적을 두고 있는 이상 이를 폐과에 해당한다고 볼 수는 없으므로 이러한 경우 폐과를 전제로 한 직권면직처분은 위법하다고 할 것입니다.

나아가, 설령 사실상 폐과가 되었음을 전제한다 하더라도 교원소청심사위원회는 이 경우 직권면직처분을 하기 위해서는 면직 회피 가능성을 검토하고, 면직 기준을 마련하여 심사를 하는 등 직권면직처분을 위한 별도의 절차를 거칠 것을 요구하고 있습니다. 따라서 해당 청구인을 타 학과로 전보 배치할 가능성이 전혀 없었는지 등 면직 회피 가능성 여부에 대하여 실질적인 심사를 한 사실이 없고, 전공 전환의 기회를 부여하는 등 피청구인이 면직 회피를 위한 노력을 기울이지 않은 채 직권면직처분에 나아간 경우 이는 위법성이 인정되는 것입니다.

이에 위원회는 폐과를 이유로 재임용을 거부하고 직권면직처분을 한 사건에서 피청구인 학교 ○○전공과에 재학생 4명 휴학생 1명이 적을 두고 있었으며 타 전공과로의 전보 배치 가능성이 전혀 없다고 볼 수 없음에도 청구인에게 전공 전환 기회를 부여하는 등의 조치를 취하지 아니하고 직권면직처분을 한 것은 직권면직 회피 가능성에 대한 심사를 해태하여 위법하다는 이유로 처분을 취소한 바 있습니다(2015-370 재임용 거부 처분 취소 청구).

---

**대법원 2017. 1. 12. 선고 2015다21554 판결**

【판시사항】

[1] 사립학교법 제56조 제1항 단서에서 정한 '학급·학과의 개폐에 의하여 폐직이나 과원이 된 때'의 의미 및 사립학교 법인이 학과를 폐지하기 전에 취하여야 할 조치

[2] 사립대학이 학급·학과의 폐지에 따라 폐직·과원이 되었음을 이유로 교원을 직권면직할 때 다른 학교나 학과 등으로 전직발령 내지 배치전환함으로써 면직을 회피하거나 면직대상자를 최소화할 여지가 있는 경우, 합리적이고 객관적인 면직기준을 정하고 그에 따라 면직 여부를 결정하여야 하는 제한을 받는지 여부(적극) 및 위 기준에 따른 심사 결과 별다른 하자가 없는 교원은 가급적 구제하는 조치가 요구되는지 여부(적극)

【판결요지】

[1] 사립학교법 제56조 제1항 단서에서 규정하고 있는 '학급·학과의 개폐에 의하여 폐직이나 과원이 된 때'는 적법한 학칙 개정절차를 통해 설치학급 내지 학과가 폐지되거나 편제가 축소되는 등으로 인해 소속 교원의 직위나 정원이 없어지게 된 경우를 의미한다. 그리고 여기서 '학과의 폐지'는 학생의 학습권을 실질적으로 침해하지 아니하는 한도 내에서 허용되므로, 학습권 보호를 위하여 합리적인 조치가 취하여져 학습권이 실질적으로 침해되지 아니하였다고 볼 수 있는 등의 특별한 사정이 없는 한, 사립학교 법인은 학과의 폐지 이전에 폐지 대상 학과에 학적을 두고 있는 재학생 및 휴학생을 포함한 모든 재적생에 대하여 전과 등의 적절한 조치를 취하여 재적생이 존재하지 아니하게 된 경우에 비로소 학과를 폐지할 수 있다.

[2] 헌법 제31조 제6항, 사립학교법 제56조 제1항, 교육공무원법 제43조 제2항, 제53조 제3항, 제57조 제3항 및 교원지위향상을 위한 특별법 제6조 제1항, 국가공무원법 제70조 제1항 제3호, 제3항, 지방공무원법 제62조 제1항 제3호, 제3항 등을 종합하여 보면, 사립대학이 학급·학과를 폐지하고 그에 따라 폐직·과원이 되었음을 이유로 교원을

직권면직할 때에, 국립대학의 경우와 마찬가지로 학교법인 산하의 다른 사립학교나 해당 사립대학의 다른 학과 등으로 교원을 전직발령 내지 배치전환함으로써 면직을 회피하거나 면직대상자를 최소화할 여지가 있는 경우에는, 국가공무원법 제70조 제3항, 지방공무원법 제62조 제3항의 규정을 유추하여 임용 형태, 업무 실적, 직무수행 능력, 징계 사실 등을 고려한 합리적이고 객관적인 면직기준을 정하고 그 기준에 의하여 면직 여부를 결정하여야 하는 제한을 받으며, 이에 따라 실적과 능력 등을 심사한 결과 별다른 하자가 없는 교원은 가급적 구제하는 조치가 요구된다.

## 대법원 2008. 3. 13. 선고 2007다66071 판결

【판시사항】

[1] 사립학교에서 학급·학과의 개폐에 의하여 폐직·과원이 발생하여 교원을 직권면직할 때 따라야 할 면직기준

[2] 폐과 등으로 폐직·과원이 발생하여 교원을 직권면직 할 때 사립학교의 사정상 전직발령 내지 배치전환 등의 방법으로 이를 회피할 가능성이 전혀 없는 경우, 국가공무원법 제70조 제3항, 지방공무원법 제62조 제3항에 정한 면직기준에 따른 심사절차를 거치지 않은 것이 정당화될 수 있는지 여부(적극)

【판결요지】

[1] 사립학교에서 학급·학과의 폐지에 의해 폐직, 과원이 되었음을 이유로 사립학교법 제56조 제1항 단서에 따라 교원을 직권면직 함에 있어서 교원의 신분보장이라는 관점에서 합리적이고 객관적인 기준과 근거에 따라 면직 여부를 결정함이 필요하고, 이에 따르지 아니한 채 자의적으로 면직처분을 하는 것은 교원 임면에 관한 재량권을 일탈, 남용한 것이 된다. 국가공무원법 제70조 제3항, 지방공무원법 제62조 제3항은 "폐직, 과원이 되었음을 이유로 공무원을 직권면직 시킬 때에는 임용형태·업무실적·직무수행능력·징계처분사실 등을 고려하여 면직기준을 정하여야 한다."고 규정하고 있는데, 여기서 말하는 '임용형태·업무실적·직무수행능력·징계처분사실 등을 고려하여 정한 면직기준'이란 결국 합리적이고 객관적인 기준의 내용을 구체적으로 정한 것으로 볼 수 있으므로, 사립학교에서 폐과 등에 의한 폐직, 과원이 발생하여 교원을 직권면직 함에 있어서도 위와 같은 면직기준을 정하고 그에 따라 면직대상자의 실적과 능력 등을 심사하여 별다른 하자가 없는 교원은 가급적 구제하는 조치가 요구된다.

[2] 국·공립학교의 경우에는 학교·학과 또는 학부의 폐지로 폐직, 과원이 되더라도 교원 임용주체인 국가나 지방자치단체가 산하의 다른 국·공립학교나 해당학교의 다른 학과, 학부 등으로 교원을 전직발령 내지 배치전환하여 교원의 면직을 회피하거나 면직대상자를 최소화할 수 있는 가능성이 보다 큰 반면, 사립학교에서는 폐과 등으로 폐직, 과원이 된 때에도 학교법인이 설치·운영하는 다른 학교가 없어 전직발령이 불가능하고 해당학교의 다른 학과에도 관련 강의가 전혀 개설되어 있지 않아 타 학과의 교과목 강의의 배정도 불가능한 경우와 같이 결국 교원의 실적이나 능력에 별다른 하자가 없더라도 면직이 불가피한 상황이 발생할 수 있다. 그러므로 "사립학교의 경우 폐과로 인한 폐직, 과원이 된 때 교원을 직권면직 함에 있어서도 국가공무원법 제70조 제3항, 지방공무원법 제62조 제3항의 규정을 유추하여 임용형태·업무실적·직무수행능력·징계처분사실 등을 고려한 면직기준을 정하고 그 기준에 의한 심사 결과에 따라 면직 여부를 결정하여야 한다."는 것은 어디까지나 학교법인이 산하의 다른 사립학교나 해당학교의 다른 학과 등으로 교원을 전직발령 내지 배치전환함으로써 면직을 회피하거나 면직대상자를 최소화할 여지가 있는 경우에 한한디고 보아야 하고, 이와 딜리 사립학교의 사성상 전직발령 내지 배치전환 등에 의한 교원의 면직회피 가능성이 전혀 없는 경우에는 위와 같은 면직기준에 따른 심사절차를 거치지 아니하였다고 하더라도, 학과의 폐지 자체가 불가피하고 정당한 것이라면 이를 이유로 한 교원의 면직은 합리적이고 객관적인 근거에 기한 것으로서 역시 정당한 것이라고 볼 수밖에 없다.

# 학기 단위를 기준으로 한 육아휴직처분의 적법성 여부

　대부분의 교육청에서는 「교육공무원 인사실무매뉴얼」 등의 준칙을 두어 육아휴직자의 휴·복직 등을 규정하고 있습니다. 이와 관련하여 이번에 소개해 드릴 사례는 소청심사위원회가 모성보호의 관점에서 청구인에게 정당한 권리를 보장하여 준 사안입니다.

　청구인은 2014. 3. 1.부터 2014. 5. 28.까지 3개월간 육아휴직 신청을 하고자 하였으나 피청구인은 교육공무원 인사실무매뉴얼에 따라 2014. 3. 1.부터 2014. 8. 22.까지 총 6개월간의 휴직처분을 하였습니다. 이에 청구인은 이 같이 학기 단위를 기준으로 육아휴직 기간을 변경하여 처분을 한 것이 정당한지에 관해 교원소청심사위원회에 심사를 청구하였습니다(2014-117 휴직 기간 변경 청구). 위원회는 위 사안에 대하여 이를 두 단계로 나누어 검토하였습니다.

　첫째 단계는 6개월의 휴직처분이 소청심사의 대상이 되는 처분에 해당하는지 여부입니다. 이에 대하여 위원회는 "교원지위향상을 위한 특별법 제9조 제1항에 따르면 교원은 그 의사에 반하는 불리한 처분에 대하여는 소청심사를 청구할 수 있는데 이 사건에서 6개월간의 휴직처분은 외견상으로는 청구인의 신청에 따라 휴직처분을 한 것처럼 보이나 실질적으로는 청구인의 의사에 반하는 휴직처분이자 나아가 청구인의 육아휴직 신청권 및 근로의 권리를 침해하는 불이익한 처분이라고 할 것이므로 피청구인의 청구인에 대한 6개월간의 휴직처분은 우리 위원회의 심사 대상이 되는 '그 의사에 반하는 불리한 처분'에 해당한다."고 보았습니다.

다음으로 둘째 단계가 바로 이 사건 휴직처분이 적법한지 여부인데 이에 대하여 위원회는 "○○○○○교육청의 「교육공무원 인사실무매뉴얼」에서는 육아휴직의 휴·복직 허가는 학기 단위를 원칙으로 한다고 규정하고 있는데 이는 학기 중 교사 교체로 인한 학생들의 학습권 침해 예방, 학교 교육과정의 효율적 운영, 학생 평가의 일관성, 생활지도의 연속성, 방학 중 방과 후 활동 활성화 및 대체 교원의 근로권 보장 등을 도모하기 위한 것으로 그 목적의 정당성 및 필요성은 인정되는 것으로 판단된다. 반면 저출산이 초래하는 심각한 폐해와 여성의 경력 단절이 중요한 사회문제로 대두되고 있다는 점, 헌법 제36조에서는 혼인과 가족생활에 있어서 개인의 존엄과 양성의 평등을 국가가 보장하도록 규정하고 있을 뿐만 아니라 국가가 모성의 보호를 위하여 노력하여야 한다고 규정하고 있어 모성의 보호가 헌법적 차원에서 보호되어야 할 중요한 가치라는 점 등을 고려하면 피청구인이 청구인의 본래 의도와 달리 6개월간의 휴직처분을 한 것은 청구인의 육아휴직 신청권과 더불어 근로의 권리, 나아가 모성 보호 및 양육에 관한 기본권도 직접적으로 침해하고 있다고 볼 수 있다. 이 사건에서 피청구인이 이 사건 처분으로서 달성하고자 하는 공익과 이 사건 처분으로 인하여 제한되는 청구인의 권리를 비교형량하여 피청구인이 다른 방법으로는 청구인의 피해를 최소화하면서 위와 같은 공익을 달성할 수 없는 것인지 여부를 기준으로 이 사건 처분의 정당성을 판단할 수 있을 것인데, 육아휴직의 휴·복직 시점을 학기 단위로 정하지 않는다고 할지라도 복직 교원의 담당 교과 및 업무를 조정함으로써 학생들의 학습권 제한을 최소화하고 평가의 일원성, 생활지도의 연속성을 도모할 수 있는 점 실제로 11개 시도 교육청에서는 학기 중 휴직 및 복직을 허용하고 있는 점에 비추어 볼 때 학기 단위 휴직이 학교 교육과정의 정상적 운영을 위해 필수적이고 불가피한 수단이라고 보이지 않는 점 등을 고려하면 피청구인의 이 사건 휴직처분은 청구인의 헌법상·법률상 권리를 과도하게 제한하고 수단의 적절성, 피해의 최소성이 결여되어 비례의 원칙에 어긋나는 위법한 처분이라고 할 것이다."라고 결정한 것입니다.

이와 같이 교원소청심사위원회는 여성 교원의 모성보호를 위하여 합헌적 해석을 통해 권리 보장의 범위를 확대하고 있다고 할 것이므로 위와 같은 불리한 처분을 받은 교원들의 경우 소청심사를 통해 권리구제를 도모할 필요가 있을 것입니다.

# 징계와 직위해제

사립학교법 제58조의2에 따르면 교원의 임면권자는 교원의 직무수행 능력이 부족하거나 근무성적이 극히 불량한 경우, 교원으로서 근무태도가 심히 불성실한 경우, 징계의결이 요구 중인 경우, 형사사건으로 기소된 경우, 금품비위 및 성범죄 등 대통령령으로 정하는 비위행위로 인하여 감사원 및 검찰, 경찰 등 수사기관에서 조사나 수사 중인 사람으로서 비위의 정도가 중대하고 이로 인하여 정상적인 업무수행을 기대하기 현저히 어려운 자에 대하여 직위를 부여하지 아니할 수 있습니다. 그리고 이러한 직위해제는 당해 교원이 장래에 있어서 계속 직무를 담당하게 될 경우 예상되는 업무상의 장애 등을 예방하기 위하여 일시적으로 당해 교원에게 직위를 부여하지 아니함으로써 직무에 종사하지 못하도록 하는 잠정적인 조치로서의 보직의 해제를 의미하므로 과거 사립학교 교원의 비위행위에 대하여 기업질서 유지를 목적으로 행하여지는 징벌적 제재로서의 징계와는 그 성질이 다릅니다(대법원 2008. 6. 26. 선고 2006다30730 판결).

위와 같은 사유로 이루어지는 직위해제처분의 적법성 여부를 검토함에 있어 가장 먼저 체크해야 할 사항은 위 직위해제처분이 교원의 임면권자에 의하여 이루어 졌는지 여부입니다. 즉 법률규정 내용과 같이 직위해제처분을 할 수 있는 자는 교원의 임면권자이고, 이때 임면권자는 법인을 대표하는 이사장이라 할 것이므로 직위해제처분을 함에 있어 이사장이 아닌 총장 명의로 해당 처분을 한 것은 절차상 하자에 해당하여 위법한 것입니다.

또한 교원의 직무수행능력이 부족하거나 근무성적이 극히 불량한 경우, 교원으로서 근무태도가 심히 불성실한 경우 행하는 직위해제는 3월 이내의 기간대기를 명하는 방식으로 이루어져야 하며, 모든 직위해제처분은 해당 직위해제 사유가 소멸된 경우 임용권자는 지체 없이 다시 직위를 부여하여야 합니다.

다만 이때 직위해제처분 절차나 진행에 관하여 사전통지나 의견진술의 기회 등을 부여하여야 하는가가 문제가 될 수 있으나, 소청심사위원회는 「국가공무원법」 제73조의3 제1항 제4호에서 형사사건으로 기소된 자에 대하여 직위를 부여하지 아니할 수 있다고 정하고 있을 뿐 그 절차 등에 대해 별도로 규정하는 바가 없으므로 직위해제처분 과정에서 청구인에게 의견진술 등의 기회를 사전에 부여하지 아니하였다고 하여 그 절차에 하자가 있다고 보기는 어렵다고 판단하였습니다(2014-70 직위해제처분 취소 청구).

한편, 형사사건으로 기소되었다거나 징계의결의 요구를 받았음을 이유로 한 직위해제처분의 적법성에 대하여 우리 판례는 이러한 사유가 있다는 이유만으로는 직위해제처분이 모두 적법한 것은 아니라는 입장입니다. 즉 대법원은 "헌법 제27조 제4항은 '형사피고인은 유죄의 판결이 확정될 때까지는 무죄로 추정된다'고 규정하고 있고, 사립학교법 제58조의2 제1항 제2호, 제3호에 의한 직위해제 제도는 유죄의 확정판결 또는 징계의결을 받아 당연퇴직되기 전 단계에서 형사소추 또는 징계의결 요구를 받은 사립학교 교원이 계속 직위를 보유하고 직무를 수행한다면 공무집행의 공정성과 그에 대한 국민의 신뢰를 저해할 구체적인 위험이 생길 우려가 있으므로 이를 사전에 방지하고자 하는 데 그 목적이 있는바, 헌법상의 무죄추정의 원칙이나 위와 같은 직위해제제도의 목적에 비추어 볼 때, 형사사건으로 기소되었다거나 징계의결의 요구를 받았다는 이유만으로 직위해제처분을 하는 것은 정당화될 수 없고, 당해 교원이 사립학교법 제57조의 규정에 의하여 당연퇴직 사유로 되는 국가공무원법 제33조 제1항 제3호 내지 제6호에 해당하는 유죄판결을 받거나 같은 조항 제7호·제8호에 해당하는 파면·해임 등의 처분을 받을 고도의 개연성이 있는지 여부, 당사자가 계속 직무를 수행함으로 인하여 공정한 공무집행에 위험을 초래하는지 여부 등 구체적인 사정을 고려하여 그 위법 여부를 판단하여야 한다(대법원 2008. 6. 26. 선고 2006다30730 판결)."고 판시하고 있는 것입니다. 따라서 직위해제처분의 적법성 여부는 계속적인 직무 수행으로 인하여 구체적 위험이 발생할 수 있는지 여부를 기준으로 판단된다고 할 것입니다.

참고로 대법원은 위와 같은 법리 하에 "직위해제처분은 승급·보수지급 등의 면에서 인사 상 불이익한 처분에 해당하고, 또 기한의 제한도 없이 형사판결 또는 징계의결이 확정될 때까지로 되어 있으므로, 형사재판 또는 징계의결절차가 장기화하여 직위해제처분을 받은 때부터 3월이 초과하게 되면 징계처분으로 행하는 3월 이하의 정직처분보다 더 가혹하며, 경우에 따라서는 그 실질이 해임에 버금가는 불이익 처분이 될 수 있다(헌법재판소 1998. 5. 28. 선고 96헌가12 결정 참조). 다만, 일반적으로 사용자의 근로자에 대한 해고 등의 불이익 처분이 정당하지 못하여 무효로 판단되는 경우에 그러한 사유 만에 의하여 곧바로 그 해고 등의 불이익 처분이 불법행위를 구성하게 된다고 할 수는 없고(대법원 1996. 2. 27. 선고 95다11696 판결 등 참조), 위에서 본 직위해제처분의 특성을 고려하여 직위해제처분이 불법행위를 구성하는지의 판단은 통상의 징계처분보다 신중할 필요가 있다. 그러나 직위해제처분을 할 만한 사유가 없음에도 오로지 교원을 학교에서 몰아내려는 의도 하에 고의로 명목상의 직위해제사유를 내세우거나 만들어 직위해제처분을 한 경우나, 징계의결이 요구된 사유가 사립학교법의 규정 등에 비추어 국가공무원법 제33조 제1항 제7호·제8호에 정한 파면이나 해임 등을 할 만한 사유에 해당한다고 볼 수 없거나 기소된 형사사건에 대하여 국가공무원법 제33조 제1항 제3호 내지 제6호에서 정한 당연퇴직의 사유가 될 정도가 아닌 판결이 선고될 것임이 객관적으로 명백하고, 또 조금만 주의를 기울이면 그와 같은 사정을 쉽게 알아볼 수 있는데도 그것을 이유로 직위해제처분에 나아간 경우와 같이, 직위해제처분이 우리의 건전한 사회통념이나 사회상규상 용인될 수 없음이 분명한 경우에는 그 직위해제처분은 재량권의 범위를 일탈하거나 재량권을 남용한 위법한 처분으로서 그 효력이 부정됨에 그치지 아니하고, 위법하게 상대방에게 정신적 고통을 가하는 것이 되어 그 교원에 대한 관계에서 불법행위를 구성한다."고 보아 이 경우 해당 직위해제처분을 한 피청구인은 청구인의 정신적 고통에 대하여 배상할 의무를 부담한다고 하였으므로 위법한 직위해제처분에 대하여는 소청심사를 통한 구제 외에 민사상 손해배상청구소송을 통해서도 이를 구제받을 수 있다고 할 것입니다.

# 재임용 거부처분 관련 절차 위반 여부
## Check Point

### ① 처분권자

재임용 거부 통지는 임용권자가 하여야 하는데 학교법인의 경우 교원에 대한 임면권은 이사장에게 있으므로 총장에 의해 이루어진 재임용 거부 통보는 임면 권한 없는 자에 의한 것으로서 그 자체로 위법하다고 할 것입니다.

### ② 기간

사립학교법 제53조의2에 따르면 임용기간 만료 통지를 받은 교원이 재임용을 받고자 하는 경우에는 통지를 받은 날부터 15일 이내에 재임용 심의를 임용권자에게 신청하여야 하고, 재임용 심의를 신청 받은 임용권자는 교원인사위원회의 재임용 심의를 거쳐 당해 교원에 대한 재임용 여부를 결정하고 그 사실을 임용기간 만료일 2월 전까지 당해 교원에게 통지하여야 합니다. 따라서 이러한 기간을 준수하지 아니한 재임용 거부처분은 절차상 하자가 있다고 볼 것입니다. 다만 이러한 규정의 취지는 대학 교원의 임기가 학기 단위로 진행되는 것을 감안하여 학교 측에는 학사 행정을 차질 없이 진행할 시간적 여유를 확보하게 하고 해당 교원에게는 재임용 거부처분이 지연될 경우 예기치 못한 임기 단절을 사전에 차단하게 하고자 하는 것이어서, 불가피한 사정으로 인하여 학교법인이 의도적이지 않게 통지를 늦게 한 경우 이러한 위반만으로는 재임용 거부처분을 취소할 정도의 절차상 하자로 보지 않습니다.

### ③ 의견진술 기회 보장

사립학교법 제53조의2 제7항에 따르면 교원인사위원회는 재임용 심사 대상 교원에게 15일 이상의 기간을 부여하여 의견을 진술하거나 서면에 의한 의견 제출의 기회를 부여하도록 하고 있습니다. 나아가 동 조는 제 4항 이하의 재임용 심사 관련 통지는 모두 문서로 하도록 규정하고 있는 바, 이는 그 통지의 내용을 상대방에게 분명히 전달하여 청구인의 방어권 행사를 보장하고자 함에 그 목적이 있습니다. 따라서 청구인에게 문서로서 의견 진술의 기회를 부여한 사실이 없어 청구인이 교원인사위원회에서 제대로 된 진술을 할 수 없었던 경우 이는 청구인의 방어권을 충분히 보장하지 아니한 절차상의 하자가 있다고 할 것입니다. 또한 교원소청심사위원회는 피청구인이 청구인에게 소명의 기회를 안내하며 "교수님께서는 재임용 기준의 연구 업적 부문, 교육 업적 부분 및 강의평가 부문을 충족하지 못한다고 판단되어 법류에 근거한 소명 방법 및 일정을 안내 드립니다."라는 문구로 고지를 하였을 뿐 구체적인 평정 항목 및 항목에 따른 청구인의 점수 결과를 공개하지 아니한 상태에서 청구인이 구체적 소명의 대상을 모른 채 인사위원회에 출석하였고, 그 자리에서 비로소 구체적인 점수를 듣게 된 경우 이는 충분한 소명의 기회를 부여한 것이라고 볼 수 없으며 거부 사유의 원인이 된 구체적인 항목, 평가 결과 등을 모른 채 또는 극히 짧은 시간에 추상적, 형식적으로만 소명의 기회를 부여받은 것으로서 절차상 하자가 인정된다고 보았습니다.

### ④ 구체적 사유 제시

사립학교법 제53조의2 제6항은 임면권자가 당해 교원을 재임용 하지 아니할 경우에는 재임용하지 아니하겠다는 의사와 재임용 거부 사유를 명시하여 통보하도록 규정하고 있는바, 임면권자가 재임용 거부처분을 하려면 해당 교원에게 구체적인 거부사유를 명시하여 통보하여야 할 것입니다. 이에 교원소청심사위원회는 거부 통지서에 '업적 평가 결과 요건 미충족'이라고만 기재한 사안에 대하여 이는 거부처분 사유를 구체적으로 알 수 없게 한 것으로서 구체적 사유를 기재하지 아니한 절차적 하자가 인정된다고 보았습니다.

### ⑤ 객관적인 심의기준

사립학교법 제53조의2 제7항은 재임용 심의 기준을 객관적인 사유로서 학칙이 정하도록 규정하고 있는바 이에 대해서는 장을 바꾸어 설명하도록 하겠습니다.

# 재임용 심의 기준

　사립학교법 제53조의2 제7항은 재임용 심의 기준을 객관적인 사유로서 학칙이 정하도록 규정하고 있는바7), 이러한 규정의 취지는 대학교원으로서의 재임용 자격 내지 적격성의 유무가 임용권자의 자의가 아니라 학생교육에 관한 사항, 학문연구에 관한 사항과 학생지도에 관한 사항에 대한 평가 등 객관적인 사유에 의하여 심의되어야 할 뿐만 아니라 해당 교원에게 사전에 심사방법의 예측가능성을 제공하고 사후에는 재임용거부결정이 합리적인 기준에 의하여 공정하게 이루어졌는지를 심사할 수 있도록 재임용심사기준이 사전에 객관적인 규정으로 마련되어 있어야 함을 요구하는 것이라고 할 것입니다.

　따라서 대학이 이러한 재임용심의사유에 관하여 위와 같은 요구에 부합되게 사전에 객관적인 규정을 마련하는 것으로 그 규정 목적은 충분히 달성되고, 그러한 재임용심의사유의 규정형식은 학교법인의 자율적 선택에 맡겨져 있다고 할 것이므로, 학교법인이 고등교육법 시행령 제4조가 정한 제·개정절차나 사립학교법 제26조의2 제1항에 따른 대학평의

---

7) 사립학교법 제53조의2 ⑦ 교원인사위원회가 제6항의 규정에 의하여 당해 교원에 대한 재임용 여부를 심의함에 있어서는 다음 각 호의 사항에 관한 평가 등 객관적인 사유로서 학칙이 정하는 사유에 근거하여야 한다. 이 경우 심의과정에서 15일 이상의 기간을 정하여 당해 교원에게 지정된 기일에 교원인사위원회에 출석하여 의견을 진술하거나 서면에 의한 의견제출의 기회를 주어야 한다.
　1. 학생교육에 관한 사항
　2. 학문연구에 관한 사항
　3. 학생지도에 관한 사항

원회의 심의를 거쳐야 하는 고등교육법 제6조의 학교규칙이 아니라 학교법인의 정관에 근거를 두고 교원인사규정 내지 그 시행세칙 등과 같은 다른 규정형식으로 재임용 심의사유를 마련하였더라도 이러한 규정 역시 사립학교법 제53조의2 제7항이 규정한 학칙에 포함되며, 그 규정형식에 따른 제·개정절차에서 다른 흠이 없다면 이를 적용한 재임용거부결정이 사립학교법 제53조의2 제7항을 위반하여 무효라고 할 수는 없을 것입니다(대법원 2011. 1. 13. 선고 2010두1835 판결).

이에 교원소청심사위원회는 교원인사규정에서 "계약제 신규 임용 정년계열 교원의 최초 재계약 심사 기준을 두어 교육 업적과 연구 업적 심사 기준을 재임용 기준으로 규정하고 있음에도 청구인에 대하여 '교원으로서의 품위 손상'을 이유로 재임용 거부처분을 한 사안에서 품위 손상은 당초 학칙에 규정된 재임용 심사 기준이 아니며 설령 계약의 형태로 학칙에 없는 새로운 기준을 추가 한 것이라고 하더라도 이는 추상적인 기술에 그치고 품위 손상의 유형, 정도 등에 대해 객관성을 담보할 만한 구체적인 내용이 없어 이는 해당 교원에게 심사 방법의 예측 가능성을 제공하지 못할 뿐만 아니라 사후에 재임용 거부 결정이 합리적인 기준에 의하여 공정하게 이루어졌는지를 심사하기도 어렵게 만드는바, 학칙에 따른 객관적인 재임용 심사 기준으로 볼 수 없어 위법하다."는 결정을 한 바가 있습니다(2014-233 재임용 거부처분 취소 청구).

또한 '교원 승진 및 재임용 시행 세칙'에서 심사항목으로 연구영역 및 전문 영역의 학회 활동, 학생의 교수 연구 및 생활 지도에 대한 능력과 실적을 두고 이에 대해서는 각 위원들로부터 모두 항목별 70점 이상을 받을 것과 교원으로서 품위 유지 항목은 적격을 받아야 재임용이 될 수 있도록 규정하고 있는 방식에 대해서는 이러한 평가 방식이 평가위원들간의 점수편차를 최소화할 수 있는 장치가 없으며 최종적으로는 전체위원 중 몇 % 이상의 적격 판정이 있어야 재임용이 가능하다는 등의 가이드라인도 없고, 소분류 항목에 대한 세부적인 항목과 배점이 규정되어 있지 아니하여 평가의 공정성과 객관성을 담보할 수 있는 수단이 마련되어 있지 않다고 보아 이에 따른 재임용 거부처분은 위법하다고 보았습니다(2014-361 재임용 거부처분 취소 청구).

그 밖에 인성 영역을 평가항목으로 규정하며 세부 평정항목을 교수로서의 사명감 및 자기개발 의욕, 품성 및 소양, 신앙의 건전성으로 구분한 것은 추상적 개념을 또 다른 추상적 개념들로 대치한 것에 불과하여 인성 영역을 평가하는 실질적인 기준이 되지 못하고 이는 평정자의 주관과 자의성이 개입 될 소지가 크면서도 그 비중은 상당하여 이를 객관적이고 합리적인 기준이라고 볼 수 없으며(2015-137 재임용 거부처분 취소 청구), 임용기간 전체에 대한 평가가 아니라 합리적 사유 없이 최근 2년간의 취업률만을 평가에 반영하도록 한 것은 학생 지도 영역에 대한 객관적이고 합리적인 기준을 정한 것으로 볼 수 없다고 결정한 사례가 있습니다(2015-277 재임용 거부처분 취소 청구).

# 교원소청심사위원회 결정의 효력

　교원징계처분등의 재심에 관한 규정 제16조 제2항에 규정되어 있는 각
결정의 성격과 효력은 다음과 같습니다.


① 각하결정은 청구기간경과 등 청구의 형식적인 요건을 갖추지 못해
　본안(청구취지의 당부)을 살피지 않는 결정으로서 원처분에 대한 법률
　효과의 변동을 가져오지 않는 결정입니다.
② 기각결정은 본안을 살펴보았으나 청구인의 주장을 받아들이지 않
　는 결정으로서 원처분에 대한 법률효과의 변동을 가져오지 않는 결
　정입니다.
③ 취소 또는 변경결정은 청구인의 주장 전부 또는 일부를 받아들여
　위원회가 직접 원처분을 취소 또는 변경하는 결정으로서 원처분이
　있었던 날로 소급하여 취소 또는 변경의 효력이 발생되는 결정입니
　다. 취소 또는 변경을 명하는 결정은 위원회가 원처분을 취소 또는
　변경하는 것이 아니라 처분권자에게 원처분을 취소 또는 변경하도
　록 명령하는 결정이므로 결정의 효력은 처분권자가 원처분을 취소
　또는 변경을 하는 날에 발생하게 됩니다.
④ 확인결정은 본안을 살펴보고 청구인의 주장대로 처분의 무효, 부존
　재, 실효 등을 확인하여 주는 결정으로서 위법한 처분을 무효화 시
　켜주는 결정이 아니라, 무효인 처분의 효력이 무효임을 공권적으로
　확인하여 주는 결정입니다. 확인결정이 있으면 처분권자는 결정에

상반되는 처분을 할 수 없음은 물론이고 적극적으로 결정에 부합하는 처분을 하여야 하는 의무가 발생된다고 할 수 있습니다.

⑤ 이행명령결정은 본안을 살펴보고 청구인의 주장대로 거부처분을 취소하거나 청구취지에 따르는 의무를 이행하라는 결정으로서 취소결정은 거부처분이 있었던 날로 소급하여 취소되는 것이고, 의무이행명령결정은 기한 일까지 적극적으로 청구취지에 따르는 의무를 이행하여야 하는 의무를 발생시키는 결정이라 할 수 있습니다.

위 결정의 효력은 결정서가 도달된 때에 발생합니다. 한편, 교원소청심사위원회가 처분권자의 처분을 변경하는 결정을 한 경우에는 그 결정에 의하여 바로 교원과 학교법인 사이에 결정 내용에 따른 법률관계의 변동이 일어나게 되는 것인데 피청구인이 이러한 교원소청심사위원회 결정의 기속력에 반하여 변경 결정에 따른 실체적인 절차를 이행하지 않는다면 (예를 들어 정직기간이 종료하였음에도 강의를 배정하지 않는다거나 교수실을 제공하지 않는 등) 이에 대하여 청구인은 이하 판결과 같이 민사적으로 인격적 법익 침해에 따른 정신적 손해배상을 구할 수도 있습니다.

# 대법원 2012. 5. 9. 선고 2010다88880 판결

【판시사항】

[1] 교원소청심사위원회가 처분권자의 처분을 변경하는 결정을 한 경우, 그 결정에 의하여 바로 교원과 학교법인 사이에 결정 내용에 따른 법률관계의 변동이 일어나는지 여부(적극)

[2] 학교법인이 소속 대학교수를 본연의 업무에서 배제하려는 의도로 강의 과목 및 시간을 배정하지 않는 등으로 강의를 할 수 없게 한 경우, 대학교수가 입게 되는 정신적 고통에 대하여 배상할 의무가 있는지 여부(원칙적 적극)

[3] 교원소청심사위원회가 갑 학교법인의 소속 교수 을에 대한 파면처분을 정직 3월의 처분으로 변경하는 결정을 하여 확정되었는데, 갑 학교법인이 정직 기간이 경과되었음에도 임금 지급을 거절하고 을을 학사 업무에서 배제한 사안에서, 갑 학교법인은 을이 입은 정신적 고통에 대하여 배상할 의무가 있고, 원심 변론종결일 이후 임금 및 위자료에 대하여 미리 청구할 필요가 있음에도, 이와 달리 본 원심판결에 법리오해의 위법이 있다고 한 사례

【판결요지】

[1] 교원지위 향상을 위한 특별법(이하 '교원지위특별법'이라 한다) 제9조 제1항, 제10조 제2항, 교원소청에 관한 규정 제16조 제2항 제3호의 규정 취지와 교원에 대한 예우 및 처우를 개선하고 신분보장을 강화함으로써 교원의 지위를 향상시키고 교육 발전을 도모하고자 하는 교원지위특별법의 목적(제1조) 등에 비추어 볼 때, 교원소청심사위원회가 처분권자의 처분을 변경하는 결정을 한 때에는 그 결정에 의하여 바로 교원과 학교법인 사이에 결정 내용에 따른 법률관계의 변동이 일어난다.

[2] 사용자는 특별한 사정이 없는 한 근로자와 근로계약 체결을 통하여 자신의 업무지휘권·업무명령권의 행사와 조화를 이루는 범위 내에서 근로자가 근로제공을 통하여 참다운 인격의 발전을 도모함으로써 자신의 인격을 실현할 수 있도록 배려하여야 할 신의칙상 의무를 부담한다. 그러므로 사용자가 근로자 의사에 반하여 정당한 이유 없이 근로자의 근로제공을 계속 거부하는 것은 이와 같은 근로자의 인격적 법익을 침해하는 것이 되어 사용자는 이로 인하여 근로자가 입게 되는 정신적 고통에 대하여 배상할 의무가 있고, 대학교수는 자신의 전공분야에 대해 강의하고 이를 통해 자신의 학문연구를 보다 발전시키는 것이 인격권 실현의 본질적 부분에 해당하므로, 대학교수의 사용자인 학교법인이 업무지휘권 등의 행사에 지장을 초래하는 등 특별한 사정이 없는데도 오로지 소속 대학교수를 본연의 업무에서 배제하려는 의도 하에 강의 과목 및 시간을 배정하지 않는 등으로 강의할 수 없게 하는 행위는 교원의 인격적 법익을 침해하는 것이 되고, 학교법인은 그로 인하여 대학교수가 입게 되는 정신적 고통에 대하여 배상할 의무를 부담한다.

[3] 교원소청심사위원회가 갑 학교법인 소속 교수 을에 대한 파면처분을 정직 3월의 처분으로 변경하는 결정을 하여 확정되었는데, 갑 학교법인이 별도로 정직 3월의 처분을 하지 않는 한 파면처분이 여전히 유효하다고 다투면서 정직 기간이 경과되었음에도 임금 지급을 거절하고 강의 과목 및 시간을 배정하지 않는 등 을을 학사 업무에서 배제한 사안에서, 교원소청심사위원회의 결정이 확정됨으로써 파면처분이 정직 3월의 처분으로 변경되어 결정 내용에 따른 법률관계의 변동이 생겼음에도, 갑 학교법인이 정당한 이유 없이 을의 근로제공을 계속 거부함으로써 을의 인격적 법익을 침해하고 있으므로, 을이 입은 정신적 고통에 대하여 배상할 의무가 있고, 갑 학교법인이 원심 변론종결 이후에도 임금 등 지급을 거절하고 을을 학사 업무에서 배제할 것이 넉넉히 추단되므로, 을은 원심 변론종결일 이후 임금 및 위자료의 이행을 미리 청구할 필요가 있음에도, 이와 달리 본 원심판결에 법리오해의 위법이 있다.

# 제 2 장

# 공 무 원 소 청

국가공무원의 소청심사청구는, 징계처분(파면, 해임, 강등, 정직, 감봉, 견책 및 징계부가금 포함), 기타 의사에 반하는 불리한 처분(강임, 휴직, 직위해제, 면직, 전보, 계고, 불문경고 등), 부작위(복직 청구 등) 등이 있는 경우 이에 대한 취소·변경 등을 구하고자 할 때, 처분 사유 설명서가 교부되는 징계처분 및 징계 부가금, 직위해제, 강임, 휴직, 면직처분 등은 처분 사유 설명서를 받은 날로부터 30일 이내에, 처분 사유 설명서가 교부되지 아니하는 불리한 처분(전보, 계고, 경고 등)은 처분이 있은 날을 안 날로부터 30일 이내에 소청심사청구서를 「온라인 소청접수」, 「E-mail 소청접수(sochung@korea. kr)」 또는 방문, 우편 또는 FAX 등의 방법으로 제출하여 소청심사위원회에 도달하게 하면 됩니다.

# 소청처리절차 체계도[8]

## ① 소청제기
☐ 징계, 강임, 휴직, 직위해제, 면직 및 불문경고 등 기타 불리한 처분에 대하여 처분사유설명서 수령일 또는 처분이 있은 것을 안 날부터 30일 이내에 소청을 제기합니다.

## ② 소청심사청구서 접수
☐ 심사위원회는 소청심사청구서에 흠이 있다고 인정할 때에는 접수한 날로부터 7일 이내에 상당한 기간을 정하여 청구인에게 보정요구를 할 수 있습니다.

## ③ 접수 통지 및 처분청에 대한 답변서(변명서) 제출요구
☐ 심사위원회는 피청구인에게 소청심사청구서가 접수되었음을 통지하고 20일의 기한 내에 답변서(변명서)를 제출할 것을 명합니다.

## ④ 답변서 접수 및 검토
☐ 심사위원회는 피청구인의 답변서가 접수되면 그 부본을 청구인에게 송부하고 필요할 경우 현지 등을 방문하여 사실 조사를 실시할 수 있습니다.

---

8) 소청심사위원회, 소청 및 고충심사 업무편람(2014) 참조

⑤ 심사기일 지정·통지 및 조사보고서 작성

　□ 심사위원회가 소청심사청구사건을 심사할 때에는 청구인과 피청구인이 심사위원회에 출석할 수 있도록 당사자에게 심사기일 및 장소를 통지하여 줍니다.

　□ 심사위원회는 원처분 사유, 소청이유, 증거 및 조사를 통해 조사보고서를 작성합니다.

⑥ 심사

　□ 심사위원회는 청구인과 피청구인에게 구두로 진술의 기회를 부여합니다.

　※ 심사결정 전까지 소청 취하가 가능합니다.

⑦ 결정

　□ 재적위원 2/3이상 출석, 출석위원 과반수로 합의하여 결정합니다.

　□ 접수일로부터 60일 이내(30일 연장 가능)에 결정하되 결정 유형에는 각하, 기각, 취소, 변경, 무효확인, 인용 등이 있습니다.

⑧ 결정서 작성 및 송부

　□ 결정서는 결정일로부터 10일 이내에 결정 주문과 이유 등을 명시하여 청구인과 피청구인에게 송부합니다(결정이유는 처분사유요지, 소청이유요지, 증거, 판단, 결정으로 구성되어 있습니다).

　□ 감사원에서 파면요구 한 사건은 감사원에도 송부합니다.

　□ 결정에 불복할지 여부를 검토하여 행정소송 단계로 나아갑니다.

# 소청심사청구서 작성 예[9]

1. 사건명 : ○○처분 ○○ 청구

※ 청구의 취지는 취소, 감경, 취소 또는 감경, 무효확인 중 선택

예시) ○○처분 취소 또는 감경 청구, ○○처분 감경 청구, ○○처분 취소 청구, ○○처분 무효확인 청구


2. 소청인

| 성 명 | (한자 :           ) |
|---|---|
| 주민등록번호 | —           (      세) |
| 소 속 | |
| 직(계)급 | |
| 주 소 | (우편번호 :           ) |
| 전자우편(e-mail) | |
| 전화번호 | - 자택 또는 직장 :<br>- 휴대전화 :<br>※ 휴대전화 문자메시지(SMS)수신 동의 여부 : 동의함(      ), 동의안함(      ) |
| 대리인<br>(선임 시 기재) | |

3. 피소청인 :

※ 처분사유설명서의 처분권자(대통령인 경우 제청권자)

예시) ○○장관, ○○청장, ○○지방경찰청장, ○○경찰서장 등

---

9) 소청심사위원회 홈페이지 자료실 관련서식 참고

4. 소청의 취지 : 피소청인이        년        월        일 소청인에게 한 ○○처분의 ○○을(
   를) 구함.


5. 처분사유설명서 수령일 :        년        월        일


6. 희망 심사시기 : 우선심사*(   ), 빨리(   ), 늦게**(   ), 의견 없음(   )
* '우선심사'는 소청인이 징계 등 사유를 인정하고, 위원회 출석하는 대신 서면진술로
   갈음하는 경우
** '늦게'로 표기한 경우 구체적인 희망시기와 사유 기재(                   )


7. 소청이유 : 별지로 작성


8. 입증자료
   가. 인사발령통지서
   나. 처분사유설명서(징계의결서 포함)
   다. 소청 이유에 대한 입증서류(있을 경우)




위와 같이 청구합니다.

년        월        일

위 청구인                      (서명 또는 인)


**인사혁신처 소청심사위원회 위원장 귀하**

【별지】

소청이유


　본 건 징계의결 이유서에서는 소청인이 국외도피사범에 대한 전화통보를 받고 전자문서가 시행되었음에도 익일 재차 전화가 올 때까지 직무를 태만히 하여 도피사범이 입국 시 검거치 못하였다고 하나,

　소청인은 ○○년 ○○월 ○○일 ○○시경 ○○청 ○○과 송 모 경위로부터 본 건 외 업무로 소청인이 먼저 전화를 걸어 통화하던 중 내일 새벽 ○○시에 이 모가 입국하는데 자세한 내용은 추가로 알려주겠다는 내용을 통화한 사실은 있으나, 수배자 이 모의 주민등록번호, 주소, 입국일시 및 비행기 편명, 수배사항 등을 구체적으로 알려주지 않았고,

　송 모 경위가 하달한 '국외도피사범(이송) 입국 관련 업무지시' 문서는 업무시간이 지난 ○○년 ○○월 ○○일 ○○시경 ○○지방경찰청 전자결재 서버에 도달하여 보안과 문서접수 담당자의 퇴근으로 접수하지 못하였고, 소청인 또한 본 건 문서 접수사실을 알지 못하여 수배자 검거에 실패한 것으로,

　중요수배자 검거 지시문서를 결재과정을 이유로 업무시간이 종료한 이후에 하달하였으면 문서접수 여부를 확인할 책임이 있음에도, 이를 게을리 한 잘못이 있는 송 모 경위에게는 계고처분하고 접수사실을 알지 못한 소청인에게는 견책을 내린 것은 잘못된 처분이라 생각하는 바, 공문 하달 후 전화로 문서접수 사실을 확인하는 것이 원칙임에도 경찰청 송 모 경위는 현부서 근무경력이 얼마 되지 않아 업무가 미숙하여 처리절차를 간과하였고, 본 건 이후에는 Fax를 이용하여 ○건을 모두 정상적으로 처리하여 수배자를 검거하지 못한 사례는 없는 점,

소청인은 본 건 발생 당일 당직업무와 더불어 ○○년도 국정감사 자료 준비로 업무가 폭주하여 당직업무를 수행하면서 ○○건의 국정감사 자료를 준비하기 위해 밤샘 근무하였고, 지금까지 국외도피사범 업무를 담당하면서 국외에서 입국하는 수배자를 검거하지 못한 사례는 단 한건도 없이 성실히 근무하여 온 점, 소청인은 본 건 발생으로 소속 상관이 다른 부서로 전보되는 등 상사에게 누를 끼친 점에 대하여 부하직원으로서 깊이 반성하고 있는 점, ○○년 동안 근무하면서 모범공무원 표창 등 모두 ○○회의 표창을 수상한 공적이 있는 점, 본 건 발생이후 소청인이 받은 심적 고통을 헤아려 주신다면 다시 한 번 심기일전하여 경찰조직에 이바지 할 각오인 점 등 제 정상을 참작하여 원처분의 취소를 구함.

# 징계 종류와 내용

「국가공무원법」 제79조는 징계의 종류로 파면, 해임, 강등, 정직, 감봉, 견책을 열거하고 있으며, 제80조에서 다음과 같이 징계의 효력을 정하고 있습니다.

---

**국가공무원법 제80조(징계의 효력)** ① 강등은 1계급 아래로 직급을 내리고(고위공무원단에 속하는 공무원은 3급으로 임용하고, 연구관 및 지도관은 연구사 및 지도사로 한다) 공무원신분은 보유하나 3개월간 직무에 종시하지 못하며 그 기간 중 보수의 3분의 2를 감한다.

② 제1항에도 불구하고 이 법의 적용을 받는 특정직공무원 중 외무공무원과 교육공무원의 강등의 효력은 다음 각 호와 같다.

1. 외무공무원의 강등은 「외무공무원법」 제20조의2에 따라 배정받은 직무등급을 1등급 아래로 내리고(14등급 외무공무원은 고위공무원단 직위로 임용하고, 고위공무원단에 속하는 외무공무원은 9등급으로 임용한다) 공무원신분은 보유하나 3개월간 직무에 종사하지 못하며 그 기간 중 보수의 3분의 2를 감한다.

2. 교육공무원의 강등은 「교육공무원법」 제2조 제10항에 따라 동종의 직무 내에서 하위의 직위에 임명하고, 공무원신분은 보유하나 3개월간 직무에 종사하지 못하며 그 기간 중 보수의 3분의 2를 감한다. 다만, 「고등교육법」 제14조에 해당하는 교원 및 조교에 대하여는 강등을 적용하지 아니한다.

③ 정직은 1개월 이상 3개월 이하의 기간으로 하고, 정직처분을 받은 자는 그 기간 중 공무원의 신분은 보유하나 직무에 종사하지 못하며 보수의 3분의 2를 감한다.

④ 감봉은 1개월 이상 3개월 이하의 기간 동안 보수의 3분의 1을 감한다.

⑤ 견책(譴責)은 전과(前過)에 대하여 훈계하고 회개하게 한다.

⑥ 공무원으로서 징계처분을 받은 자에 대하여는 그 처분을 받은 날 또는 그 집행이 끝난 날부터 국회규칙, 대법원규칙, 헌법재판소규칙, 중앙선거관리위원회규칙 또는 대통령령으로 정하는 기간 동안 승진임용 또는 승급할 수 없다. 다만, 징계처분을 받은 후 직무수행의 공적으로 포상 등을 받은 공무원에 대하여는 국회규칙, 대법원규

---

칙, 헌법재판소규칙, 중앙선거관리위원회규칙 또는 대통령령으로 정하는 바에 따라 승진임용이나 승급을 제한하는 기간을 단축하거나 면제할 수 있다.

⑦ 징계에 관하여 다른 법률의 적용을 받는 공무원이 이 법의 징계에 관한 규정을 적용받는 공무원이 된 경우에는 다른 법률에 따라 받은 징계처분은 그 처분일부터 이 법에 따른 징계처분을 받은 것으로 본다. 다만, 제79조에서 정한 징계의 종류 외의 징계처분의 효력에 관하여는 국회규칙, 대법원규칙, 헌법재판소규칙, 중앙선거관리위원회규칙 또는 대통령령으로 정한다.

⑧ 특수경력직공무원이 경력직공무원으로 임용된 경우에는 해당 특수경력직공무원의 징계를 규율하는 법령에 따라 받은 징계처분은 그 처분일부터 이 법에 따른 징계처분을 받은 것으로 본다. 다만, 제79조에서 정한 징계의 종류 외의 징계처분의 효력에 관하여는 국회규칙, 대법원규칙, 헌법재판소규칙, 중앙선거관리위원회규칙 또는 대통령령으로 정한다.

징계의 종류 중 파면과 해임은 모두 공무원 신분이 박탈되는 중징계 처분이라고 할 것인데 파면의 경우 퇴직급여, 퇴직수당이 제한되고 퇴직 후 5년 내 재임용이 될 수 없는 공직취임 제한까지 따르게 됩니다. 해임의 경우 역시 파면과 마찬가지로 향후 공직취임이 제한되나 그 기간은 퇴직 후 3년 내이며 파면과는 달리 퇴직급여, 퇴직수당의 삭감을 당하지 아니합니다. 파면 시 퇴직급여 및 퇴직수당의 제한을 좀 더 구체적으로 살펴보면, 공무원연금법 제64조 제1항, 동 시행령 제55조에 따라 재직기간이 5년 미만인 자의 퇴직급여는 1/4, 재직기간이 5년 이상인 자의 퇴직급여는 1/2, 퇴직수당은 1/2이 감액됩니다.

| 종류 | 효력 | |
|---|---|---|
| | 신분·복무 | 보수·퇴직급여 |
| 파면 | ▶ 공무원관계로부터 배제<br>▶ 5년간 공무원임용결격사유 | ▶ 퇴직급여 및 퇴직수당 1/2감액<br>※ 재직기간 5년 미만인 자의 퇴직급여는 1/4만 감액<br>▶ 보수: 일할계산 |
| 해임 | ▶ 공무원관계로부터 배제<br>▶ 3년간 공무원임용결격사유 | ▶ 퇴직급여 및 퇴직수당 전액지급<br>※ 금품·향응수수, 공금 횡·유용으로 해임된 경우 퇴직급여 및 퇴직수당을 1/4감액하되, 5년 미만 재직자의 퇴직급여는 1/8만 감액<br>▶ 보수: 일할계산 |

한편, 판례는 "구 공무원연금법(2009. 12. 31. 법률 제9905호로 개정되기 전의 것, 이하 같다) 제64조 제1항은 공무원 또는 공무원이었던 자가 '재직 중의 사유로 금고 이상의 형을 받은 때'(제1호), '탄핵 또는 징계에 의하여 파면 된 때'(제2호), '금품 및 향응수수, 공금의 횡령·유용으로 징계 해임된 때'(제3호)에는 대통령령이 정하는 바에 의하여 퇴직급여 및 퇴직수당의 일 부를 감액하여 지급한다고 규정하고 있다. 공무원연금법이 위와 같은 퇴 직급여 등의 제한규정을 두게 된 입법 목적과 취지, 그러한 규정의 연혁, 위 제1호 내지 제3호의 취지, 내용, 입법과정 및 그 상호 관계, 형평과 정 의의 관념, 재산권 기타 국민의 기본권 보장의 헌법정신, 기본권 제한에 서 고려해야 할 침해의 최소성, 법익균형성 등 여러 사정에 비추어 보면, 공무원이 공금의 횡령·유용뿐만 아니라 다른 여러 징계사유가 경합되어 징계 해임된 경우에, 공금의 횡령·유용이라는 징계사유가 다른 징계사유 들과 비교하여 징계 해임의 주된 징계사유에 해당하지 않고 그 징계사 유만으로는 해당 공무원을 징계 해임할 수 있을 정도의 의무위반에 이 르지 않았다고 볼 만한 특별한 사정이 있는 경우에는, 구 공무원연금법

제64조 제1항 제3호가 규정한 퇴직급여 등의 지급제한사유인 '공금의 횡령·유용으로 징계 해임된 때'에 해당하지 않는다고 보는 것이 타당하다(대법원 2012. 10. 11. 선고 2011두11488 판결)."는 판시를 하였는바[10], 이와 같이 여러 징계사유가 경합되어 배제처분을 받은 경우 해당 배제처분에 이르게 된 주요 징계사유가 무엇인지를 밝혀 퇴직급여 등의 감액 제한을 적용받지 않도록 해볼 필요성이 있습니다. 위 판례에 대하여는 항을 바꾸어 좀 더 자세히 설명 드리도록 하겠습니다.

---

10) 청구인이 징계해임처분을 받게 된 것은 여러 징계사유 중 공무원 신분으로서 업무시간 등에 부녀와 불륜관계를 맺은 데 대한 성실의무위반과 품위유지의무위반을 주된 사유로 삼은 것으로 보여 지고, 출장비 17여만 원 등을 유용하였다는 점은 부수적으로 추가된 사유로서 그 사유만으로는 청구인을 징계해임 할 정도는 아니라고 보여 지므로, '공금의 횡령·유용으로 징계해임 된 경우'에 해당된다고 볼 수 없다 할 것이어서, 결국 퇴직급여 등의 1/4 상당을 제한하여 지급한 처분은 위법하다고 본 사례

# 퇴직급여 제한

파면 또는 해임의 배제징계처분을 받는 경우 퇴직급여 및 퇴직수당의 감액이 있을 수 있으므로 소청을 통해 징계양정을 감경하거나 해당 배제 징계처분이 이루어지게 된 주요한 징계 사유를 밝히는 것이 무엇보다 중요하게 됩니다. 즉, 파면의 경우 징계 사유를 불문하고 퇴직급여 및 퇴직 수당의 감액이 있게 되므로 해당 불이익을 면하기 위해서라도 반드시 감경이 필요하며, 해임의 경우 금품·향응수수 또는 공금 횡령·유용이 징계 사유가 되어 해임처분에 이른 경우 퇴직급여 및 퇴직수당의 일부 감액이 있게 되므로 앞서 살펴본 바와 같이 징계 사유가 다수 또는 중첩된 경우에서 해임이라는 처분에 이르게 된 주요 원인은 금품·향응수수 또는 공금 횡령·유용이 아니었음을 밝혀야 하는 것입니다.

그런데 법원은 기본적으로 "공무원연금법 제64조 제1항 제3호는 공무원이 금품 및 향응수수, 공금의 횡령·유용으로 징계해임 된 경우에는 대통령령이 정하는 바에 의하여 '퇴직급여 및 퇴직수당의 일부를 감액하여 지급한다.'고 규정하고 있는바, 이 법 규정의 취지는 국민 전체에 대한 봉사자로서 엄격한 직무상의 의무를 부담하는 공무원으로 하여금 재직 중 성실하고 청렴하게 근무하도록 유도하기 위한 목적 하에 공무원이 재직 중의 성실·청렴의무를 위반하는 등의 잘못을 저지른 경우에 한하여 재직 중의 성실·청렴의무에 대한 공로보상 또는 사회보장적 성격을 갖는 퇴직급여를 제한하고자 하는 것으로서 그 목적의 정당성과 수단의 상당성 및 법익의 균형성을 갖춘 조항이기는 하지만(헌법재판소 1995. 7. 221. 선고 94헌가27, 29 전원재판부 결정 참조), 위 조항 문언의 해석상 공무원이 위 규정에서 정한 요건에 해당하는 한 그에 대한 퇴직급여 등의 제한은 반드시 뒤따를 수밖에 없는 것으로서 그 제한 여부가 행정청의 재량에 속한다고 볼 여지가 없고, 해당 공무원에 대하여 징계해임과 같은 제재에 덧붙여 퇴직과 동시에 생활안정을 위해 당연히 지급될 것으로 기대되는 퇴직급여 등까지도 감액하여 지급함으로써 특히 근무기간연한이 오래된 공무원에게는 퇴직 후의 생활보장과 노후복지에 중대한 영향을 미치게 되는 것이므로 위 조항의 해당 여부를 판단함에 있어서는 보다 엄격한 해석이 요구된다고 할 것이다(서울고등법원 2011. 4. 29. 선고 2010누27518 판결)."라고 판시하고 있으므로 청구인은 소청심사위원회에 이렇듯 엄격한 해석의 법리에 의거하여 심리하여 줄 것을 주장하여야 할 것입니다. 즉, 청구인은 공금의 횡령·유용뿐 아니라 여러 징계사유가 경합되어 있는 경우 징계사유가 된 공금의 횡령·유용 사유만으로는 징계해임을 할 수 있을 정도에 이르지 않았을 것인데 여타 다른 징계사유가 경합된 결과 징계해임에 이르게 된 것이므로 이 경우 위 조항에서 말하는 '공금의 횡령·유용으로 징계해임 된 경우'에는 해당되지 않는다고 주장하여야 하는 것입니다.

그런데 이러한 판례의 입장은 징계해임처분을 받은 해당 공무원에 대한 여러 징계사유 중에 극히 사소하거나 경미한 내용의 공금의 횡령·유용 사유도 포함되어 있다고 하여 그 횡령·유용한 금액과는 비교되지 않을 정도로 거액인 퇴직급여 및 퇴직수당의 지급을 제한한다면 이는 공무원연금법 규정의 입법취지나 필요성에 비추어 해당 공무원에게 그의 비위행위에 비하여 지나치게 큰 불이익을 감수하도록 하는 것이어서 비례의 원칙상 허용되지 아니한다는 측면에서 타당하다고 할 것입니다.

# 징계위원회 구성

공무원 징계령 제15조[11]에 따르면 징계위원회 위원 중 징계 등 혐의자의 친족이나 그 징계사유와 관계가 있는 자는 그 징계사건의 심의에 관여하지 못하고, 징계 등 혐의자는 징계위원회의 위원장이나 위원 중에서 불공정한 의결을 할 우려가 있다고 인정할 만한 사유가 있을 때에는 그 사실을 서면으로 제출하여 그 위원을 징계의결에 참여하지 못하도록 기피신청을 할 수 있으며, 기피신청이 있을 때에는 위원회의 의결로 당해 위원장 또는 위원의 기피여부를 결정하여야 하고, 이 경우에 기피신청을 받은 자는 그 의결에 참여하지 못하는 것이 원칙입니다. 따라서 징계사건과 관련 있는 자가 징계위원으로 참석한 경우 이는 위법한 징계의결에 해당한다고 할 것입니다.

이에 소청심사위원회는 청구인의 직근 상급 관리·감독자로서 청구인에 대한 징계의결을 요구한 자가 징계위원으로 참석한 것은 징계위원회

---

11) 제15조(제척 및 기피) ① 징계위원회의 위원 중 징계등 혐의자의 친족 또는 직근 상급자(징계 사유가 발생한 기간 동안 직근 상급자였던 사람을 포함한다)나 그 징계등 사유와 관계가 있는 사람은 그 징계등 사건의 심의·의결에 관여하지 못한다. ② 징계등 혐의자는 위원장이나 위원 중에서 불공정한 의결을 할 우려가 있다고 인정할 만한 상당한 사유가 있을 때에는 그 사실을 서면으로 밝히고 기피를 신청할 수 있다. ③ 징계위원회의 위원장 또는 위원은 제1항에 해당하면 스스로 해당 징계등 사건의 심의·의결을 회피하여야 하며, 제2항에 해당하면 회피할 수 있다. ④ 제2항의 기피신청이 있을 때에는 재적위원 과반수의 출석과 출석위원 과반수의 찬성으로 기피 여부를 의결한다. 이 경우에 기피신청을 받은 사람은 그 의결에 참여하지 못한다. ⑤ 보통징계위원회에서 제1항부터 제3항까지의 사유로 위원장을 포함한 위원 5명 이상이 출석할 수 없게 되었을 때에는 위원 5명 이상이 출석할 수 있도록 그 위원회 설치기관의 장에게 임시위원의 임명을 요청하여야 한다. 이 경우에 임시위원을 임명할 수 없으면 그 징계의결등의 요구는 철회된 것으로 보고 상급행정기관의 장에게 그 징계의결등을 신청하여야 한다.

구성상 명백하고 중대한 하자가 있다고 보았습니다.

---

**소청심사위원회 2002-479**

공무원 징계령 제15조 제1항의 규정에 의하면, "징계위원회의 위원 중 징계혐의자의 친족이나 그 징계사유와 관계가 있는 자는 그 징계사건의 심의·의결에 관여하지 못한다."고 되어있고, 이러한 제척제도의 취지는 징계에 부당한 영향을 미칠 수 있는 요소를 배제함으로써 심리 및 의결의 공정성을 확보하려 함에 있다고 할 것이며, 제척제도는 기피제도와는 달리 당사자의 신청 등 특별한 절차를 거칠 필요 없이 제척 원인이 있다는 사유만으로 당연히 당해 사건의 심의·의결로부터 제외되어야 할 것인바, 이 건 징계의 원인이 된 사실을 보면 청구인이 병가의 허가를 받지 않고 무단결근하였다는 것인데 □□역장은 청구인에 대한 연가 및 병가의 허가권자이며 청구인을 포함한 소속직원을 지도·감독하고 있는 지위에 있는 점, 이 건과 관련하여 □□지역관리역장에게 청구인의 무단결근에 대한 조치를 요구하였던 점 등에 비추어 볼 때, 위 □□역장이 징계위원으로 참석하여 징계의결에 관여한 것은 징계위원회 구성상의 명백하고 중대한 하자이므로 이 건 징계처분은 무효임

---

**소청심사위원회 2006-329**

○○부 징계양정세칙 [별표2]에 의거, 청구인의 직상감독자는 업무2과장 이○○인 점, 업무2과장은 청구인의 병가를 빙자한 근무태만 행위에 대해 감독자로서 평소 교양 및 훈계 조치를 소홀히 한 책임이 있다고 보이는 점, 인사부서(지원과)에 청구인의 징계요구를 한 후 징계위원으로 참석하여 의견개진 한 내용이 청구인의 입장에서 보면 공정하고 객관적인 양정결정이 이루어졌다고 보기 어려운 점, 공무원 징계령 제15조에 명시된 "그 징계사유와 관계가 있는 자"란 징계혐의자의 직근 상급자나 업무상 관련이 있는 상급자로 보는 것이 소청심사위원회의 결정례인 점 등을 감안할 때, 본 건 징계위원회 위원 중 업무2과장 이○○는 청구인의 직근 상급자이기도 하고 업무상으로도 밀접한 관련이 있는 자라고 할 수 있어 공무원 징계령 제15조 제1항에 규정된 "그 징계사유에 관계가 있는 자"에 해당된다고 할 것이므로, 제척사유에 해당하는 업무2과장이 징계회의에 참석하여 심의·의결에 관여한 본 건 징계의결은 중대하고 명백한 하자 있는 의결임

또한, 공무원 징계령 제5조 제1항 및 같은 조 제3항에 따르면 보통징계위원회는 위원장 1인을 포함하여 9명 이상 15명 이하의 공무원위원과 민간위원으로 구성하며 이 경우 민간위원의 수는 위원장을 제외한 위원 수의 2분의 1 이상이어야 하고, 보통징계위원회의 공무원위원은 징계 등 대상자보다 상위계급의 소속 공무원 중에서 해당 기관의 장이 임명하도록 되어 있으므로, 징계위원을 청구인과 같은 계급의 자를 임명하여 징계위원회를 구성한 경우 이는 부적법한 구성으로서 중대하고 명백한 하자가 있는 것으로서 동 위원회에서 한 징계의결은 무효이고 이를 근거로 한 징계처분도 무효가 됩니다.

# 형사처벌과의 관계

징계처분을 받게 된 비위행위에 대하여 징계처분 당시 해당 혐의에 대한 형사상 수사가 진행 중 이라던가 기소가 되어 재판 진행 중에 있어 아직 유죄가 확정된 것이 아니므로 징계처분은 부당하다는 주장을 다수의 청구인들이 하고 있습니다.

그러나 징계벌과 형사벌은 그 권력의 기초, 목적, 내용, 대상 등을 각기 달리하기 때문에 징계 요구된 사건이 형사 입건되어 계속 재판이 진행 중이라 하더라도 유죄여부가 판명될 때까지 기다려야 한다는 형사소추 선행주의의 원칙은 인정되지 않으며 징계사유가 인정된 이상 관계된 형사사건이 아직 유죄로 인정되지 아니하였거나 수사기관에서 이를 수사 중에 있다고 하여도 징계처분은 할 수 있다는 것이 법원과 소청심사위원회의 원칙입니다(대법원 1984. 9. 11. 선고 84누110). 즉 징계혐의 사실의 인정은 형사재판의 유죄 확정 여부와는 무관하므로 형사재판 절차에서 유죄의 확정판결을 받기 전이라도 징계혐의 사실은 인정될 수 있으므로 이를 징계처분이 부당한 사유로 앞세워서는 청구가 받아들여질 수 없는 것입니다.

또한 대법원 판례에 따르면 형사사건의 판결에서 인정된 사실은 그와 관련된 민사나 행정소송에서 유력한 증거자료가 되는 것이므로 특별한 사정이 없는 한 형사사건에서 인정된 것과 반대되는 사실을 인정하여서는 아니 되며(대법원 1981. 1. 27. 선고 80누13 판결), 불기소 결정서가 다른 관련 민사·행정 재판의 사실인정을 구속하는 것은 아니나 이 역시 진정 성립이 추정되는 공문서이자 처분문서이므로 별도의 신빙성 있는 반대 자료가 없는 한 그 기재 내용의 증명력을 배척하고 이와 어긋나는 사실인정을 할 수는 없으므로(대법원 2002. 2. 22. 선고 2001다78768 판결), 청구인이 형사재판에서 유죄판결을 받은 이후 소청심사위원회에 이르러 사실관계를 달리 입증할 만한 주장이나 증거자료를 제출한 바가 없다면 위원회에서는 적법하게 조사해 채택한 증거를 바탕으로 검토하였을 때 형사재판의 사실인정을 그대로 따를 수밖에 없다고 할 것입니다. 그리고 형사재판에서 유죄의 인정은 법관으로 하여금 합리적인 의심을 할 여지가 없을 정도로 공소사실이 진실한 것이라는 확신을 가지게 하는 증명력을 가진 엄격한 증거에 따르고 있고, 증거의 취사와 사실의 인정은 사실심 법원의 전권에 속하는 사항으로서 2심 판결은 사실 인정의 최종심이라고 할 것이므로, 2심 법원이 인정한 사실 판단을 소청심사위원회에서 합리적인 이유 없이 배척할 수는 없다는 것이 소청심사위원회의 입장입니다(2015-501 파면처분 취소 또는 감경 청구).

다만, 실제 소청심사 청구 과정에서는 형사상 기소유예처분을 받았다거나 무죄를 인정받지는 못하였더라도 여러 가지 정상참작의 사유로 형이 결정된 경우 이를 소청심사 시 고려하여 줄 것을 요청하는 것은 응당 가능하다고 할 것입니다.

한편, 법원으로부터 벌금 및 추징금을 선고받은 경우 이는 징계부가금과 중복되는 성격을 가지는 것으로 보아 형평성 측면에서 징계부가금을 부과할 수 없는 것은 아닌지 살펴보면, 국가공무원법 제78조의2에 따른 징계부가금은 공무원의 의무 위반에 대하여 공무원관계의 목적을 달성하기 위하여 국가가 사용자로서의 지위에서 징계와 함께 부과하는 금전적 제재로서 징계와 유사한 행정처분이며 형벌과 그 성질·목적 등을 달리한다고 할 것이므로 양자를 병과 하더라도 이를 일사부재리 원칙에 위반된다고 볼 수는 없을 것입니다. 다만 국가공무원법 제78조의2 및 공무원 징계령 제17조의2에서는 징계위원회에서 징계부가금을 부과하는 의결을 한 후에 형사처벌을 받거나 변상책임을 이행한 경우(몰수나 추징을 당한 경우 포함)에는 징계위원회는 벌금, 변상금, 몰수 또는 추징금에 해당하는 금액과 징계부가금의 합계액이 금품 및 향응 수수액의 5배를 초과하지 않는 범위에서 감면 의결을 하여야 하고, 벌금 이외의 형을 선고받은 경우 그 종류, 형량 등을 종합적으로 고려해 징계부가금을 조정 또는 감면 의결해야 한다고 규정하여 과잉처벌을 방지하고 있으므로 청구인이 이미 선고받은 징역형과 벌금 및 추징금 등을 충분히 감안하여 징계부가금이 감면될 수 있도록 주장하여야 할 것입니다.

# 징계 재량권 일탈·남용의 판단기준

징계사유에 해당하는 비위행위를 범하였다고 하더라도 법령상 주어진 재량의 한계를 벗어나거나 징계사유가 없음에도 징계를 한 경우 또는 주어진 재량권의 범위 내라고 하더라도 평등원칙이나 비례원칙에 반하는 경우 이는 재량권을 일탈·남용한 것으로서 위법·부당하다고 할 것입니다. 소청심사위원회는 이러한 징계 재량권의 일탈·남용을 판단함에 있어 다음 판례와 같은 판단기준을 따르고 있습니다.

---

**대법원 1999. 11. 26. 선고 98두6951 판결**

공무원인 피징계자에게 징계사유가 있어서 징계처분을 하는 경우 어떠한 처분을 할 것인가는 징계권자의 재량에 맡겨진 것이고, 다만 징계권자가 재량권의 행사로서 한 징계처분이 사회통념상 현저하게 타당성을 잃어 징계권자에게 맡겨진 재량권을 남용한 것이라고 인정되는 경우에 한하여 그 처분을 위법하다고 할 수 있고, 공무원에 대한 징계처분이 사회통념상 현저하게 타당성을 잃었다고 하려면 구체적인 사례에 따라 징계의 원인이 된 비위사실의 내용과 성질, 징계에 의하여 달성하려고 하는 행정목적, 징계양정의 기준 등 여러 요소를 종합하여 판단할 때에 그 징계 내용이 객관적으로 명백히 부당하다고 인정할 수 있는 경우라야 하고, 징계권의 행사가 임용권자의 재량에 맡겨진 것이라고 하여도 공익적 목적을 위하여 징계권을 행사하여야 할 공익의 원칙에 반하거나 일반적으로 징계사유로 삼은 비행의 정도에 비하여 균형을 잃은 과중한 징계처분을 선택함으로써 비례의 원칙에 위반하거나 또는 합리적인 사유 없이 같은 정도의 비행에 대하여 일반적으로 적용하여 온 기준과 어긋나게 공평을 잃은 징계처분을 선택함으로써 평등의 원칙에 위반한 경우에 이러한 징계처분은 재량권의 한계를 벗어난 처분으로서 위법하다 할 것이다.

---

또한, 징계처분에 있어 재량권의 행사가 이러한 비례의 원칙을 위반하였는지 여부는, 징계사유로 인정된 비행의 내용과 정도, 그 경위 내지 동기, 그 비행이 당해 행정조직 및 국민에게 끼치는 영향의 정도, 행위자의 직위 및 수행직무의 내용, 평소의 소행과 직무성적, 징계처분으로 인한 불이익의 정도 등 여러 사정을 건전한 사회통념에 따라 종합적으로 판단하여 결정하여야 할 것인바(대법원 2001. 8. 24. 선고 2000두7704 판결), 이를 종합하면 ① 공익의 원칙, ② 비례원칙, ③ 평등원칙, ④ 비위행위의 내용과 정도, ⑤ 원인 및 동기, ⑥ 영향의 정도, ⑦ 과실의 경중, ⑧ 평소 소행과 근무성적 및 공적사항, ⑨ 개전의 정 등으로 요약할 수 있을 것입니다.[12]

한편, 대략 같은 정도의 비위를 저지른 자들에 대하여 그 구체적인 직무의 특성, 금전 수수의 경우에는 그 액수와 횟수, 의도적·적극적 행위인지 여부, 개전의 정이 있는지 여부 등에 따라 징계종류의 선택과 양정에 있어서 차별적으로 취급하는 것은 사안의 성질에 따른 합리적 차별로서 이를 자의적 취급이라고 할 수 없어 평등의 원칙 내지 형평에 반하지 아니하므로(대법원 2012. 5. 24. 선고 2011두19727 판결) 유사한 비위행위를 범하였다는 이유만으로 본인보다 경한 처분을 받은 자들과 비교하여 무조건적으로 평등 원칙 위반을 주장할 수는 없는 것입니다. 따라서 청구인으로서는 징계양정의 적법성 판단에 있어 이러한 요소들이 제대로 반영이 되었는지 여부를 꼼꼼히 주장·입증하여야 할 것입니다.

---

12) 행정소송의 이론과 실무, 964면.

# 징계양정 참작사항

앞서 살펴본 바와 같이 징계양정을 함에 있어서는 징계사유가 된 사실의 구체적인 내용이나 그 주변정황 등과 해당 공무원의 평소의 근무상태·소행 등을 구체적으로 검토하여 징계사유와 징계처분 사이의 합리적인 비례가 이루어졌는가를 파악하여야 합니다. 그리고 징계위원회에서 징계 등 혐의자에 대한 징계를 심의할 때는 비위의 유형, 비위의 정도 및 과실의 경중과 평소의 행실, 근무성적, 공적, 규제개혁 및 국정과제 등 관련 업무처리의 적극성, 뉘우치는 정도 또는 그 밖의 정상 등을 참작하여 징계양정을 하게 되므로 소청심사위원회에서는 이러한 참작사항들을 종합하였을 때 징계양정이 제대로 행하여졌는지를 심사하게 되는 것입니다.

한편, 징계권자가 법정의 징계종류 중 어느 것을 선택하느냐 하는 것은 구체적인 그 징계사유의 내용과 성질이 그 표준이 됨은 물론이나 그 전에 어떠한 사유로 어떠한 종류의 징계처분을 몇 번이나 받은 사실이 있는가의 점도 그 징계종류 선택에 있어서의 자료가 되며, 징계종류선택의 자료로서 피징계자인 공무원의 평소의 소행과 근무성적 등도 참작하여야 하므로 당해 징계양정에 있어서의 참작자료가 될 수 있습니다.

**대법원 1991. 2. 12. 선고 90누5627 판결**

공무원에 대한 징계처분은 당해 공무원의 직무상의 위반행위, 기타 비행이 있는 경우 공무원관계의 질서를 유지하고, 기강을 숙정하여 공무원으로서의 의무를 다하도록 하기 위하여 과하는 제재이므로 공무원인 피징계자에게 징계사유가 있어 징계처분을 하는 경우 어떠한 처분을 할 것인가 하는 것은 징계권자의 재량에 맡겨진 것이고 다만 징계권자가 징계권의 행사로서 한 징계처분이 사회통념상 현저하게 타당성을 잃어 징계권자에 맡겨진 재량권을 남용한 것이라고 인정되는 경우에 한하여 위법한 것이라 할 것이고 또한 징계권자가 법정의 징계종류 중 어느 것을 택하느냐 하는 것은 구체적인 그 징계사유의 내용과 성질이 그 표준이 됨은 물론이나 그전에 어떠한 사유로 어떠한 종류의 징계처분을 몇 번이나 받은 사실이 있는가의 점도 그 징계종류 선택에 있어서의 자료가 된다고 할 것이며, 징계종류 선택의 자료로서 피징계자인 공무원의 평소의 소행과 근무성적등도 참작하여야 할 것이므로 당해 징계처분사유가 발생한 이후에 저지른 비위행위 사실이나 그에 대한 징계처분의 전력도 당해 징계양정에 있어서의 참작자료가 될 수 있다고 봄이 상당하다.

기록에 의하여 이 사건 징계의 양정을 검토하여 보면 원고는 이 사건 건물의 준공검사 신청이 이미 무단용도 변경 등의 위반사항이 있어 2회에 걸쳐 반려되었음에도 불구하고 관계법령에 따른 시정명령 등 필요한 조치를 하지도 아니하고, 준공검사를 하는 과정에서 위반사항의 시정여부를 제대로 확인도 하지 아니한 채 건축주가 이 사건 건물의 다른 쪽에 주차장을 마련하고 이를 타 용도로 무단변경하지 않겠다는 내용의 별 실효성이 없어 보이는 각서만을 교부받고 이 사건 건물이 적법하게 건축된 것으로 상사에게 보고한 원고의 소위는 그 성실의무 위반의 정도나 직무태만의 정도에 있어서 결코 가볍다고 보이지는 아니하며, 원고가 받은 1988. 10. 18.자 견책처분이나 1988. 12. 3.자 감봉 1월의 처분에 있어서도 그 징계사유가 준공검사 등에 관련한 비위사실로 보이고, 이 사건 징계사유 또한 준공검사에 관한 것으로서 위 3회의 동종의 비위행위가 비교적 단기간 내에 이루어졌음을 엿볼 수 있으니 원심설시의 원고의 근무경력 등 제반사유를 감안한다고 하더라도 이 사건 해임처분이 사회통념상 현저하게 타당성을 잃어 그 재량권의 범위를 넘어 이를 남용한 것이라고는 할 수 없을 것이다.

이에 법원은 i) 징계처분이 재량권의 한계를 벗어난 것인지 여부를 판단함에 있어서는 피징계자의 평소의 소행, 근무성적, 징계처분 전력 이외에도 당해 징계처분사유 전후에 저지른 징계사유로 되지 아니한 비위사실도 징계양정에 있어서의 참고자료가 될 수 있다고 보고 있으며(대법원 2004. 6. 25. 선고 2002다51555 판결), ii) 면책합의 되었거나 징계시효가 지난 비위행위라 하더라도 그러한 비위행위가 있었던 점을 징계양정의 판단자료로 삼는 것까지 금하는 것은 아니므로, 그러한 근무내역도 처분의 정당성을 판단하는 자료로 삼을 수 있다고 봅니다(대법원 1995. 9. 5. 선고 94다52294 판결). iii) 또한 사면된 징계처분의 경력을 참작하였다고 하여 이를 위법하다고 할 수는 없다고 판시하였습니다(대법원 1983. 11. 22. 선고 83누321 판결).

한편 징계처분사유 발생 전후의 사유를 징계양정을 정함에 있어 참고자료로 삼는 것과는 달리 원래의 징계처분에서 징계사유로 삼지 아니한 징계사유를 재심절차에서 추가하는 것은 추가된 징계사유에 대한 재심의 기회를 박탈하는 것으로 되어 특별한 사정이 없는 한 허용되지 않는다고 할 것이고(대법원 1998. 5. 22. 선고 98다2365 판결), 징계처분의 당부는 징계처분 당시 징계사유로 삼은 사유에 의하여 판단하여야 하고 징계처분 당시 거론되지 아니한 비위사실을 새로이 징계사유로 추가시켜 징계처분의 당부를 판단할 수는 없는 것이나, 비록 당해 비위사실에 이르게 된 경위에 대하여 징계의결서에 구체적으로 기재된 바가 없다고 하더라도 법원이 그 징계처분의 양정이 적정한지 여부를 판단하기 위해 그 비위사실에 이르게 된 경위에 대하여 살펴보고 나아가 그 사건이 공무원조직이나 국민에 미친 영향 등을 함께 고려하는 것마저 금지되는 것은 아니라 할 것인바, 법원이 징계사유가 되는 비위사실을 구체적으로 특정하고, 언론보도 사실과 더불어 징계의결요구서 등에는 기재된 바가 없는 음주운전의 경위까지 함께 고려하여 징계의 양정이 적절하였는지를 판단하는 것은 허용된다고 할 것입니다(대법원 2005. 3. 24. 선고 2004두14380 판결).

# 직무태만 및 유기

　비위유형 중 직무태만 및 유기에 대하여, 물론 각 개별사안의 특성에 따라 그 징계양정이 달라지는 것이기는 하나 소청심사위원회는 대체로 견책에서 정직의 처분을 하고 있습니다. 이에 원처분이 감경된 최근의 사례들을 살펴보면 다음과 같은바, 위원회가 감경의 근거로 들고 있는 사항이 무엇인지를 잘 살피어 권리구제를 받을 수 있도록 하여야 할 것입니다.

---

**2016-550 정직 1월 처분 취소 청구(정직 1월→감봉 2월)**

청구인이 경찰공무원으로서, 순찰 근무 중 이동식 사무실에서 사람들이 도박을 하고 있는 것을 목격하였음에도 단속을 하지 않고 오히려 커피를 타서 나누어 주는 등의 행위를 함으로서 직무유기, 도박방조의 비위를 범하고, 특별한 사유 없이 순찰 근무 중 조기 귀대하여 근무태만을 범하였으며, 이러한 내용이 언론에 보도되어 경찰공무원의 품위를 손상케 하였다는 이유로 정직 1월의 처분을 받은 사안에 대하여, 소청심사위원회는 위 비위행위는 국가공무원법 제56조(성실 의무) 및 제63조(품위 유지의 의무) 등을 위반하여 같은 법 제78조 제1항의 징계사유에 해당된다고 할 것이나, 청구인이 적극적으로 단속을 하지 않은 것에 고의나 악의가 있다고 보기 어려운 점, 당시 도박규모가 20만 원 이하로 그 정도가 다소 경미하여 상습적인 도박은 아니었다고 보이는 점, 청구인이 약 ○년 간 경찰공무원으로 ○○청장 표창 2회 등 총 16회에 걸쳐 표창을 수상한 공적이 있는 점 등을 감안하여 그 징계책임을 감경하여 주었습니다.

---

## 2016-759 감봉 3월 처분 취소 또는 감경 청구(감봉 3월→감봉 1월)

청구인이 경찰공무원으로서, 뺑소니 교통사고 접수 후 피해자를 즉시 조사하지 않고 사고 22일이 경과된 후 조사하고 수사초기 유력한 용의차량을 확보하였음에도 방문조사 등 적극적으로 수사를 하지 않고 보강수사 없이 사건을 종결처리 하였다는 이유로 감봉 3월의 처분을 받은 사안에 대하여, 소청심사위원회는 청구인의 수사가 미흡하고 소극적이었던 것은 사실이나 이튿날 현장조사를 실시하여 용의자 차량에 대한 단서를 얻는 등 수사를 진행 하였던바 사건을 방치하였거나 장기간 지연시킨 것은 아니었던 점, 또한 이와 같은 청구인의 행위는 소극적·수동적 수사태도에서 비롯된 것으로 용의자와의 부적절한 관계 등 어떤 부정한 의도나 목적에 의한 것은 아니었다고 판단되는 점, 검찰에서도 본 건 사고에 대해 불기소처분을 내린 점, 유사 징계 및 소청 결정례와 비교하여 볼 때 원처분이 다소 과중한 것으로 보여지는 점, 청구인이 장기간 징계전력 없이 근무하였고 비록 감경대상 상훈공적은 없으나 총 ○에 걸쳐 표창을 수상하는 등 성실히 근무해 온 점, 본 위원회에 출석하여 자신의 비위를 인정하고 잘못에 대해 깊이 뉘우치며 반성하는 등 개전의 정이 현저한 점 등을 고려하여 원처분을 감경하여 주었습니다.

## 2016-738 견책처분 취소 또는 감경 청구(견책→불문경고)

청구인이 경찰공무원으로서, 신속·공정·성실한 수사를 위해 착수일로부터 3개월경과 시 소속과장에서 내사·수사진행상황을 보고하고 6개월경과 시 소속 팀·과장과 분석회의를 실시해야 함에도 5건에 대하여 최소 4개월에서 11개월간 사건을 방치하였다는 이유로 견책의 처분을 받은 사안에 대하여, 소청심사위원회는 당시 ○○팀에 경력자가 적어 청구인이 많은 사건을 맡아 처리할 수밖에 없어 업무가 과중했다는 청구인의 주장을 일부 인정할 수 있고, 이의 해결을 위해서는 무엇보다 조직 내부에서 합리적으로 업무를 조정했어야 할 필요성이 있었음에도 이를 제대로 이행하지 않았던 것으로 보이는 점, 청구인이 수행해야 할 내사·수사 사건 처리에 대해서는 직근 상급자에게도 진행상황 관리 책임이 있는 점, 청구인이 상기 5건의 지연사건 외에 보이스피싱 등 중요사건을 해결하기 위해 장기간 끈질긴 추적수사를 실시하는 등 많은 노력을 기울였던 사실이 인정되는 점 등을 고려하여 원처분을 감경하여 주었습니다.

# 직권남용

공무원 행동강령에 따르면 공무원은 자신의 직위를 직접 이용하여 부당한 이익을 얻거나 타인이 부당한 이익을 얻도록 해서는 아니 되고, 직무의 범위를 벗어나 사적 이익을 위하여 소속 기관의 명칭이나 직위를 공표·게시하는 등의 방법으로 이용해서는 아니 되며, 자기 또는 타인의 부당한 이익을 위하여 다른 공무원의 공정한 직무수행을 해치는 알선·청탁 등을 해서는 아니 되고, 자신이 수행하는 직무가 자신, 자신의 직계 존속·비속, 배우자 및 배우자의 직계 존속·비속의 금전적 이해와 직접적인 관련이 있는 경우, 4촌 이내의 친족이 직무관련자인 경우 및 그 밖에 중앙행정기관의 장 등이 공정한 직무수행이 어려운 관계에 있다고 정한 자가 직무관련자인 경우 등에 해당되면 당해 직무의 회피여부 등에 관하여 직근 상급자 또는 행동강령책임관과 상담한 후 처리하여야 할 의무가 있습니다. 따라서 이와 같은 의무에 위반하는 경우 직권남용의 비위에 해당하여 징계처분의 대상이 되는 것인바, 직권남용은 형사상 범죄로도 규정[13]되어 있는 등 그 비위행위의 행태가 중하다고 할 수 있어 공

---

13) 형법 제123조 직권남용죄는 공무원이 그 일반적 직무권한에 속하는 사항에 관하여 직권의 행사에 가탁하여 실질적, 구체적으로 위법·부당한 행위를 한 경우에 성립하고, 그 일반적 직무권한은 반드시 법률상의 강제력을 수반하는 것임을 요하지 아니하며, 그것이 남용될 경우 직권행사의 상대방으로 하여금 법률상 의무 없는 일을 하게 하거나 정당한 권리행사를 방해하기에 충분한 것이면 성립합니다 (대법원 2004. 5. 27. 선고 2002도6251 판결). 그리고 직권남용에 해당하는가의 판단 기준은 구체적인 공무원의 직무행위가 그 목적, 그것이 행하여진 상황에서 볼 때의 필요성·상당성 여부, 직권행사가 허용되는 법령상의 요건을 충족했는지 등 제반 요소를 고려하여 결정하여야 하는데(대법원 2012. 1. 27. 선고 2010도11884 판결), 어떠한 직무가 공무원의 일반적 권한에 속하는 사항이라고 하기 위해서는

무원 징계령 시행규칙 상 징계기준에 따르더라도 그 양정이 높은 편이라고 할 것입니다. 이에 직권남용을 징계사유로 하여 파면 및 해임처분을 받았으나 소청심사위원회에서 각 기각된 사례를 살펴보면 다음과 같습니다.

---

### 2015-748 파면처분 취소 또는 감경 청구(기각)

청구인은 ○○공사가 P턴 도로를 L턴 도로로 교통개선대책을 추진하게끔 부당하게 개입하였고, 도시관리계획 변경 결정 과정에서도 각종 압력을 행사하여 도로와 공원을 중복결정 하는 내용으로 도시관리계획 변경결정 인가를 신청하도록 하였으며, 재산세를 적게 납부하려는 목적으로 직위를 부당하게 이용하여 담당자에게 압력을 행사하였다는 이유로 파면처분을 받았는바, 이에 대하여 소청심사위원회는 청구인은 2010. 2.경부터 청구인의 처 등 3명이 취득한 이 사건 ○○동 토지가 공익사업에 편입되게 히여 보상을 받거나 토지의 가치를 높이는 등 사적인 이익을 얻을 목적으로 ○○원 ○○관 및 ○○위원회 파견 직원의 직위를 이용하여 ○○공사, ○○공사 등에 전화 또는 직접 방문을 통해 지속적으로 압력을 행사하는 등 위 기관들의 교통개선대책 추진 업무에 부당하게 개입하고, 위 토지의 재산세를 적게 납부하기 위하여 ○○시 ○○구 재산세 부과 담당자에게 압력을 행사한 사실이 인정되는 점, 또한, 청구인은 고도의 준법정신이 요구되는 감사공무원으로서 직무 특성상 일반 공무원에 비해 더 높은 공정성, 사명감 등이 요구됨에도 불구하고 ○○공사, ○○공사, 지방자치단체에 ○○관의 직위를 남용한 것으로 그 비위 정도가 매우 중하다고 할 것인 점, 특히, 청구인은 이 사건 감찰조사 시점부터 소청에 이르기까지 자신의 비위에 대하여 일관되게 부인하고 있고, 책임이나 반성하는 모습을 보이지 않는 점, 이에 더하여, 청구인은 통상의 감사에서는 용납되지 않는 정책 개입 행위로 인하여 공정한 법집행과 중립성을 사명으로 하는 ○○원 전체 공무원들의 사기를 현격히 떨어뜨렸다고 보이는 점 등을 고려 할 때 원처분 상당의 책임이 인정된다고 보았습니다.

---

그에 관한 법령상의 근거가 필요하지만, 명문이 없는 경우라도 법·제도를 종합적, 실질적으로 관찰해서 그것이 해당 공무원의 직무권한에 속한다고 해석되고, 남용된 경우 상대방으로 하여금 사실상 의무 없는 일을 행하게 하거나 권리를 방해하기에 충분한 것이라고 인정되는 경우에는 직권남용죄에서 말하는 '일반적 권한'에 포함된다고 보아야 합니다(대법원 2011. 7. 28. 선고 2011도1739 판결).

## 2016-738 해임처분 취소 또는 감경 청구(기각)

청구인이 ○○조사국 ○○신고센터에서 근무하던 자로서, 자신이 투자한 낚시터업 허가와 관련하여 담당자에게 사용허가를 빨리 내주고 사용료를 인하해 달라고 압박하였으며, 해당 낚시터에 위치한 불법 건축물 철거명령을 철회하도록 강요하였고, 부당집행 보조금 반납명령을 철회하도록 강요한 사안에서, 소청심사위원회는 고도의 준법정신이 요구되는 감사공무원으로서 직무 특성상 일반 공무원에 비해 더 높은 공정성, 사명감 등이 요구되는 자임에도 불구하고, 감사관이라는 직위를 남용, 감사 활동을 빙자하여 타인의 행정처분에 대하여 개입하여 지속적으로 처분청이나 지방자치단체에 영향력을 행사하고, 정당한 지시명령에 위반하여 근무지를 임의로 이탈하였으며, 개인적 연유에 기한 과태료처분을 면하고자 공적 업무 수행이라는 허위사실을 적시하여 문서를 제출하는 등 행위를 하였는바, 그 동기·경위 및 결과 등에 비추어 그 비위의 도가 중하지 아니하다고 할 수 없는 점, 특히 이 사건 일련의 비위사실은 청구인의 일시적인 실수나 판단착오가 아닌 지속적인 청구인의 그릇된 업무태도에 기인하는 것은 보이고, 특히 ○○관의 지위와 임무를 망각한 채 별다른 고민이나 위법 인식 없어 타인의 청탁이 있다면 이에 따라 ○○원 공무원의 지위를 수시로 이용하거나 직권을 남용한 것으로 그 죄질과 정상이 심히 무겁다 할 것인 점, 청구인은 이 사건 감찰 조사 시점부터 소청에 이르기까지 자신 비위사실을 일관하여 부인하고 있고, 비위에 대한 책임이나 반성하는 모습을 보이고 있지 않고 있는 점, 이 사건 일련의 지방자치단체 소속 공무원들은 청구인의 부당한 압력 등에 대한 피해를 토로하고 있는바, 본 건 비위로 인하여 공정한 법집행과 중립성을 사명으로 하는 감사원 전체 공무원들의 사기를 현격히 떨어뜨렸다고 보지 않을 수 없는 점, 청구인의 이 사건 일련의 비위는 고의가 있는 경우로서 비위의 정도가 심하다고 할 것이므로 공무원 징계령 시행규칙 별표의 징계기준에 따르더라도 성실의무, 공정의 의무 위반의 경우 '파면-해임'에 처하도록 기준하고 있는 점 등을 종합할 때, 일부 징계사유는 시효가 도과되었거나, 증거가 부족하여 인정할 수 없는 등의 청구인에게 유리한 정상이 이 사건 처분으로 청구인의 공무원으로서의 지위가 박탈되는 점을 감안하더라도, 이 사건 처분을 통하여 달성하려고 하는 공직 기강의 확립이나 감사원 공무원의 공무집행의 공정성 및 감사원 공무원 전체에 대한 일반 국민으로부터의 신뢰 회복과 같은 공익적 측면을 고려 할 때, 원처분 상당의 책임이 인정된다고 결정하였습니다.

# 지시명령위반

    지시명령위반의 징계사유는 여러 가지 형태로 나타날 수 있습니다. 음주운전 근절 추진 종합계획 등을 발표하여 엄중 문책을 강조하며 일일업무지시 및 각종 공문으로 음주운절 근절을 당부하였음에도 음주운전을 하여 사고를 발생시켰다면 이는 지시명령위반의 징계사유에 해당한다고 볼 수 있을 것이며, 경찰공무원의 경우 경찰대상업소의 범위를 지정하여 해당 업소 접촉금지 제도를 시행하였음에도 이에 위반하여 대상 업소에 접촉한 경우 역시 지시명령위반의 징계를 받을 수 있습니다. 또한 최근 들어 개인정보보호의 중요성이 강조되고 있는데 개인정보보호법, 경찰 정보통신 운영규칙 등 관련 법령에 따라 경찰청이 보유한 정보시스템상 전산자료의 조회는 사용권한을 부여받은 자가 경찰 업무수행에 필요한 경우에만 할 수 있는 것이고 그 목적 외의 용도로 활용해서는 안 되는 것임에도 이러한 법률규정에 위반하여 사적으로 조회를 한 경우 지시명령위반에 해당한다고 할 것입니다.

    이렇듯 지시명령위반의 형태는 다양하여 각 사안별 구체적인 사실관계 역시 달라지므로 이에 따른 징계양정도 차이를 보일 수밖에 없지만 공통적으로 구체적인 지시명령을 받은 사실이 있는지, 해당 지시명령의 횟수와 의무 부과의 정도는 어떠하였는지, 지시명령위반에 고의성·의도성이 있었는지, 지시명령위반이 일회성인지 아니면 계속·반복된 사실이 있는지 여부가 중요하게 고려된다고 할 것입니다.

    이에 지시명령위반으로 소청심사위원회에서 각 감경처분을 받은 사례들을 살펴보면 다음과 같습니다.

## 2016-41 해임처분 감경 청구(해임→강등)

청구인은 ○○교도소에서 근무하던 교정공무원으로서, 혈중알코올농도 0.060%의 상태로 차량을 운전하다 과실로 피해자를 들이받아 2주간의 치료를 요하는 상해를 입게 함과 동시에 구호에 필요한 조치를 취하지 않고 그대로 도주하였다는 이유로 해임처분을 받았습니다. 소청심사위원회는 이에 대하여 음주운전 근절을 위한 교정조직 내부의 강도 높은 지시가 있어왔고 소속 상관 등으로부터 관련 교육을 수시로 받아왔음에도 이를 간과하고 음주운전을 하여 교통사고로 피해자에게 약 2주간의 치료를 요하는 경추부염좌 등 상해와 차량 수리비 479만원 상당의 물적 피해를 입힌 비위사실이 인정되며, 피청구인에 따르면, 법무부에서는 2011년도 국정감사에서 교정공무원의 음주운전 적발 건수가 지나치게 많으나 징계가 약하다는 지적과 재발방지 대책 수립을 요구받아 음주운전에 대한 징계기준을 「공무원 징계령 시행규칙」【별표1의2】'음주운전 징계기준'에 따르되, 동 기준의 범위 내에서 가장 중한 기준 적용을 원칙으로 하는 '교정공무원 음주운전 징계기준'을 마련하여 시행하고 있다고 하며, 범법자의 교정교화를 고유 업무로 하는 교정공무원은 법 집행기관으로서 그 직무의 특성상 고도의 도덕성과 준법성이 요구되는 만큼 「공무원 징계령 시행규칙」【별표1의2】'음주운전 징계기준'의 범위 내에서 그 양정기준을 보다 엄격하게 적용하고 있는 것이므로 본 건 처분을 통해 달성하려고 하는 공직기강의 확립이나 유사 사례의 재발방지 등의 공익적 측면을 고려해 볼 때, 원처분 상당의 책임이 인정된다고 하겠으나, 다만, 관련 형사법원에서 청구인 행위에 대해 '도주차량' 등 혐의를 인정하면서도 사고 직후 119신고를 하였고, 현장을 이탈하였으나 약 20분 후 스스로 경찰에 신고하고 수사에 협조한 점 등을 참작하여 벌금 300만 원으로 작량감경한 점, 이 사건 교통사고에 따른 인적 피해는 경미했던 것으로 보이고, 피해자에게 사과하고 합의금을 지급하는 등 원만히 합의하여 피해자가 청구인의 선처를 호소하는 탄원서를 제출한 점 등을 고려하여 감경처분을 하였습니다.

## 2015-796 정직 1월 처분 감경 청구(정직 1월→감봉 3월)

청구인은 경찰공무원으로서 정례사격 기간에 직접 사격을 하지 아니하였던바 대리사격으로 사격훈련을 한 것으로 되었다는 이유로 정직 1월의 처분을 받았습니다. 이에 대하여 소청심사위원회, 청구인들은 법령을 준수하며 성실히 직무를 수행해야 할 의무가 있는 경찰공무원으로서, 사격은 경찰직무 수행을 위해 필수적으로 요구되는 직무역

량으로 근무성적에 반영되는 등 공정하고 엄정하게 시행되어야 함에도, 청구인들은 사격 평가의 공정성을 훼손하였고, 정례사격 시 부정행위를 하지 말라는 지시 및 교양이 있었음에도 불구하고 대리사격으로 인해 평가점수를 조작한 비위사실이 인정되는 점, 시험에 있어 부정행위는 어떠한 이유로도 정당화되기 어렵다 할 것이며 규정을 지켜 성실히 평가에 임한 다수 경찰관들의 사기를 저하시키는 측면도 상당하여 결코 가볍지 않은 사안인 점, 경찰 내부적으로 사격훈련에서의 부정행위가 반복적으로 발생되어 부정사격자에 대해서는 '견책·경고' 위주의 징계양정을 '정직'이상 중징계로 엄중문책 한다는 지시가 있었던 점, 향후 유사사례의 재발방지 및 조직기강 확립차원에서 엄한 책임이 불가피한 점 등을 종합적으로 고려할 때, 청구인들이 주장하는 제반 사정을 참작하더라도 원처분 상당의 책임이 인정된다고 보아야 할 것이나 다만 청구인이 직접 대리사격을 부탁하지 않은 점을 고려하면 청구인이 받는 처분이 다소 과한 측면이 있다고 결정하였습니다.

## 2015-354 견책처분취소 또는 감경 청구(견책→불문경고)

청구인은 공직자윤리법 상 재산등록의무자임에도 정기재산변동 신고 시 본인 명의 예금 1건, 부모 명의 토지 2건 등의 재산을 잘못 신고한 사실이 있다는 이유로 견책처분을 받았습니다. 이에 대하여 소청심사위원회는 공직자윤리법(제1조)에 의거 공직자의 재산등록제도는 재산형성과정의 소명과 공직을 이용한 재산취득의 규제 등을 통하여 공직자의 부정한 재산 증식을 방지하고, 공무집행의 공정성을 확보하는 등 공익과 사익의 이해충돌을 방지하여 국민에 대한 봉사자로서 가져야 할 공직자의 윤리를 확립함을 목적으로 하고 있음에도 불구하고, 청구인은 「공직자윤리법」 제3조 제1항에 의한 재산등록의무자로서 2013. 12. 31. 기준 정기재산변동 신고 시 본인 명의 예금 1건, 부모 명의 토지 2건, 건물임대채무 1건 등 총 6건(순 누락금액 1,933,346천 원)의 재산을 잘못 신고한 비위사실이 있으므로 원처분 상당의 책임이 인정된다고 할 것이나 순 누락금액 총 6건 1,933,346천원 중에서 본인 재산의 비중은 1,070천 원(0.05%)에 불과하고 부모의 토지, 건물임대 채무 등이 나머지 누락액의 대부분(1,932,276천 원, 99.95%)을 차지하여 재산을 은닉하려는 고의성은 없어 보이는 점, 자신의 재산 등록 부주의에 대해 깊이 반성하고 있는 점 등을 종합하여 볼 때 원처분을 감경함이 타당하다고 결정하였습니다.

# 음주운전

음주운전에 대하여 소청심사위원회는 기본적으로 음주운전은 본인뿐만 아니라 타인의 생명과 재산에 해를 끼칠 수 있는 중대한 범죄행위로서 고도의 도덕성과 준법성이 요구되는 공무원이 이를 위반할 경우 비난 가능성이 더욱 높다고 보아 엄격한 징계처분에 대하여도 재량권의 일탈 내지는 남용을 쉽게 인정하지 않고 있습니다. 또한 공무원들의 경우 대부분 음주운전 금지 등에 대한 지시명령과 교육을 받게 되며, 음주운전에 관한 비위는 감경대상에서 제외되고 있기 때문에 재량권 일탈·남용이 인정되는 것이 어려운 것이 현실입니다. 특히 경찰공무원의 경우 '경찰공무원 징계양정 등에 관한 규칙'에서 음주의 태양과 횟수 등으로 징계양정을 정하고 있는바, 그 내용을 살펴보면 다음과 같습니다.

## [별표3] 음주운전 징계양정 기준(제4조 관련)

| 유형별 | 처리 기준 |
|---|---|
| 단순 음주운전으로 1회 적발된 경우 | 정직 |
| 음주운전으로 2회 적발된 경우 | 해임 ~ 강등 |
| 음주운전으로 인적 또는 물적 피해가 있는 교통사고를 일으킨 경우 | |
| 음주운전으로 물적 피해가 있는 교통사고를 일으킨 후 「도로교통법」 제54조 제1항에 따른 조치를 하지 않고 도주한 경우 | |
| 음주측정을 거부한 경우 | |

| | |
|---|---|
| 운전면허 취소처분에 해당하는 음주운전으로 2회 적발된 경우 | 파면<br>~<br>해임 |
| 음주운전으로 3회 이상 적발된 경우 | |
| 음주운전으로 인적피해가 있는 교통사고를 일으킨 후 「도로교통법」 제54조 제1항에 따른 조치를 하지 않고 도주한 경우 | |
| 음주운전으로 사망사고를 일으킨 경우 | |
| 무면허 상태에서 음주운전을 한 경우(사고유무 불문) | |
| 근무시간 중 음주운전을 한 경우 | |

이에 대법원에서는 음주운전을 하다 사고를 내고 도주까지 하였다가 다시 돌아와 체포되었고 이를 이유로 해당 공무원이 파면처분을 받은 사안에서 소청심사위원회가 이를 해임으로 감경하는 결정을 내렸고, 원심 역시 이와 같이 당초의 파면처분은 재량권을 일탈·남용한 위법이 있다고 본 사안에서 원심을 파기하며 음주운전 비위의 심각성과 공무원으로서의 직무수행에 있어서의 엄결성을 강조하기도 하였습니다.

### 대법원 2010.11.11. 선고 2010두16172 판결

원심은, 원고가 2002. 1. 2. 경찰공무원으로 임용되어 2009. 4. 13.부터 마포경찰서 ○○지구대 순찰요원으로 근무하다가 병가 중이던 2009. 4. 21. 02:00경부터 같은 날 04:50경까지 전주시 완산구 서신동 소재 호프집에서 맥주를 마신 후 혈중알코올농도 0.153%의 음주상태에서 원고 소유의 승용차를 운전하여 같은 날 05:15경 전주시 덕진구 우이동 소재 편도 1차선 도로를 운행하다가 전방에 주차된 차량을 피해 중앙선을 넘어 진행하던 중 반대편 차선에서 진행해 오는 승용차의 앞바퀴 및 휠 부분을 충격하여 수리비 28만 원 상당의 물적 피해를 입히는 교통사고를 일으키고도 그대로 사고 장소를 이탈한 사실, 원고는 위 교통사고 후 약 1km 정도를 더 주행한 뒤 다시 사고 장소 주변으로 되돌아 왔다가 때마침 이를 발견한 피해자의 신고로 현장에서 체포되었고, 위

교통사고와 관련하여 주요 언론매체에서 현직 경찰관이 음주상태에서 교통사고를 일으키고도 현장에서 이탈하였다는 보도가 되기도 한 사실, 한편 피고는 음주운전에 대한 처벌을 강화하는 방향으로 도로교통법이 개정된 취지를 반영하여 그 법집행을 담당하는 경찰관의 음주운전 근절을 위해 해당 징계양정 기준을 상향조정하는 등 대책을 수립하여 일선에 시달하였고, 원고도 소속 경찰서 등으로부터 경찰관 음주운전 근절에 대한 지시와 교양을 수차례 받아온 사실, 피고는 원고의 이 사건 음주운전 교통사고 등을 사유로 원고를 파면하는 처분을 하였다가 행정안전부 소청심사위원회로부터 원고에 대한 파면처분을 해임처분으로 감경하는 결정이 내려지자 원고에 대해 해임으로 감경된 내용의 이 사건 처분을 한 사실 등을 인정한 다음, 경찰공무원으로서 음주운전의 위험성을 잘 알고 있는 원고가 음주운전 중 교통사고를 일으키고도 사고현장을 이탈한 비위행위의 정도가 가볍지 않으나 이 사건 교통사고로 인한 피해가 그리 크지 않고 피해자와 원만히 합의한 점, 원고의 비위행위가 도로교통법상 제148조, 제54조 제1항 위반에는 해당하지 않는 점, 이 사건 교통사고가 정규 근무시간이 아닌 병가 중에 발생하였고, 경찰관으로서 약 7년 3개월 동안 성실하게 복무해 오면서 다수의 표창을 받은 경력이 있으며, 이 사건 이전에는 징계를 받은 전력이 없는 점, 원고가 부모를 부양하면서 어린 딸의 양육비를 책임지고 있어 원고가 해임되면 가족들의 생계에 위협을 받게 되는 점 및 원고가 잘못을 깊이 뉘우치고 있는 점 등 제반 사정을 참작하면 원고를 징계 해임한 이 사건 처분은 지나치게 무거워 재량권의 범위를 일탈하였거나 남용한 위법이 있다고 판단하였다.

그러나 공무원인 피징계자에게 징계사유가 있어서 징계처분을 하는 경우 어떠한 처분을 할 것인가는 징계권자의 재량에 맡겨진 것이고, 다만 징계권자가 재량권의 행사로서 한 징계처분이 사회통념상 현저하게 타당성을 잃어 징계권자에게 맡겨진 재량권을 남용한 것이라고 인정되는 경우에 한하여 그 처분을 위법하다 할 것인데, 공무원에 대한 징계처분이 사회통념상 현저하게 타당성을 잃었다고 하려면 구체적인 사례에 따라 징계의 원인이 된 비위사실의 내용과 성질, 징계에 의하여 달성하려고 하는 행정목적, 징계 양정의 기준 등 여러 요소를 종합하여 판단할 때에 그 징계 내용이 객관적으로 명백히 부당하다고 인정할 수 있는 경우라야 한다.

그런데 원심이 인정한 바와 같이 범죄를 예방·진압·수사하여야 할 직무를 가진 경찰관인 원고가 음주운전을 하여 교통사고를 일으키고도 그 사고현장을 이탈하였다가 체포되는 등 결코 가볍지 않은 이 사건 비위행위를 저질렀다면 그러한 경찰관이 수행하는 직무에 대하여 국민의 신뢰를 기대하기는 어려울 것이고, 이를 이유로 하는 징계사유가 가볍다고 할 수는 없을 것이므로, 원고에게 원심이 인정한 바와 같은 정상에 관한 사정이 있다고 하더라도, 피고가 원고를 징계 해임하는 것이 경찰관이 수행하는 직무의 특성, 징계의 원인이 된 비위사실의 내용과 성질, 징계에 의하여 달성하려는 행정목적 등에 비추어 볼 때 그 징계 내용이 객관적으로 명백히 부당한 것으로서 사회통념상 현저하게 타당성을 잃어 징계권자에게 맡겨진 재량권을 일탈하였거나 남용한 것이라고 단정할 수는 없다.

그러나 한편으로 위와 같은 징계양정 기준에 따라 징계처분을 하였다는 것이 반드시 해당 징계양정이 적정하다는 것을 의미하는 것은 아니라고 할 것이어서, 소청심사위원회는 혈중알코올농도 0.055%의 주취상태로 약 4km 가량 운전을 하다가 신호대기 중 시동을 켠 채로 잠이 든 것을 일반인이 제보하여 형사 입건된 비위로 정직 3개월의 처분을 받은 청구인에 대하여 혈중알코올농도의 수치가 낮은 점 등을 감안하여 처리기준 상 정직에 해당하는 음주운전 1회 적발 사안임에도 이를 감봉 3월로 감경하는 결정을 한 바도 있으므로(2015-190 정직 3월 처분 감경 청구), 음주운전의 비위행위로 징계처분을 받은 경우에도 기타 참작할 만한 사유가 존재하는 경우 이러한 사정을 충분히 피력하여 정상 참작을 통한 감경을 청구해 볼 수 있다고 할 것입니다.

# 사생활 비위

청구인들 중에는 불륜, 채권·채무관계, 가정사 등 직무와 직접적인 관련성이 없는 사항을 이유로 징계처분을 받았으므로 이는 정당하지 않다는 주장을 하는 경우가 있습니다. 우선 직무라 함은 법령에 규정된 의무, 상관으로부터 지시받은 업무, 사무분장 규정상의 소관 업무 등을 말하는 것이므로 이를 기준으로 공무원으로서의 직무수행과 직접적인 관련성이 없는 경우 이를 곧바로 징계사유로 삼는 것은 일견 타당하지 않을 수 있습니다.

그러나 국가공무원법에서는 공무원에게 직무와 관련된 부분은 물론 사적인 부분에 있어서도 건실한 생활을 할 것을 요구하는 품위 유지의 의무를 규정하고 있고, 여기에서 품위라 함은 주권자인 국민의 수임자로서의 직책을 맡아 수행해 나가기에 손색이 없는 인품을 말한다는 것이 판례의 입장인바(대법원 2013. 9. 12. 선고 2011두20079 판결), 이러한 품위 유지의 의무는 직무의 내외를 불문한다고 할 것입니다.

이에 소청심사위원회에서는 전세자금 대출사기에 협력하고 사기 피의자인 관련자로부터 사례금 명목으로 500만 원을 받아 대출 사기 공범의 피의자로 기소되어 벌금 700만 원 판결을 받은 청구인에 대하여, 전세자금 대출사기 행각을 벌이는 물의를 빚어 이와 관련된 내용이 언론에 보도되는 등 이러한 사실은 비록 청구인의 직무와 직접적인 관련은 없더라도 공무원으로서의 체면 또는 위신을 손상한 행위에 해당되어 품위 유지의 의무 위반에 해당한다고 보아 청구인의 해임처분 감경 청구를 기각하였습니다(2015-126 해임처분 감경 청구). 또한 사건제보자와 불건전한 이성교제를 한 경찰공무원에 대하여 정직 2월의 처분을 한 사안(2014-804 정직 2월 처분 취소 청구), 처와 자녀에 대한 가정폭력을 범하여 상해죄 등으로 기소되어 해임처분을 한 사안(2014-343 해임처분 감경 청구) 등에 대하여도 소청심사위원회는 청구인의 청구를 기각한바 있습니다.

그리고 이러한 사생활 비위의 품위 유지 위반 해당 여부는 이하 판례의 내용과 같이 국가공무원은 물론 지방공무원의 경우에도 동일하게 적용된다고 할 것입니다. 다만, 실제 소청심사 청구 시에는 해당 비위행위가 직무와의 관련성이 현저히 낮고 업무 수행에 있어 차질을 가져온 사실이 없다는 점, 사생활 비위가 사생활의 영역에서 발생한 것에 그치고 이러한 내용이 일반 국민에게 알려진 사실이 없어 공무원으로서 대외적 신뢰와 위신에 실질적으로 손상을 가한 사실이 없는 점 등을 집중적으로 주장하여 양정이 감경될 수 있도록 할 수 있을 것입니다.

## 대법원 1998. 2. 27. 선고 97누18172 판결(해임처분취소)

【판결요지】

[1] 공무원이 출장 중 점심시간대를 훨씬 지난 시각에 근무 장소가 아닌 유원지에 들어가 함께 출장근무 중이던 동료 여직원에게 성관계를 요구한 것이 직장 이탈금지에 해당한다고 한 사례

[2] 국민으로부터 널리 공무를 수탁하여 국민 전체를 위해 근무하는 공무원의 지위를 고려할 때 공무원의 품위손상행위는 본인은 물론 공직사회에 대한 국민의 신뢰를 실추시킬 우려가 있으므로 지방공무원법 제55조는 국가공무원법 제63조와 함께 공무원에게 직무와 관련된 부분은 물론 사적인 부분에 있어서도 건실한 생활을 할 것을 요구하는 '품위유지의무'를 규정하고 있고, 여기에서 '품위'라 함은 주권자인 국민의 수임자로서의 직책을 맡아 수행해 나가기에 손색이 없는 인품을 말한다.

[3] 출장근무 중 근무 장소를 벗어나 인근 유원지에 가서 동료 여직원의 의사에 반하여 성관계를 요구하다가 그 직원에게 상해를 입히고 강간치상죄로 형사소추까지 당하게 된 경우, 당해 공무원의 이러한 행위는 사회통념상 비난받을 만한 행위로서 공직의 신용을 손상시키는 것이므로 지방공무원법 제69조 제1항 제3호 소정의 품위손상행위에 해당한다고 본 사례

## 2012-490 감봉 1월 처분 취소 또는 감경 청구

소청인은 당시 허리통증으로 편안하게 대화하기 위해 B와 모텔에 출입하였다고 주장하고 있으나, 30·40대의 건강한 남녀가 대화를 하기 위해 단 둘이서 모텔에 투숙하였다는 주장은 상식적으로 납득하기 어려운 측면이 있고, 설사 소청인이 주장하는 바와 같이 건강상의 이유로 모텔에 출입한 것이라 하더라도 이는 타인으로 하여금 불건전한 이성관계를 의심하기에 충분하다고 판단되는 점, 이 건으로 인해 B의 남편으로부터 간통혐의로 피소되는 등 상당한 물의를 야기한 점[14], 비록 간통혐의에 대하여는 검찰에서 '무혐의(증거불충분)' 처분을 받았다고는 하나 여성과 단둘이 모텔을 출입하고 이와 같은 사실이 상대방 여성의 배우자에게 적발되는 등 물의를 야기한 그 자체가 공무원으로서의 품위를 손상하는 행위에 해당하는 점, 소청인과 B가 모텔에 출입한 사건 후에 B의 남편이 이혼

---

14) 간통죄가 헌법재판소에서 위헌결정(2015. 2. 26.)을 받음에 따라 이 부분은 향후 다른 판단을 할 수 있을 것이므로 헌법재판소의 위헌결정 논거를 자세히 살펴 이를 심사 청구 시 반영해 볼 필요가 있습니다.

소송을 제기하는 등 한 가정을 파탄에 이르게 한 책임도 있어 보이는 점 등을 종합하여 볼 때, 공무원으로서의 의무를 위반한 비위를 인정하는데 부족함이 없다 할 것이므로 소청인의 이에 대한 주장은 받아들이기 어렵다.

## 2012-449 정직 2월 처분 취소 또는 감경 청구

소청인은 ○○경찰서에 근무하는 경찰공무원으로서, 2012. 1. 2. 23:30경, 술을 마신 상태에서 ○○역 버스정류장 벤치에 앉아 스마트폰 카메라를 이용해 버스를 기다리던 관련자 B의 흰색반바지를 입고 있는 뒷모습, 관련자 C의 치마 입고 있는 뒷모습 등 다수 여성의 뒷모습을 촬영하던 중 관련자 C의 112신고로 출동한 경찰관들에게 임의동행 되고, 이후 성폭력범죄처벌등에 관한 특례법 위반(카메라등 이용 촬영)혐의로 형사입건 되는 등 경찰공무원으로서 품위를 손상하였고, 카메라에 저장되어 있는 사진, 피해여성들이 성적수치심을 느낀 것으로 신고한 점, 경찰이 출동하자 저장된 사진을 일부 삭제한 점, 당일 사진 외에도 다수의 여성사진이 저장되어 있고 무음카메라로 촬영한 것으로 보이는 지하철에서 치마 입은 여성을 찍은 사진이 있는 등 이전부터 여성의 신체부위를 의사에 반해 촬영해 왔던 것으로 판단되는 점 등을 고려할 때 비위행위가 인정되어 정직 2월에 처한다는 것이다. 소청인이 사건을 담당하던 경찰공무원으로서 피해여성들에게 성적 수치심과 두려움을 느끼게 하여 형사입건된 것은 국민들로부터 비난가능성이 높고 경찰관으로서 위신을 크게 손상하는 행위이며, 소청인의 휴대폰에 신고된 사진 외에도 지하철에서 짧은 옷을 입은 여성을 찍은 사진이 발견되고 있어 한 번의 실수가 아닐 개연성을 배제하기 어려운 점, 증거사진으로 볼 때 무의식중에 찍은 것으로는 보기 힘들어 고의성이 있어 보이고, 설령 고의성이 없었다 할지라도 중한 과실이 인정되는 점, 최근 성범죄가 심각한 사회문제가 되고 있고 몰래카메라의 폐해도 증가하고 있는 상황에서 경찰관으로서 문제의 심각성을 인식하지 못하고 '얼굴이 찍히지 않았고, 치마 속을 찍은 것이 아니다'는 식의 주장으로 반성의 기미를 보이지 않는 점, 향후 재발을 방지하고 경각심을 줄 필요가 있는 점 등을 종합적으로 고려할 때, 원처분 상당의 엄중한 문책이 필요하다.

# 성희롱

　공무원의 징계사유로 성희롱은 앞서 교원 소청에서 살펴본 바와 동일한 법리가 적용되어 소청심사위원회 역시 단호한 입장을 보이고 있다고 할 수 있습니다. 즉 국가인권위원회는 성희롱의 판단기준에 대하여 "성적 굴욕감 또는 혐오감이란 성적 언동 등으로 인하여 피해자가 느끼는 불쾌한 감정으로 성희롱 행위자가 스스로 성희롱으로 인식하지 못하고 있더라도 피해자는 성희롱으로 받아들일 수 있으므로 행위자의 성적인 의도가 없더라도 성희롱이 성립할 수 있어 성적 굴욕감 또는 혐오감 여부는 피해자의 관점을 기초로 판단하고 피해자가 느낀 감정을 중요시하여야 한다."는 입장이며, 법원은 "성희롱은 행위자에게 반드시 성적 동기나 의도가 있어야 하는 것은 아니며, 객관적으로 상대방과 같은 처지에 있는 일반적이고도 평균적인 사람에게 성적 굴욕감이나 혐오감을 느낄 수 있게 하는 행위로 그 상대방이 성적 혐오감이나 굴욕감을 느꼈다고 인정되는 경우에 해당된다."라고 판시하고 있는바, 성희롱 해당 여부는 이러한 법리에 의거하여 판단된다는 것입니다.

　나아가 소청심사위원회는 양성평등기본법 등에서 성희롱 행위를 금지하고 성희롱 예방교육, 성희롱 행위자에 대한 징계 등을 규정하고 있는데 이는 성희롱이 그동안의 왜곡된 사회적 인습이나 직장문화 등에 의하여 특별한 문제의식 없이 이루어지는 것을 경계하기 위함이고, 특히 직장 내 성희롱을 방지하여야 할 지위에 있는 자가 오히려 자신의 우월한 지위를 이용하여 성희롱을 하였다면 그 피해자로서는 성희롱을 거부하거나 외부에 알릴 경우 자신에게 가해질 명시적·묵시적 고용상의 불이익을 두려워하여 성희롱을 감내할 가능성이 크다는 사실을 감안할 때 이들의 성희롱은 더욱 엄격하게 취급되어야 한다고 보고 있습니다. 즉 소청심사위원회는 성희롱의 경우 건전한 직장 분위기를 저해하고 피해자에게 성적 굴욕감과 수치심을 유발하는 것으로 반드시 근절되어야 한다는 기조 하에 처분청에서 성관련 비위에 대하여 중징계 이상의 처분을 하며 엄중 문책하는 것에 대하여 그 필요성을 인정하고 있다고 할 것인바, 감경의 가능성이 낮은 만큼 처음부터 해당 비위행위가 발생하지 않도록 주의해야 할 것입니다.

덧붙여, 소청심사위원회는 회식자리에서 여경에게 부적절한 발언과 함께 러브샷을 제의하는 등 성적 굴욕감 및 혐오감을 느끼게 하는 부적절한 언행을 하였으며 부하직원들에게 술을 강요한 비위행위가 인정된 청구인에게 전보 및 팀원으로의 강등 조치와 더불어 감봉 1개월의 징계처분을 한 사안에 대해서, 청구인에 대한 전보처분은 '경찰청 성희롱예방지침' 제10조(피해자 등 보호 및 비밀유지) 제3항, "성희롱 사건 발생 시 피해자 치료지원, 행위자에 대한 인사조치 등을 통해 2차 피해를 방지하고 피해자의 근로권·학습권 등을 보호하여야 한다."는 규정에 따라 피해자 보호를 위해 취해진 인사 조치로서 징계에 해당하지 않고, 팀장에서 팀원으로의 강등도 동일 직급(경위)에서 보직의 변경에 불과한 것으로 경찰공무원의 징계령 제2조에 의한 징계에 해당하지 않으므로 감봉 1월 처분이 일사부재리의 원칙에 위반되지 않는다고 보았는바(2015-466 감봉 1월 처분 취소 청구), 이처럼 성희롱 비위행위를 범하는 경우 징계처분 외에도 기타 부수적인 제한 조치들이 취해질 수 있음을 염두에 두어야 할 것입니다.

## 2015-416 정직 1월 처분 취소 또는 감경 청구

소청인은 경찰공무원으로 2014. 10. 21. 18:30경 ○○ ○○읍 소재 '○○' 식당에서 경찰서 회식 시, 경장 B(당시 만 30세, 여, 여청계), 경장 C(당시 만 31세, 여, 지능팀)에게 탈모약 얘기를 하면서 손가락으로 자신의 성기를 가리키며 "그거 먹으면 이게 안 서거든, 난 머리 빠지는 것 보다 섹스 하는 게 더 좋아."라고 발언하는 등 부하 여직원들에게 수회 성희롱 발언을 하였다.

소청인은 평소 친한 사이에 장난이나 농담으로 한 행동이며 고의성은 없었다고 하나, 피해자인 부하 여직원들이 공통적으로 성적 수치심과 굴욕감을 느꼈다고 진술한 점, 행정관 E 등이 직속상관인 소청인으로부터 받을 수 있는 불이익 등을 생각하여 성희롱 신고를 하지 못하였다고 진술한 점 등을 고려하면, 소청인의 위 주장은 이유가 없다. 성희롱은 가해자의 의도가 아니라 피해자의 느낌이 중요하기 때문에 직장 내 우월한 지위를 이용하여 사회 통념상 일상생활에서 허용되는 단순한 농담 또는 호의적 언동 범주를 벗어나 부하 여직원들에게 성적굴욕감 또는 모욕감을 느끼게 하였다면 이러한 행위 자체는 명백한 성희롱에 해당되는 점, 소청인은 부서 내에서 성희롱 등 행위를 방지할 책무를 가진 ○○과장으로 부임하면서 부적절한 성적 언동들을 지속적으로 행하였고, 그 성적 발언의 수위의 정도 등에 비추어 단순한 농담이거나 호의적 언동이라고 보기는 다소 무리이며, 그 비위의 정도가 가볍다고 보기 어려운 점, 성희롱의 횟수가 1회에 그치는 경우에는 우발적이라고 볼 여지가 있으나, 성희롱이 일정한 기간에 걸쳐 반복적으로 이루어지고 피해자도 다수라면 이를 우발적이라고 평가할 수는 없고, 그 행위의 정도를 가볍게 평가할 수 없는 점, 소청인이 성희롱 등 행위를 방지할 책무를 가진 경찰간부로서 부하 여직원들에게 행한 각종 성적 언동을 한 사실은 질적으로 매우 좋지 않다고 보이며, 직장 내 우월적 지위를 이용하여 피해자들에게 성적수치심과 굴욕감을 주었다고 보이므로 비난 가능성이 매우 높고, 그 비위의 정도가 매우 중한 점, 성희롱은 건전한 직장 분위기를 저해하고 피해자에게 성적 굴욕감과 수치심을 유발하여 반드시 근절되어야 하며, 처분청에서는 성 관련 비위에 대하여 원칙적으로 중징계 이상의 처분을 하고 엄중 문책할 필요성이 있음에도 불구하고 이 사건 징계위원회에서 소청인이 직원들과 친하게 지내려는 의도이었다고 인정하여 중징계 중에서 가장 약한 처분을 의결하였던 점, 이 사건의 비위 행위의 경위, 정도 등에 비추어 이 사건 처분은 경찰공무원 징계양정 등에 관한 규칙 별표1에서 정한 징계기준의 범위 내에서 이루어 진 것으로 보이며, 이 사건 처분을 통해 달성하고자 하는 공직기강의 확립이나 국민의 신뢰 회복 등 공익이 이 사건 처분으로 인해 소청인이 입게 될 불이익에 비해 결코 작다고 할 수 없는 점, 향후 유사사례의 재발방지 및 엄정한 공직기강 확립 차원에서 강한 경각심을 줄 필요성 있는 점 등을 종합적으로 고려할 때, 소청인이 주장하는 모든 사정을 참작하더라도 원처분 상당의 책임이 인정된다고 판단되어 청구를 기각한다.

# 청렴의무

국가공무원법 제61조(청렴의 의무) 제1항은 공무원은 직무와 관련하여 직접적이든 간접적이든 사례·증여 또는 향응을 주거나 받을 수 없다고 규정하고 있으며, 특히 경찰청 공무원 행동강령에 따르면 제14조에서는 직무관련자로부터 금품 등을 받는 행위를 금지하고 있습니다. 이러한 청렴의 의무는 공무원이 직무에 관하여 사전에 부정한 청탁을 받고 직무상 부정행위를 하는 것을 방지 하려는 데에 그치는 것이 아니고 사전에 부정한 청탁이 있었는지 여부나 금품 수수의 시기 등을 가릴 것 없이 직무와 관련한 금품수수 행위를 방지하여 공무원의 순결성과 직무행위의 불가매수성을 보호하고 공무원의 직무집행의 적정성을 보장하고자 하는 것으로(대법원 1992. 11. 27. 선고 92누3366 판결), 개개의 직무행위와 대가적 관계에 있는지 여부를 따지지 않고 직무관련자로부터 금품 등을 수수한 사실이 인정되면 청렴 의무 위반에 해당한다고 볼 것입니다. 즉 형법상 뇌물죄가 그 직무에 관하여 뇌물을 수수할 것을 규정하고 있는 데 반하여 국가공무원법 제61조 제1항은 공무원은 직무와 관련하여 직접적이든 간접적이든 사례·향응 등을 수수할 것을 규정하고 있어 징계사유로서의 청렴 의무 조항은 형법상의 뇌물죄의 구성요건에 비하여 넓게 해석할 여지가 있다고 봄이 타당하며 나아가 직무 관련성에 대한 인식과 관련하여서도 반드시 형사상 뇌물죄에서 요구되는 고의 정도에 이르지 아니하더라도 조금만 주의를 기울여도 충분히 직무관련성을 인식할 수 있는 상황에서 이루어진 수수라면 국가공무원법 제61조를 위배하였다고 보는 것이 소청심사위원회의 입장입니다(2015-853 견책처분 취소 청구).

나아가 공무원이 그 직무의 대상이 되는 사람으로부터 금품 기타 이익을 받은 때에는 그것이 사회상규에 비추어 볼 때 의례상의 대가에 불과한 것이라고 여겨지거나 개인적인 친분관계가 있어서 교분상의 필요에 의한 것이라고 명백하게 인정할 수 있는 겨우 등 특별한 사정이 없는 한 직무와의 관련성이 없는 것으로 볼 수 없고 공무원의 직무와 관련하여 금품을 수수하였다면 비록 사교적 의례의 형식을 빌려 금품을 주고받았다고 하더라도 이는 뇌물이 됩니다(2015-386 감봉 3월 처분 취소 또는 감경 청구).

이에 소청심사위원회는 범죄수사나 단속 등의 편의를 봐주는 대가로 총 22회에 걸쳐 1,457만 원 상당의 뇌물을 수수한 경찰공무원에 대하여 파면처분을 한 것은 정당하다고 결정하였으며(2015-501 파면처분 취소 또는 감경 청구), 직무관련자로부터 2회에 걸쳐 150만 원 상당의 현금을 수수한 비위에 대해 정직 2월 및 징계부가금 3배 부과처분을 한 것에 대하여 '청렴의 의무는 국가공무원의 가장 기본적인 의무로 이를 위반한 것은 어떠한 이유로도 용납하기 어려우며 이를 엄히 경계하지 않을 경우 국가행정에 대한 국민의 불신을 초래할 수 있고, 공직자 행동강령 운영지침 별표2는 직무와 관련한 금품·향응 수수가 100만 원 이상~300만 원 미만인 경우 위법·부당한 처분을 하지 않고 그 비위가 수동적인 경우에도 정직에서 강등까지 징계하도록 규정하고 있으므로 원처분 상당의 책임이 인정된다고 판단한바 있습니다(2015-550 정직 2월 처분 취소 또는 감경 청구).

한편, 공직자등의 공정한 직무수행을 저해하는 부정청탁과 금품 등의 수수 행위를 제한하는 내용으로 「부정청탁 및 금품 등 수수의 금지에 관한 법률」 및 동법 시행령이 시행(2016. 9. 28.) 됨에 따라 공무원의 청렴의 의무는 더욱 엄격히 판단된다고 할 것인바, 개정된 공직자 행동강령 운영지침에 따른 징계양정기준[15]을 살펴보면 다음과 같습니다.

**음식물·경조사비·선물 등의 가액 범위**

| 구분 | 가액 범위 |
|---|---|
| 1. 음식물: 제공자와 공직자가 함께 하는 식사, 다과, 주류, 음료, 그 밖에 이에 준하는 것 | 3만 원 |
| 2. 경조사비: 축의금, 조의금 등 각종 부조금과 부조금을 대신하는 화환·조화, 그 밖에 이에 준하는 것 | 10만 원 |
| 3. 선물: 금전 및 제1호에 따른 음식물을 제외한 일체의 물품 또는 유가증권, 그 밖에 이에 준하는 것 | 5만 원 |

---

15) 제23조(징계양정기준) 공공기관의 장이 금품등 수수(授受) 금지 위반행위자에 대한 징계 처분을 하는 때에는 「공무원 징계령 시행규칙」 별표1의2의 청렴의 의무 위반 징계기준 또는 자체 징계양정기준 등에 따라서 처리하되, 이 예규 별표4의 금품등 수수(授受) 금지 위반 징계양정기준을 참작하여야 한다.

**금품등 수수(授受) 금지 위반 징계양정기준**

| 비위유형 / 수수행위 | 금액 | 100만 원 미만 | 100만 원 이상 300만 원 미만 | 300만 원 이상 500만 원 미만 | 500만 원 이상 |
|---|---|---|---|---|---|
| 직무와 직접적인 관계없이 금품등을 직무관련자 또는 관련공무원으로부터 받거나 직무 관련 공무원에게 제공한 경우 | 수동 | 감봉·정직·강등 | 강등·해임·파면 | 해임·파면 | 파면 |
| | 능동 | 정직·강등·해임 | 해임·파면 | 파면 | |
| 직무와 직접 관련하여 금품등을 수수하였으나, 위법·부당한 처분을 하지 아니한 경우 | 수동 | 정직·강등·해임 | 해임·파면 | 파면 | |
| | 능동 | 강등·해임·파면 | 파면 | | |
| 직무와 직접 관련하여 금품등을 수수하고, 위법·부당한 처분을 한 경우 | 수동 | 강등·해임·파면 | 파면 | | |
| | 능동 | 해임·파면 | 파면 | | |

# 징계부가금

국가공무원법 제78조의2 제1항은 징계의결을 요구하는 경우 그 징계 사유가 금품 및 향응 수수, 공금 횡령·유용인 경우에는 해당 징계 외에 수수액, 횡령액, 유용액의(이하 '수수액') 5배내의 범위에서 징계부가금의 부과 의결을 징계위원회에 요구하도록 규정하고 있으며, 제2항은 징계위원회에서 위 징계부가금 부과 의결을 하기 전에 금품 및 향응 수수, 공금의 횡령·유용으로 다른 법률에 따라 형사처벌을 받거나 변상책임 등을 이행한 경우(몰수나 추징을 당한 경우를 포함)에는 징계위원회는 대통령령으로 정하는 바에 따라 조정된 범위에서 징계부가금 부과를 의결하여야 하며, 징계부가금 부과 의결을 한 후에 형사처벌을 받거나 변상책임 등을 이행한 경우(몰수나 추징을 당한 경우를 포함)에는 징계위원회는 대통령령으로 정하는 바에 따라 징계부가금의 감면 등의 조치를 하여야 한다고 규정하고 있습니다.

이에 공무원 징계령 시행규칙 제2조에서는 징계부가금의 구체적 기준을 정하고 있는바[16], 우선 제1항에서는 징계부가금 의결에 있어 혐의자의 비위 유형, 비위의 정도 및 과실의 경중과 평소 행실, 근무성적, 공적, 규제개혁 및 국정과제 등 관련 업무 처리의 적극성, 뉘우치는 정도 등의 정상을 참작하도록 하고 있으며, 제3항에서는 제1항에도 불구하고 비위의 정도가 약하고 과실로 인한 비위로서 적극행정의 과정에서 비위행위가 발생한 경우 등에 한하여 징계부가금 부과 의결을 하지 아니할 수 있도록 규정하고 있습니다.[17]

---

16) 별표1의 4 징계부가금 부가 기준

| 비위의 정도 및 과실 여부 / 비위의 유형 | 비위의 정도가 심하고 고의가 있는 경우 | 비위의 정도가 심하고 중과실이거나, 비위의 정도가 약하고 고의가 있는 경우 | 비위의 정도가 심하고 경과실이거나, 비위의 정도가 약하고 중과실인 경우 | 비위의 정도가 약하고 경과실인 경우 |
|---|---|---|---|---|
| 1.「국가공무원법」 제78조의2 제1항 제1호의 행위 | 금품비위 금액등의 4~5배 | 금품비위 금액등의 3~4배 | 금품비위 금액등의 2~3배 | 금품비위 금액등의 1~2배 |
| 2.「국가공무원법」 제78조의2 제1항 제2호의 행위 | 금품비위 금액등의 3~5배 | 금품비위 금액등의 2~3배 | 금품비위 금액등의 2배 | 금품비위 금액등의 1배 |

17) 제2조(징계 또는 징계부가금의 기준) ③ 제1항에도 불구하고 비위의 정도가 약하고 과실로 인한 비위로서 다음 각 호의 어느 하나에 해당되는 경우에는 징계의결 또는 징계부가금 부과 의결(이하 "징계의결 등"이라 한다)을 하지 아니할 수 있다.
1. 국가적으로 이익이 되고 국민생활에 편익을 주는 정책 또는 소관 법령의 입법목적을 달성하기 위하여 필수적인 정책 등을 수립·집행하거나, 정책목표의 달성을 위하여 업무처리 절차·방식을 창의적으로 개선하는 등 성실하고 능동적으로 업무를 처리하는 과정에서 발생한 것으로 인정되는 경우
2. 국가의 이익이나 국민생활에 큰 피해가 예견되어 이를 방지하기 위하여 정책을 적극적으로 수립·집행하는 과정에서 발생한 것으로서 정책을 수립·집행할 당시의 여건 또는 그 밖의 사회통념에 비추어 적법하게 처리될 것이라고 기대하기가 극히 곤란했던 것으로 인정되는 경우
3. 제4조 제2항에 따른 감경 제외 대상이 아닌 비위 중 직무와 관련이 없는 사고로 인한 비위로서 사회통념에 비추어 공무원의 품위를 손상하지 아니하였다고 인정되는 경우

    따라서 징계부가금의 처분을 받은 청구권자는 징계처분 외에 징계부가금에 대하여도 그 적법여부를 반드시 다투어야 할 것입니다. 또한 규정에 따른 징계부가금은 고정액이 아니라 수수액의 ~배라고 규정되어 있으므로 위 법률규정의 기준에 따른 징계부가금이 결정되었더라도 그 기준 범위 안에서 가능한 최소한의 금액으로 결정될 수 있도록 징계부가금 결정 시 감안하여야 할 사항을 적극적으로 소명하여 부가금의 감경을 청구하여야 할 것입니다(만약 위 사안에서 징계부가금이 수수액의 2배로 부가되었다면 1배로 감경하여 줄 것을 청구). 즉 징계처분과 함께 징계부가금을 부가 받은 경우에는 부가금에 대해서도 그 적정 여부를 살펴야 할 것입니다.

# 배제징계처분

배제징계처분이라 함은 파면, 해임과 같이 공무원의 신분을 박탈하는 처분을 말합니다. 그런데 소청심사위원회는 징계양정에 있어 징계권자의 재량을 존중한다는 것을 원칙으로 하면서도 배제징계처분의 경우 헌법이 규정하고 있는 당사자의 공무담임권을 박탈하는 중한 처분이므로 이는 당사자를 그 조직에서 배제하는 것 이외에는 다른 방도를 찾기 힘들만큼 당해 비위가 중대하고 의무위반행위의 정도가 심한 경우로 제한하여야 한다고 보고 있습니다.

이에 소청심사위원회는 만취상태에서 택시기사와 요금비시로 지구대에 임의 동행되어 상황 근무자에게 욕설 및 위해를 가하려는 행위를 하여 공무집행을 방해하고 주취 소란한 비위로 해임처분을 받은 사건에서 이를 정직 3월로 변경하는 처분을 한 바 있으며(2015-656 해임처분 감경 청구), 단속으로부터 보호해주고 단속 정보를 제공해 달라는 청탁 명목으로 4회에 걸쳐 490만 원의 금품을 수수하고 상대 경쟁업소의 단속을 공모한 비위로 파면처분을 받은 경찰공무원에 대하여 파면은 공무원의 신분을 박탈함에 그치지 않고 퇴직급여나 수당의 감액, 공직 취임 제한 등이 따르는 가장 중한 징계처분인 점에서 그 불이익과 처분사유로 인정할 수 있는 징계사유의 비위 정도와의 균형을 고려하고 이전에 징계를 받은 전력이 없는 점을 고려하여 원처분은 과중하다는 결정을 한 바 있습니다(2015-684 파면처분 취소 청구). 또한 내연 관계를 맺고 공용폰을 사적으로 사용하여 해임처분을 받은 사례에서도 공무원의 징계 종류 중 해임은 청구인을 공무원 조직에서 완전히 배제시키는 중한 처분이므로 그 결정에 신중할 필요가 있는바 징계사유 중 부적절한 이성교제 부분은 직무수행과 직접적으로 연결된 비위가 아니므로 공무원으로서의 직무 수행에 있어 공정성을 심히 훼손하는 것은 아닌 점을 감안하여 이를 감경하는 결정을 하였습니다(2015-663 해임처분 감경 청구).

따라서 배제징계처분을 받은 경우 해당 징계처분 외에 다른 방법으로 비위행위에 대한 적절한 징계가 가능하다는 점, 이 전에 비위행위에 대한 충분한 경고나 선 징계가 없었다는 점, 청구인의 비위행위를 고려하더라도 배제징계처분이 야기하는 불이익이 현저히 크다는 점 등을 충분히 피력하여 권리구제의 가능성을 높일 필요가 있습니다.

한편, 또 다른 쟁점으로 배제징계처분과 관련하여, 공무원이 배제징계처분을 받은 후 소청심사위원회의 결정 또는 법원의 판결로 배제징계처분이 변경·취소되어 신분을 회복한 경우 배제징계처분 상태였던 기간 중에 범한 비위행위를 이유로 공무원 신분을 회복한 이후에 이를 소급하여 징계사유로 삼을 수 있는지 여부가 문제될 수 있습니다. 예컨대 공무원이 해임처분을 받은 후 소청을 제기하여 정직으로 변경되었다면 당초 해임처분을 받은 날이 정직처분을 받은 날로 변경되므로 공무원의 신분을 계속 유지되고 있는 것이고 그렇다면 국가공무원법 등 각종 법령에서 규정하고 있는 제반의무 등을 성실히 수행해야 할 책임이 있는 것입니다. 그런데 대법원은 이 같은 사안에서 공무원이 파면처분에 대하 소청심사에서 파면처분이 감경되어 복직되었다고 하더라도 파면기간 동안은 그가 현실적으로 공무원의 신분을 상실한 상태였고 실제로 공무를 수행하지도 않은 이상 공무원의 신분을 가진 사람에게 요구되는 성실 의무나 품위 유지의 의무 등을 지킬 것을 요구할 수는 없으며(대법원 2005. 8.

19. 선고 2005두3646 판결), 해임기간 동안의 행위가 그로 인하여 복직 후의 공무원으로서의 품위까지 손상한 것으로 평가될 수 있을 정도에 이른다는 등의 특별한 사정이 없는 한 해임기간 동안의 행위를 징계사유로 삼아 징계처분을 할 수는 없다(대법원 2012. 8. 23. 선고 2011두10041 판결)고 판시하였는바, 배제징계처분으로 인해 현실적으로 공무원 신분을 상실한 기간 동안 범한 비위행위의 결과가 복직 이후에도 나타나 영향을 미치지 않는 이상 해당 기간에 범한 비위행위를 이유로 징계처분을 하는 것은 타당하지 않다고 볼 것입니다.

# 의원면직

　의원면직은 징계처분 또는 직권면직과는 달리 자의에 의하여 공무원의 직을 사임하는 행위를 말합니다. 그런데 징계의결요구 이전 감사를 받는 과정에서 감사실 직원 또는 상급자가 청구인이 향후 징계위원회에서 배제징계처분을 받게 될 것임을 예고하며 사직원을 제출하면 의원면직으로 처리해 주겠다고 하여 청구인이 사직서를 제출하기에 이른 경우 이러한 사직원 제출이 효과가 없는 것인지가 문제가 될 수 있습니다.

　대법원은 이에 대하여, "공무원이 사직의 의사표시를 하여 의원면직처분을 하는 경우 그 사직의 의사표시는 그 법률관계의 특수성에 비추어 외부적·객관적으로 표시된 바를 존중하여야 할 것이므로, 비록 사직원 제출자의 내심의 의사가 사직할 뜻이 아니었다고 하더라도 진의 아닌 의사표시에 관한 민법 제107조는 그 성질상 사직의 의사표시와 같은 사인의 공법행위에는 준용되지 아니하므로 그 의사가 외부에 표시된 이상 그 의사는 표시된 대로 효력을 발할 뿐만 아니라(대법원 1992. 8. 14. 선고 92누909 판결 참조), 또한 그 사직서의 제출이 감사기관이나 상급관청 등의 강박에 의한 경우에는 그 정도가 의사결정의 자유를 박탈할 정도에 이른 것이라면 그 의사표시가 무효로 될 것이고 그렇지 않고 의사결정의 자유를 제한하는 정도에 그친 경우라면 그 성질에 반하지 아니하는 한 의사표시에 관한 민법 제110조의 규정을 준용하여 그 효력을 따져보아야 할 것이나, 감사담당 직원이 공무원에 대한 비리를 조사하는 과정에서 사직하지 아니하면 징계파면이 될 것이고 또한 그렇게 되면 퇴직금 지급상의 불이익을 당하게 될 것이라는 등의 강경한 태도를 취하였다고 할지라도 그 취지가 단지 비리에 따른 객관적 상황을 고지하면서 사직을 권고·종용한 것에 지나지 않고 그 공무원이 그 비리로 인하여 징계파면이 될 경우 퇴직금 지급상의 불이익을 당하게 될 것 등 여러 사정을 고려하여 사직서를 제출한 경우라면 그 의사결정이 의원면직처분의 효력에 영향을 미칠 하자가 있었다고는 볼 수 없다(대법원 1997. 12. 12. 선고 97누13962 판결)."고 판시하였는바, 소청심사위원회 역시 이러한 판례 법리에 따라 청구인이 사직서는 감사실 직원이 금품수수 행위가 중징계 대상이라고 압박하였으며 사직원을 제출하면 의원면직으로 처리해주겠다고 강요하여 제출된 것에 불과하다고 주장한 사안에서, 사직원 작성 및 제출과정에서 청구인의 의사결정의 자유를 박탈할 정도의 강압 등이 있었다고 보기 어렵고 청구인이 사직서를 직접 작성하여 자필로 서명한 점 등을 보건대 사직원 제출에는 사직에 대한 본인의 의지가 반영되었다고 보아야 한다고 결정하였습니다(2014-642 의원면직처분 취소 청구).

# 징계처분(직위해제처분) 취소 시 보수금의 지급

　징계처분이 소청심사위원회의 결정으로 취소된 경우 피청구인은 소청심사위원회 결정의 효과로서 청구인에게 그간의 임금 및 제수당을 지급하여야 할 것이며, 피청구인이 이를 지급하지 않는 경우 청구인은 이를 민사소송을 통해 별도로 청구할 수 있을 것입니다.

---

### 대법원 2014. 7. 24. 선고 2013두13167 판결

【판시사항】

[1] 고위공무원에 대한 징계처분이 취소된 경우 또는 고위공무원이 형사사건으로 기소되어 직위해제처분을 받았다가 무죄판결이 선고된 경우, 원래 연봉을 기준으로 한 연봉 전액 또는 차액을 소급 지급해야 하는지 여부(적극)

[2] 형사사건으로 기소되어 직위해제된 공무원이 법원에서 무죄선고를 받은 경우와 징계처분 등이 소청심사위원회의 결정으로 취소된 경우, 정액급식비를 소급 지급해야 하는지 여부(적극)

【판결내용】

[1] 공무원보수규정 제71조 제1항 제1호, 고위공무원단 인사규정 제18조 제5호, 구 국가공무원법 제73조의3 제1항 제4호는 고위공무원이 형사사건으로 기소되었다는 사유로 그 직위가 해제된 경우에는 보수를 감액하여 지급한다고 규정하는 한편, 공무원보수규정 제73조 제1항에 따라 고위공무원에게 준용되는 공무원보수규정 제49조 제1항은 고위공무원에 대한 징계처분이 취소된 경우에는 그 기간 중 원래의 연봉을 기준으로 계산한 연봉 전액 또는 차액을 소급하여 지급하고, 같은 조 제2항은 형사사건으로 기소되어 직위해제처분을 받은 사람이 법원의 판결에 의하여 무죄를 선고받은 경우에는 원래의 연봉을 기준으로 계산한 연봉과 그 직위해제처분기간 중에 지급한 연봉과의 차액을 소급하여 지급한다고 각각 규정하고 있다. 따라서 고위공무원에 대한 징계처분이

최소된 경우 또는 고위공무원이 형사사건으로 기소되어 직위해제처분을 받았다가 무죄판결이 선고된 경우에는 공무원보수규정 제49조 제1항, 제2항에 따라 원래의 연봉을 기준으로 한 연봉 전액 또는 차액을 소급하여 지급하여야 한다.

[2] 공무원수당 등에 관한 규정 제19조 제7항은 형사사건으로 기소되어 직위해제된 공무원이 법원에서 무죄선고를 받은 경우와 징계처분 등이 소청심사위원회의 결정으로 취소된 경우 등에는 직위해제처분 등으로 지급하지 아니한 '수당 등'을 소급하여 지급하되, 시간외근무수당은 정액지급분으로 한정하고 연가보상비는 제외한다고 하고 있고, 공무원수당 등에 관한 규정 제2조에 의하면 위 '수당 등'은 수당과 실비변상 등을 말하는바, 위 제19조 제7항이 정액급식비를 제외하고 있지 않은 이상 형사사건으로 기소되어 직위해제된 공무원이 법원에서 무죄선고를 받은 경우와 징계처분 등이 소청심사위원회의 결정으로 취소된 경우 정액급식비도 소급하여 지급되어야 할 것이다.

# 징계처분 기록의 말소

공무원 인사기록·통계 및 인사사무 처리규정은 징계 등의 처분을 받은 공무원이 법령상 규정된 각종 불이익이나 제한을 받은 후 일정기간 성실하게 근무하고 있음에도 인사 및 성과관리카드에 등재된 관계기록 때문에 장래에 대한 인사상의 사실상 불이익을 받게 될 소지를 제거하기 위하여 징계 등 처분 기록을 말소하는 제도를 두고 있습니다. 이에 각 징계처분 기록은 다음과 같이 말소제한기간이 경과하면 삭제됩니다.

| 처분 | 강등 | 정직 | 감봉 | 견책 | 직위해제 | 불문경고 |
|---|---|---|---|---|---|---|
| 말소제한기간 | 9년 | 7년 | 5년 | 3년 | 2년 | 1년 |

이러한 말소제한기간은 징계처분의 집행이 끝난 날로부터 위 규정된 기간 동안 더 이상의 다른 징계처분이 없을 때 적용되며, 징계처분의 말소제한 기간 내에 또 다른 징계처분을 받은 때는 각각의 징계처분에 대한 해당기간(처분기간+말소제한기간)을 합산한 기간이 경과하여야 하는 바, 선행 징계처분일로부터 기산하여 각각의 징계처분기간과 말소제한기간을 합산한 기간이 경과한 후 전·후 처분을 동시에 말소하게 됩니다. 또한 소청심사위원회나 법원에서 징계처분의 무효 또는 취소의 결정이나 판결이 확정된 때는 원 징계처분일자로 말소하며, 소청심사위원회의 결정에 따라 재징계를 한 경우에는 선행처분은 원처분일자로 말소되고, 후행처분은 후행처분일부터 기산하여 말소제한기간이 경과한 때 말소합니다.

이러한 말소가 있다고 하여도 징계 등 처분으로 인하여 받은 법령상의 각종 불이익이나 제한사항이 회복되지는 않으나, 공무원보수규정 제15조에 따라 견책·감봉·정직·강등처분이 말소된 경우, 징계처분기간을 제외한 승급제한기간은 다시 회복되므로 승급기간에 산입하여야 합니다. 그 밖의 말소의 효과로서는 i) 승진, 보직관리 등 모든 인사관리 영역에 있어서 말소된 징계처분 등을 이유로 합리적인 근거 없이 불리한 처우를 해서는 아니 되며, 근무성적 평정 시 말소된 징계처분 등을 이유로 불리한 평정을 해서는 아니 됩니다. ii) 공무원 징계령 제17조 및 동 법령 시행규칙 제2조 규정에 의한 징계양정 결정시 말소된 징계처분을 이유로 부당하게 무거운 징계를 의결하여서는 아니 됩니다. iii) 각종 포상대상자 선정 시에도 말소된 징계처분 등을 이유로 근거 없이 불리한 처우를 해서는 아니 됩니다. 이처럼 말소제도의 취지에 부합하도록 말소된 징계처분 등을 이유로 합리적인 근거 없이 신분·처우 상 어떠한 불리한 대우를 하여서는 아니 되는바, 이에 위반한 처분을 한 경우 위법하다고 볼 것입니다(국가공무원 복무징계 관련 예규 참조).

이에 최근 서울고등법원은 위와 같은 징계처분 기록의 말소 효과를 인정하여 초등학교 교사 김모씨가 경기도교육감을 상대로 낸 교감승진임용 제외 처분 취소소송(2016누61176)에서 원고패소 판결한 1심을 깨고 원고승소 판결을 하였습니다. 법원은 '국가공무원 복무·징계 관련 예규는 승진·보직관리 등 모든 인사관리 영역에 있어서 말소된 징계처분 등을 이유로 불리한 처우를 해서는 안 된다고 규정하고 있음에도 경기교육청이 2010년 견책처분을 받아 징계처분 기록이 말소된 2013년 11월 이후인 2015년 3월 김 씨에 대해 교감승진임용 제외 처분을 했다며 이는 재량권의 한계를 벗어나거나 이를 남용한 것'이라고 판시한 것입니다. 이에 대하여 경기교육청은 위 승진대상자 제외 처분이 2014년 8월 교육공무원의 금품·향응수수 등 4대 비위 관련으로 징계를 받은 자는 징계기록 말소 여부와 관계없이 승진대상자에서 제외하는 기준안을 심의·의결하고 이를 2014년 9월 임용대상자부터 시행하기로 한 것에 따른 것이므로 적법하다고 주장하였으나, 법원은 이것이 높은 수준의 자질과 역량 및 도덕성을 갖춘 교감을 승진시킴으로써 학교 교육 정상화라는 공익을 추구하기 위한 것이라는 점을 감안하더라도 기준안이 심의·의결되기 전 징계기록이 말소된 김 씨에게까지 적용한 것은 지나친 불이익이라고 보았습니다. 따라서 이러한 징계처분의 말소 효과에 위반되는 불이익 처분을 받은 경우(말소된 징계전력이 새로운 징계처분 양정 시 반영된 경우) 이는 소청심사위원회를 통해 구제를 도모할 필요가 있다고 할 것입니다.

# 부당징계로 인한 손해배상책임

불법행위로 인하여 정신적 고통을 받은 자는 가해자에게 위자료를 청구할 수 있을 것인바, 이러한 민법의 법리는 부당한 징계로 인하여 정신적 고통을 받은 자에 대해서도 적용될 수 있을 것입니다. 그리고 이때 위자료 액수의 산정은 징계처분을 받은 자의 경력, 사회적 지위 및 교육 정도, 사건의 경위, 징계처분의 정도, 징계요구 및 징계위원회의 징계결의에 따라 징계처분이 이루어진 경위, 소청심사위원회 또는 법원의 판결에 의해 징계처분이 취소된 구체적 내용 등을 참작하여 정할 수 있을 것입니다.

한편, 부당징계로 인한 손해배상책임은 소청심사위원회 또는 법원의 판결에 의해 징계양정이 결과적으로 재량권 일탈로 인정된다고 하여 언제든지 그 불법행위책임을 물을 수 있는 것은 아니며, 징계권자의 징계처분이 불법행위를 구성하기 위해서는 특별한 요건이 필요하다고 할 것입니다. 즉, 국가공무원에 대하여 징계를 할 경우 국가공무원법 및 관련 법령이 정한 바에 따라 국가공무원에 대한 징계권자가 징계위원회에 징계의결의 요구를 하고 징계위원회는 소정의 절차를 거쳐 징계의결을 한 다음 그 통고를 받은 징계권자가 그 의결내용에 따른 징계처분을 한 경우에 그 징계처분이 징계위원들이나 징계권자의 자율적인 판단에 따라 행하여진 것이고 실제로 인정되는 징계사유에 비추어 그 정도의 징계를 하는 것도 무리가 아니라고 인정되는 경우라면, 비록 그 징계양정이 결과적으로 재량권을 일탈한 것으로 인정된다고 하더라도 이는 특별한 사정이 없는 한 법률전문가가 아닌 징계위원들이나 징계권자가 징계의 경중에 관한 법령의 해석을 잘못한 데 기인하는 것이라고 보아야 하므로, 이러한 경우에는 징계의 양정을 잘못한 것을 이유로 불법행위책임을 물을 수 있는 과실이 있다고 보기 어렵습니다(대법원 1996. 4. 23. 선고 95다6823 판결 등 참조). 그러나 징계권자가 징계처분을 할 만한 사유가 없는데도 오로지 공무원에 대하여 불이익을 가하려는 의도 하에 고의로 명목상의 징계사유를 내세우거나 만들어 징계라는 수단을 동원하여 불이익한 처분을 가하려 하거나, 그 징계사유로 된 사실이 징계처분의 사유에 해당한다고 볼 수 없음이 객관적으로 명백하고 조금만 주의를 기울이면 이와 같은 사정을 쉽게 알아볼 수 있는데도 징계에 나아간 경우와 같이 징계권의 행사가 우리의 건전한 사회통념이나 사회상규에 비추어 용인될 수 없음이 분명한 경우에 그 징계는 그 효력이 부정됨에 그치지 아니하고 위법하게 상대방에게 정신적 고통을 가하는 것이 되어 해당 공무원에 대한 관계에서 불법행위를 구성하게 되는 것입니다(대법원 2013. 12. 26. 선고 2013다208371 판결).

사실 징계처분을 받은 후 소청심사위원회 또는 법원의 재판을 통해 징계가 취소 또는 감경된 청구인들의 경우 장기간 징계처분으로 인한 실질적 불이익은 물론 정신적 고통을 크게 받은 경우가 대부분이어서 피청구인에 대하여 그간의 부당함에 대한 손해배상을 받고 싶어 하는 분들이 많습니다. 그러나 대법원 판례가 설시하고 있듯이 징계위원회는 징계양정에 관하여 법률전문가로서 결론을 내리는 것이 아닌 만큼 단순히 양정이 과하였다는 이유만으로는 손해배상책임을 묻기 어렵습니다. 따라서 추후 민사소송까지를 염두에 두고 권리구제를 도모하는 경우 징계의 전 과정에서 피청구인이 적법하고 정당한 절차와 심리를 통해 결론을 도출한 것이지 여부를 세밀히 살피고 증거가 될 수 있을만한 자료들을 수집해 놓을 필요가 있을 것입니다.

# 소청결정에 대한 불복

청구인은 소청심사결정에 불복하는 경우 원처분이나 부작위를 대상으로 하여 관할 행정법원(또는 관할 지방법원본원 행정합의부)에 행정소송을 제기할 수 있으며, 이때 피고는 행정소송법 제13조 제1항에 따라 다른 법률에 특별한 규정이 없는 한 그 처분 등을 행한 행정청이 됩니다. 단, 소청결정 자체의 고유한 위법을 주장하는 경우에는 소청심사위원회의 결정을 대상으로 소송을 제기할 수 있습니다. 행정소송은 결정서의 정본을 송달받은 날로부터 90일 이내에 제기하여야 하며, 동 기간은 불변기간으로서 준수되어야 할 것입니다. 이때 청구인이 행정소송을 제기한 경우에는 당해 소청사건의 피청구인은 소송을 제기한 사실 및 그 결과를 소청심사위원회에 통보하여야 합니다.

---

**대법원 1993. 8. 24. 선고 93누5673 판결**

행정소송법 제19조는 취소소송은 처분 등을 대상으로 한다. 다만, 재결취소소송의 경우에는 재결 자체에 고유한 위법이 있음을 이유로 하는 경우에 한한다고 규정하고 있으므로, 항고소송은 원칙적으로 당해 처분을 대상으로 하나, 당해 처분에 대한 재결 자체에 고유한 주체, 절차, 형식 또는 내용상의 위법이 있는 경우에 한하여 그 재결을 대상으로 할 수 있다고 해석되므로, 원고에 대한 감봉 1월의 징계 처분을 견책으로 변경한 피고의 이 사건 소청결정 중 원고를 견책에 처한 조치는 재량권의 남용 또는 그 범위를 일탈한 것으로서 위법하다는 사유는 이 사건 소청결정 자체에 고유한 위법을 주장하는 것으로 볼 수 없어, 이는 이 사건 소청결정의 취소사유가 될 수 없다.

---

**대법원 2009. 10. 15. 선고 2009두11829 판결(국공립대학교 교원의 경우)**

행정소송법 제19조는 "취소소송은 처분 등을 대상으로 한다. 다만, 재결취소소송의 경우에는 재결 자체에 고유한 위법이 있음을 이유로 하는 경우에 한한다."고 규정하고 있고, 교원지위향상을 위한 특별법은 각급 학교 교원의 징계처분과 그 밖에 그 의사에 반하는 불리한 처분에 대한 소청심사를 하기 위하여 교육과학기술부에 교원소청심사위원회를 두고, 교원이 징계처분과 그 밖에 그 의사에 반하는 불리한 처분에 대하여 불복할 때에는 그 처분이 있었던 것을 안 날부터 30일 이내에 교원소청심사위원회에 소청심사를 청구할 수 있으며, 교원은 교원소청심사위원회의 소청심사결정에 대하여 그 결정서를 송달받은 날부터 90일 이내에 행정소송법으로 정하는 바에 따라 소송을 제기할 수 있다고 규정하고 있다.

따라서 국립대학교 총장의 국립대학교 교원에 대한 징계 등 불리한 처분은 행정처분이므로 국립대학교 교원이 국립대학교 총장의 징계 등 불리한 처분에 대하여 불복이 있으면 교원소청심사위원회에 소청심사를 청구하고 위 심사위원회의 소청심사결정에 불복이 있으면 항고소송으로 이를 다퉈야 할 것인데, 이 경우 그 소송의 대상이 되는 처분은 원칙적으로 원처분인 국립대학교 총장의 처분이고, 국립대학교 총장의 처분이 정당한 것으로 인정되어 소청심사청구를 기각한 소청심사결정 자체에 대한 항고소송은 원처분의 하자를 이유로 주장할 수 없고, 그 소청심사결정 자체에 고유한 주체, 절차, 형식 또는 내용상의 위법이 있는 경우, 즉 원처분에는 없고 소청심사결정에만 있는 교원소청심사위원회의 권한 또는 구성의 위법, 소청심사결정의 절차나 형식의 위법, 내용의 위법 등이 존재하는 때에 한하고, 신청을 기각하는 소청심사결정에 사실오인이나 재량권 남용·일탈 등의 위법이 있다는 사유는 소청심사결정 자체에 고유한 위법을 주장하는 것으로 볼 수 없다.

# 제 3 장

# 실제사례중심
# Q & A

# 01. 교원소청심사위원회에서 주장하지 않았던 내용을 행정소송에서 새롭게 주장할 수 있나요?

Q. 해임처분을 받고 교원소청심사위원회에 심사청구를 하였습니다. 그런데 당시에는 변호사를 선임하지 않고 혼자 진행하였던 관계로 관련 법률 내용 등을 잘 알지 못하여 제대로 주장을 하지 못한 것 같습니다. 교원소청심사위원회에서 기각 결정을 받고 이에 대하여 행정소송을 제기하여 다투려고 하는데 교원소청심사위원회에서 주장하지 않았던 새로운 내용을 주장해도 되는 것인가요?

A. 행정소송에서의 소송물은 학교법인의 불이익 처분 자체가 아니라 행정처분인 교원소청심사위원회의 결정이 되는 것이므로 이론적으로 법원은 교원소청심사위원회의 결정에 나타난 사실인정과 판단이 적법한지 여부만을 심리·판단하여야 하는 것이 원칙입니다. 그러나 교원소청심사위원회는 학교법인의 사립학교 교원에 대한 불이익 처분과 관련한 절차적·실체적 요건 등을 심사하여 결정을 하게 된 것일 것이므로, 설령 교원소청심사위원회에서 주장하지 아니한 사유라 하더라도 그것이 위원회의 결정 후에 새롭게 발생한 사유가 아닌 이상 행정소송에서 이를 주장할 수 있다고 할 것입니다. 따라서 결국 행정소송에서는 학교법인의 불이익 처분을 실질적으로 심리의 대상으로 삼게 된다고 보아야 할 것입니다[18]. 이에 법원은 학교법인의 불이익 처분과 관련된 절차적·실체적 요건

---

18)  행정소송의 이론과 실무, 905면.

등을 심리한 후 교원소청심사위원회의 결정과 결론을 같이 하면 교원소청심사위원회의 결정이 적법함을 선언하면서 원고의 청구를 기각하는 판결을 하고, 교원소청심사위원회의 결정과 결론을 달리하는 경우에는 교원소청심사위원회의 결정이 위법함을 선언하면서 그 취소를 명하는 판결을 선고하게 될 것이므로, 행정소송을 진행함에 있어서는 이전 교원소청심사위원회에서 주장했던 내용에 구속되지 말고 다시금 학교법인의 처분에 절차적·내용적 하자가 존재하는지 여부를 꼼꼼히 살펴볼 필요가 있을 것입니다.

## 02. 재임용거부처분이 취소되었음에도 학교가 재임용을 하지 않고 있습니다.

Q. 국립학교 교원입니다. 교원소청심사위원회를 거쳐 행정소송까지 제기한 끝에 재임용거부처분이 위법하다는 취소 판결을 받게 되었습니다. 그런데 학교에서는 재임용을 하지 않고 차일피일 미루고만 있습니다. 어떻게 해야 하나요?

A. 국·공립학교 교원에 대한 불이익 처분의 취소를 구하는 소송에서 위법사유가 있다고 인정되면 법원은 교원소청심사위원회의 결정이 아니라 원래의 불이익 처분을 취소하는 판결을 하게 되고 그 취소 판결이 확정되면 판결의 기속력에 의하여 원처분청은 취소 판결의 취지에 따른 재처분을 하여야 합니다. 즉 재임용거부처분이 취소되더라도 교원의 지위를 당연히 되찾는 것은 아니며, 재임용거부처분이 취소되면 임용권자는 판결의 취지에 따라 재임용재심사를 하여 재처분을 하여야 할 의무를 부담하게 되는 것입니다. 이 때문에 일부 학교에서 이러한 재처분 의무를 이행하지 아니하는 경우가 발생하기도 합니다. 이처럼 판결로 재임용거부처분이 취소되었음에도 임면권자가 임용권자가 재임용재심사 절차를 취하지 아니하는 경우 행정소송법 제34조[19]에 따라 간접강제의 형태

---

19)  제34조(거부처분취소판결의 간접강제) ① 행정청이 제30조 제2항의 규정에 의한 처분을 하지 아니하는 때에는 제1심수소법원은 당사자의 신청에 의하여 결정으로써 상당한 기간을 정하고 행정청이 그 기간 내에 이행하지 아니하는 때에는 그 지연기간에 따라 일정한 배상을 할 것을 명하거나 즉시 손해배상을 할 것을 명할 수 있다. ② 제33조와 민사집행법 제262조의 규정은 제1항의 경우에 준용한다.

로 재임용심사를 요구할 수 있을 것입니다. 다만 임면권자에게 재임용재
심사를 직접 강제할 방법은 없다고 보아야 합니다.

# 03. 징계위원회에서 수 년 전에 있었던 일까지 모두 포함 시켜 징계를 할 수 있나요?

Q. 감사과정 중에 비위행위가 적발되어 징계를 받게 되었습니다. 그런데 징계사유설명서를 받아보니 이번에 있었던 비위행위 뿐만 아니라 이미 수 년 전에 있었던 일들까지 모두 모아 징계사유에 포함을 시켰습니다. 이미 한참이나 시간이 경과된 내용들이라 소명을 하려고 해도 자료를 찾기 어렵습니다. 이렇게 오래된 일들까지 모두 포함시켜 지금 징계처분을 하는 것이 타당한 것인가요?

A. 국가공무원법 제83조의2 제1항에 따르면 징계의결 등의 요구는 징계사유가 발생한 날부터 3년, 금품 및 향응수수, 공금의 횡령·유용의 경우에는 5년 이내에 하여야 합니다.[20] 이 때 징계시효가 지났는지는 징계의결요구서가 관할 징계위원회에 도달한 때를 기준으로 판단합니다. 따라서 징계사유 중 위 법률규정에 따른 시효가 도과한 내용이 포함되어 있는 경우 이는 적법한 징계사유라고 할 수 없습니다. 시효도과를 반드시 주장하셔야 합니다. 다만 판례는 징계시효가 지난 비위행위라도 징

---

20) 제83조의2(징계 및 징계부가금 부과 사유의 시효) ① 징계의결 등의 요구는 징계 등의 사유가 발생한 날부터 3년(금품 및 향응 수수, 공금의 횡령·유용의 경우에는 5년)이 지나면 하지 못한다. ② 제83조 제1항 및 제2항에 따라 징계 절차를 진행하지 못하여 제1항의 기간이 지나거나 그 남은 기간이 1개월 미만인 경우에는 제1항의 기간은 제83조 제3항에 따른 조사나 수사의 종료 통보를 받은 날부터 1개월이 지난날에 끝나는 것으로 본다. ③ 징계위원회의 구성·징계의결 등, 그 밖에 절차상의 흠이나 징계양정 및 징계부가금의 과다(過多)를 이유로 소청심사위원회 또는 법원에서 징계처분 등의 무효 또는 취소의 결정이나 판결을 한 경우에는 제1항의 기간이 지나거나 그 남은 기간이 3개월 미만인 경우에도 그 결정 또는 판결이 확정된 날부터 3개월 이내에는 다시 징계의결 등을 요구할 수 있다.

계양정에서는 이를 참작할 수는 있다는 입장(대법원 1999. 11. 26. 선고 98두10424 판결)이므로, 우선 시효경과에 따라 적법한 징계사유에 포함될 수 없음을 주장하시고, 이미 상당한 시간이 경과한 이유로 증거자료 등의 수집이 곤란한 점 등을 이유로 징계양정에 있어 이를 불리한 정황으로 참작하여서는 아니 됨을 충분히 주장하셔야 할 것으로 보입니다.

참고로 비위행위가 계속적으로 행하여진 일련의 행위라면 설사 그 중에 징계시효가 경과된 부분이 있다고 할지라도 징계시효의 기산점은 일련의 행위 중 최종행위를 기준(대법원 1986. 1. 21. 선고 85누841 판결)으로 하므로 이를 감안하시기 바랍니다.

## 04. ○○대학교 부속여자중학교에서 ○○대학교 부속고등학교로 전보발령을 받았습니다.

Q. 저는 ○○대학교 부속여자중학교에서만 27년간 근무하여 왔습니다. 그런데 새 학기가 시작되기 불과 5일 전에 갑자기 ○○대학교 부속고등학교에서 수업을 하라는 전보발령을 받게 되었습니다. 전보발령을 받은 학교는 거주지가 아닌 곳에 소재하고 있어 왕복 출퇴근 시간이 4시간 소요됩니다. 학교는 이러한 전보발령을 하는 과정에서 저의 의향을 물어본 적도 없었습니다. 교원소청심사위원회를 통해 구제 받을 수 있나요?

A. 교원소청심사위원회는 교원에 대한 전보처분 등이 권리 남용에 해당하는지 여부에 대하여 근로자의 경우와 동일한 판례 법리를 적용하여 심사하고 있습니다. 즉 "근로자에 대한 전보나 전직은 원칙적으로 인사권자인 사용자의 권한에 속하므로 업무상 필요한 범위 내에서는 사용자는 상당한 재량을 가지며 그것이 근로기준법에 위반되거나 권리남용에 해당되는 등의 특별한 사정이 없는 한 유효하고, 전보처분 등이 권리남용에 해당하는지의 여부는 전보처분 등의 업무상의 필요성과 전보 등에 따른 근로자의 생활상의 불이익을 비교·교량 하여 결정되어야 할 것이고, 업무상의 필요에 의한 전보 등에 따른 생활상의 불이익이 근로자가 통상 감수하여야 할 정도를 현저하게 벗어난 것이 아니라면 이는 정당한 인사권의 범위 내에 속하는 것으로서 권리남용에 해당하지 않는다(대법원 1997. 7. 22. 선고 97다18165 판결)."고 보고 있는 것입니다.

나아가 전보처분 등을 함에 있어서 근로자 본인과 성실한 협의절차를 거쳤는지의 여부는 정당한 인사권의 행사인지의 여부를 판단하는 하나의 요소라고는 할 수 있으나, 그러한 절차를 거치지 아니하였다는 사정만으로 전보처분 등이 권리남용에 해당하여 당연히 무효가 된다고는 볼 수는 없습니다. 따라서 사안의 경우 단지 오랫동안 부속여자중학교에서 근무해 왔고 출퇴근 시 소요되는 시간이 다소 증가하였다는 사정만으로는 이 사건 전보처분을 통해 청구인이 받아야 하는 불이익이 청구인이 감당할 수 있는 정도를 현저히 벗어났다고 판단하기는 어렵다고 할 것이며, 전보발령 과정에서 청구인의 의사를 사전에 타진하지 아니하였다는 이유는 처분을 무효로 하는 사유가 될 수 없다고 할 것입니다. 그렇다면 중요한 것은 과연 전보의 필요성이 있었는지 여부라고 할 것인데 교원소청심사위원회를 통해 구제를 받고자 하는 경우 업무적으로 이러한 전보의 필요성이 존재하지 아니함을 충분히 입증하여야 할 것입니다.

## 05. 임상 해임처분을 받은 것도 교원소청심사위원회를 통해 구제가 가능한가요?

Q. 저는 ○○대학교 ○○병원 ○○과 교수입니다. 얼마 전 진료 실적이 저조하다는 이유로 의학 계열 교원인사위원회에서 임상 교수 해임처분을 받게 되었습니다. 임상에서 해임되면 진료활동이 제한됨에 따라 병원으로부터 지급되는 진료 연구비를 지급받지 못하는 등의 불이익을 받게 되는데 이러한 처분도 교원소청심사위원회를 통해 구제가 가능한가요?

A. 교원지위향상을 위한 특별법상 교원의 신분에 대한 불이익 처분이 있는 경우 교원소청심사위원회에 구제신청을 할 수 있습니다. 교원의 인사 발령에 의하여 침해될 수 있는 근무 조건과 직무의 연속성 및 일상생활의 안정성 등은 관계 법령 등에 의하여 보호되는 직접적이고 구체적인 법률상 이익이라고 볼 수 있고, 대학교수는 강의와 연구를 주된 업무로 하고 강의를 통해 자신의 학문 연구를 발전시키는 것이 그 인격권 실현의 본질적 부분에 해당하므로, 그 의사에 반하여 인사발령을 하였다면 교원의 인격적 법익을 침해하는 것이 되고, 이러한 인격적 법익은 법률상 보호되는 이익으로 볼 수 있습니다. 따라서 교수와 의사 두 개의 신분을 갖고 있는 의과 대학 교수에게 그 의사에 반하여 환자의 진료권을 박탈한 인사발령은 교원지위향상을 위한 특별법상 불이익 처분에 해당한다고 보아야 할 것입니다(서울행정법원 2014. 3. 7. 선고 2013구합59873 판결).

이에 교원소청심사위원회는 임상 해임처분이 있게 되는 경우 이는 의사 신분인 청구인을 임상 진료에서 사실상 배제함으로서 임상 진료를 통한 교원으로서의 연구 활동 및 의과대 학생과 인턴·레지던트와 같은 수련의에 대한 교수권을 제한하게 되고 실질적으로는 진료 수당 미지급 등으로 인해 월급여가 감소하게 되어 일상생활의 안정성이 침해되는 등 경제적인 면에서도 불이익을 받게 되므로 이는 교원지위향상을 위한 특별법상 불이익 처분에 해당한다고 보았습니다.

참고로, 이 사안에서 위원회는 청구인의 진료 실적이 다소 감소하고 있기는 하나 이는 청구인이 ○○센터 설립·운영을 맡게 되어 주당 진료 횟수가 줄었고, 피청구인이 청구인에 대한 임상 해임처분 사유로 든 최근 3년간 타 병원의 1인당 전문의 평균 진료 실적과 과 평균 대비 개인 실적에 근거한 지표자료는 객관적이고 타당한 근거로 삼을 수 없으며, 환자의 진료 활동에 있어 청구인이 의도적으로 배정된 환자에 대한 의료행위를 게을리 하는 등의 특별한 사정이 인정되지 않는다는 이유로 청구인에 대하여 한 임상 해임처분은 위법하다고 결정하여 청구인을 구제하여 주었습니다(2015-267 임상 해임처분 취소 청구).

# 06. 징계처분을 받았음에도 다시 직위해제처분을 한 것은 일사부재리 원칙에 위반되는 것 아닌가요?

Q. 사기, 허위 공문서 작성 등으로 기소되었다는 이유로 정직 3개월의 징계처분을 받았는데 다시 직위해제처분을 받았습니다. 이는 일사부재리 원칙에 위반되는 것 아닌가요?

A. 직위해제는 징벌적 제재인 징계와는 그 성질을 달리하는 것이어서 어느 사유로 인하여 징계를 받았다 하더라도 그것이 직위해제사유로 평가될 수 있다면 이를 이유로 새로이 직위해제를 할 수도 있는 것이고, 이는 일사부재리나 이중처벌금지의 원칙에 저촉되는 것이 아닙니다(대법원 1992. 7. 28. 선고 91다30729 판결). 따라서 피청구인은 징계처분의 기초가 된 사유를 근거로 다시 직위해제처분을 할 수 있습니다.

이에 교원소청심사위원회 역시 원칙적으로 이미 징계가 이루어진 사실에 대해 다시 징계처분을 하는 것은 일사부재리의 원칙에 반하는 것으로 위법한 처분에 해당하나 직위해제처분은 징계처분이 아니므로 일사부재리 원칙을 전적으로 적용하기는 어렵다고 보아, 청구인이 기소 사유 중 일부에 대해 정직 3월의 처분을 받은 바 있다 하더라도 추가적인 사실들을 포함하여 형사 사건으로 기소되었고 공정한 직무 수행에 지장이 있을 것이라는 판단 하에 직위해제처분을 한 것은 재량권 일탈 남용이 없다고 결정한 바 있습니다(2014-562 직위 해제처분 취소 청구).

# 07. 해임처분 취소 판결에 따라 복직된 경우 임용기간의 산정

Q. 저는 부당한 해임처분을 당하였다가 처분 취소 소송을 통해 학교법인의 재량권 일탈·남용이 인정되어 복직하였습니다. 이에 해임에서 감경된 정직 3월의 징계처분을 받았고 이후 정식으로 근무하게 되었습니다. 그런데 정식으로 근무를 한 지 얼마 되지 않아서 임용 기간만료 및 재임용 거부 통지를 받았습니다. 부당한 해임으로 인해 소송을 하느라 시간이 경과되었으므로 이러한 쟁송 기간은 임용 기간에 포함할 수 없는 것 아닌가요?

A. 사립학교 교원의 신분은 임용기간이 만료되면 당연히 상실되는 것이고, 재직 기간 중 해임되었다가 취소 판결에 따라 복직되면 해임 당시로 소급하여 교원의 신분이 인정되는 것이어서 분쟁 기간만큼 임용기간이 연장되어야 한다는 주장은 타당하지 않다고 할 것입니다. 또한 재임용 여부를 결정하는 평가 대상 기간을 산정함에 있어서 위 정직 3개월의 기간이 포함되는 것이므로(정직 3월 처분의 귀책사유는 청구인에게 있고 여타 교원의 경우에도 본인 귀책사유로 인해 실질적으로 근무하지 못한 기간을 재임용 평가 기간에 포함하는 것이 일반적이기 때문입니다) 이러한 징계기간을 포함하여 평가한 재임용 평가 결과 재임용이 거부되었다면 재임용 평가 대상 기간 산정 자체는 적절하게 이루어졌다고 보아야 할 것입니다.

# 08. 재임용을 하며 임용기간을 단기로 단축할 수 있는 것인가요?

Q. 저는 2001. 3. 1. 전임강사로 임용되어 2004. 10. 1. 조교수로 승진하였고, 2009. 9. 1. 부교수로 승진 임용되었습니다. 그리고 2015. 6. 11. 임용 기간 만료와 재임용 심사 대상임을 통지받아 신청서와 업적평가보고서 등을 제출한 결과 학교 법인으로부터 2015. 9. 1.부터 2016. 8. 31.까지 재임용되었음을 통보받았습니다. 재임용을 하면서 이렇게 1년으로 단축된 기간을 정할 수 있는 것인가요?

A. 판례는 "사립학교 교원의 재임용 계약은 특별한 사정이 없는 한 종전 임용 계약과 동일한 직위와 임용기간 등을 전제로 하는바, 이때 종전 임용 계약과 직위 임용기간 등에 있어 동일한 처우를 하지 않아도 될 특별한 사정이라 함은 학교 운영상 부득이하게 불가피한 상황이 발생한 경우 등에 있어 종전보다 불리한 조건으로 재임용을 하게 되더라도 교원이 이에 대하여 동의한 때를 의미한다고 보아야 할 것이다(서울행정법원 2011구합31826 판결)."라고 판시하여 임용 기간을 단축하여 재임용하기 위해서는 학교운영상 불가피한 사정과 교원의 동의라는 두 가지 요건을 충족할 것을 요구하고 있습니다. 따라서 위와 같은 단기의 재임용을 하게 된 것에 학교운영상 불가피한 사정이 있는지 및 청구인의 동의를 얻은 것인지 여부를 살펴보아야 할 것입니다. 또한 교원소청심사위원회는 재임용 기간을 단축하여 재임용을 하는 경우 이는 의사에 반하는 불리한 처분에 해당하므로 그렇다면 단축 재임용을 할 경우에도 임용 기간 만료 전 단축

재임용의 여부와 그 사유를 통보하여 청구인의 방어권을 보장하여야 할 것이므로, 단축 재임용 결정 통지 시까지 단축 재임용 여부와 단축 사유를 명시하여 통보하지 않은 채 단축 재임용이 이루어진 경우 이는 소명의 기회를 부여하지 않은 절차상 하자가 있는 것으로 볼 것이라고 판단하였습니다.

이에 소청심사위원회는 재임용 기간을 3년에서 1년으로 단축하여 재임용을 한 사안에서 피청구인이 학기별 폐강 과목이 많다는 점을 학교운영상 불가피한 사정이라고 주장하자, 이를 단축 재임용이 정당화되는 학교운영상 불가피한 상황이라고 보기 어렵고, 청구인의 동의를 받지 않은 사실이 인정되는 이상 폐강을 사유로 임용 기간을 단축하는 처분을 한 것은 위법하다고 결정한 바 있습니다(2015-328 재임용 기간 단축처분 취소 청구).

## 09. 소속 학과 폐지를 사유로 재임용을 거부할 수 있는 것인가요?

Q. 재임용 신청에 따라 심사를 한 결과 교수업적평가 규정상 재임용 기준을 충족하였습니다. 그럼에도 학교 법인은 제가 강의하던 ○○학과가 학생 수 부족으로 폐지되었다는 것을 이유로 재임용을 거부하는 처분을 하였습니다. 학과가 폐지되어 어쩔 수 없는 것인가요?

A. 사립학교법 제53조의2 제7항은 "교원인사위원회가 제6항의 규정에 의하여 당해 교원에 대한 재임용 여부를 심의함에 있어서는 다음 각 호의 사항에 관한 평가 등 객관적인 사유로서 학칙이 정하는 사유에 근거하여야 한다. 이 경우 심의과정에서 15일 이상의 기간을 정하여 당해 교원에게 지정된 기일에 교원인사위원회에 출석하여 의견을 진술하거나 서면에 의한 의견 제출의 기회를 주어야 한다."고 규정하고 있으며 각 호로 1. 학생교육에 관한 사항, 2. 학문연구에 관한 사항, 3. 학생지도에 관한 사항을 들고 있습니다. 그런데 소속 학과의 폐지 여부나 학생 정원은 위 각 호에서 규정하고 있는 재임용 심사 기준에 해당하지 않는 것입니다. 따라서 학생 수 부족으로 인한 학과 폐지를 사유로 재임용 거부처분을 한 것은 실체적 하자가 인정되는 것으로서 위법하다고 할 것입니다.

# 10. 징계위원회에서 징계처분을 하며 표창을 받은 공적 사항을 반영하지 않았습니다.

Q. 저는 장관, 도지사 표창을 여러 차례 수상하였고 얼마 전에는 모범 공무원으로 선발되기도 하였습니다. 그러나 징계위원회 소명 당시 이러한 내용을 미처 말하지 못하였습니다. 징계위원회에서 당연히 제 공적사항을 파악하고 있었을 것이라고 생각하였는데 처분 사유서를 보면 그렇지 않은 것 같습니다. 이 경우 지금이라도 소청을 통해 공적에 따른 감경을 주장할 수 있는 것인가요?

A. 「상훈법」에 따른 훈장 또는 포장을 받은 공적, 「정부표창규정」에 따라 국무총리 이상의 표창을 받은 공적, 「모범공무원규정」에 따라 모범공무원으로 선발된 공적이 있는 경우에는 징계를 감경할 수 있으므로 위와 같은 공적사항이 있는 경우 이는 감경의 중요한 요소로 반영되었어야 할 것입니다. 또한 공무원 징계령 제7조 제6항 제3호에 의하면[21], 공무원

---

21) 제7조(징계의결등의 요구) ⑥ 제1항·제3항 및 제5항에 따라 징계의결등을 요구할 때에는 징계등 사유에 대한 충분한 조사를 한 후에 그 증명에 필요한 다음 각 호의 관계 자료를 첨부하여 관할 징계위원회에 제출하여야 하고, 중징계 또는 경징계로 구분하여 요구하여야 한다. 다만, 「감사원법」 제32조 제1항 및 제10항에 따라 감사원장이 「국가공무원법」 제79조에서 정한 징계의 종류를 구체적으로 지정하여 징계요구를 한 경우에는 그러하지 아니하다.
   1. 별지 제1호 서식의 공무원 징계의결등 요구서
   2. 공무원 인사 및 성과 기록 출력물
   3. 별지 제1호의2 서식의 확인서
   4. 혐의 내용을 증명할 수 있는 공문서 등 관계 증거자료
   5. 혐의 내용에 대한 조사기록 또는 수사기록
   6. 관련자에 대한 조치사항 및 그에 대한 증거자료
   7. 관계 법규, 지시문서 등의 발췌문

에 대한 징계의결을 요구할 때는 징계사유의 증명에 필요한 관계 자료뿐 아니라 '감경대상 공적 유무' 등이 기재된 확인서를 징계위원회에 함께 제출하도록 되어 있습니다. 다만 이는 원칙적으로 임의적 감경사유에 해당하므로 공적을 고려하여 심사한 이상 그에 따른 감경을 하지 않았다고 하여 반드시 위법하다고 볼 수는 없습니다.

그러나 판례는 다음과 같이 임의적 감경사유에 해당하는 공적사항이 있음에도 이러한 내용이 징계위원회에 제시조차 되지 아니한 경우 징계양정이 결과적으로 적정한지와 상관없이 관계 법령이 정한 징계절차를 지키지 아니한 것으로서 위법하다고 판시한 바 있으며, 강원도 행정심판위원회는 강행심 2015-302 견책처분 취소청구 사건에서, 주거침입과 상해혐의로 구 약식 처분을 받고 이에 따라 품위유지의무 위반으로 상훈감경 없이 견책처분을 받은 청구인에 대하여, ○○군 지방공무원 징계양정에 관한 규칙 제4조는 인사위원회 징계심의 시 일정한 훈장 또는 표창을 받은 공적이 있는 경우 징계를 감경할 수 있도록 하고 있다고 전제한 후 청구인이 2년간 청원경찰로서 군정업무 추진을 위해 맡은 바 업무를 충실히 수행하여 2014년 강원도지사 표창을 받은 사실이 있는 점 등을 고려할 때 ○○군 지방공무원 징계양정에 관한 규칙에 따라 청구인에 대한 이 사건 징계처분을 일부 감경하여 청구인으로 하여금 맡은 바 업무에 충실히 할 수 있도록 다시 한 번 기회를 주어 배려하는 것이 바람직하다고 판단된다.'고 하여 피청구인이 청구인에 대하여 한 견책처분을 불

---

8. 징계등 사유가 다음 각 목의 어느 하나에 해당하는 경우에는 정신건강의학과의사, 심리학자, 사회복지학자 또는 그 밖의 관련 전문가가 작성한 별지 제1호의3 서식의 전문가 의견서
　　가. 「성폭력범죄의 처벌 등에 관한 특례법」 제2조에 따른 성폭력범죄
　　나. 「국가인권위원회법」 제2조 제3호 라목에 따른 성희롱

문경고처분으로 변경한 바 있습니다.

즉, 공적사항이 징계양정에 반영되었는지는 별론으로 하더라도 징계위원회에 해당 공적사항이 제출조차 되지 아니하여 이에 대한 심리가 전혀 이루어지지 않았다면 이는 절차상 하자로 위법하다고 할 것인바, 청구인의 경우 소청 과정에서 징계위원회의 처분에 절차상·내용상 하자가 있음을 주장할 수 있을 것입니다.

## 대법원 2012. 6. 28. 선고 2011두20505 판결

【판시사항】

징계위원회의 심의과정에 반드시 제출되어야 하는 공적사항이 제시되지 않은 상태에서 결정한 징계처분이 위법한지 여부(적극)

【판결요지】

공무원 징계령 제7조 제6항 제3호에 의하면, 공무원에 대한 징계의결을 요구할 때는 징계사유의 증명에 필요한 관계 자료뿐 아니라 '감경대상 공적 유무' 등이 기재된 확인서를 징계위원회에 함께 제출하여야 하고, 경찰 공무원 징계양정 등에 관한 규칙 제9조 제1항 제2호 및 [별표10]에 의하면 경찰청장의 표창을 받은 공적은 징계양정에서 감경할 수 있는 사유의 하나로 규정되어 있다. 위와 같은 관계 법령의 규정 및 기록에 비추어 보면, 징계위원회의 심의과정에 반드시 제출되어야 하는 공적사항이 제시되지 않은 상태에서 결정한 징계처분은 징계양정이 결과적으로 적정한지 그렇지 않은지와 상관없이 법령이 정한 징계절차를 지키지 않은 것으로서 위법하다(경찰공무원인 갑이 관내 단란주점 내에서 술에 취해 소란을 피우는 등 유흥업소 등 출입을 자제하라는 지시명령을 위반하고 경찰공무원으로서 품위유지의무를 위반하였다는 이유로 경찰서장이 징계위원회 징계 의결에 따라 갑에 대하여 견책처분을 한 사안에서, 위 징계처분은 징계위원회 심의과정에서 반드시 제출되어야 하는 공적사항인 경찰총장 표창을 받은 공적이 기재된 확인서가 제시되지 않은 상태에서 결정한 것이므로, 징계양정이 결과적으로 적정한지와 상관없이 법령이 정한 절차를 지키지 않은 것으로서 위법하다).

## 11. 소속 직원이 뇌물수수로 기소되었다는 이유로 관리·감독 책임 소홀에 따른 징계를 받았습니다.

Q. 저는 경찰공무원인데 소속 부하직원이 사건청탁을 해준다는 명목으로 향응 및 금품수수를 하였다는 이유로 기소되었습니다. 그런데 해당 직원이 금품을 수수한 것은 일과시간 이후, 휴일, 휴가 때였고 그 방법도 주유소에서 유류비를 대신 결제하는 방법 등을 사용하여 저는 전혀 알 수가 없었습니다. 그럼에도 저는 소속 직원에 대한 관리·감독 책임 소홀로 견책처분을 받게 되었는바, 이는 관리감독이 가능한 범위를 벗어난 것으로서 책임이 없는 것 아닌가요?

A. 경찰공무원 징계양정 등에 관한 규칙의 감독자에 대한 징계양정 기준에 의하면 직무관련 금품·향응 수수로 행위자가 중징계 처분을 받은 경우 1차 감독자는 견책에 해당하는 것이 원칙입니다. 그러나 동 규칙 제5조 제2항 제2호 "부하직원의 의무위반행위가 감독자 또는 행위자의 비번일, 휴가기간, 교육기간 등에 발생하거나, 소관업무와 직접 관련 없는 등 감독자의 실질적 감독 범위를 벗어났다고 인정된 때"와 제5호 "기타 부하직원에 대하여 평소 철저한 교양감독 등 감독자로서의 임무를 성실히 수행하였다고 인정된 때"에 해당하는 경우 징계요구권자 또는 징계위원회는 감독자에게 그 징계책임을 감경하여 징계의결을 요구하거나 징계의결을 하는 등의 징계책임을 묻지 아니할 수 있습니다. 따라서 청구인의 경우 소속 직원의 비위가 근무시간 또는 휴일 등에 이루어져 실질적 감독의 범위를 벗어났으며, 금품 수수 방식이 감독자가 이를 파악하

기 어려웠고 이에 실제 감독자가 상당한 주의와 평소 직원에 대한 교양 감독을 성실히 수행하였음에도 이를 알지 못한 경우라면 원처분의 감경을 주장할 수 있을 것입니다(2015-101 견책처분 취소 또는 감경 청구 참조). 즉 소청심사위원회는 감독자의 징계양정 기준을 구체적인 사안에 적용함에 있어 비위의 정도, 비위 당시의 여건, 실질적 감독권한 범위 여부, 결과의 파급효과, 기타 참작사유 등을 종합적으로 고려하여 징계 수위를 가중 또는 감경할 수 있으므로 이러한 사항들을 구체적으로 주장·입증하여야 할 것입니다.

# 12. 부적절한 언행으로 정직처분을 받았음에도 이를 이유로 직권면직처분까지 받았습니다.

Q. 시보 임용 기간 중 마음에 드는 동기 여직원에게 호감을 표시하였을 뿐인데 부적절한 언행을 하였다고 하여 정직 1월의 중징계 처분을 받았습니다. 그런데 복직을 기다리던 중 일방적으로 같은 이유로 직권면직처분까지 받게 되었는바 이는 위법한 이중처벌 아닌가요?

A. 직권면직이란 법에서 정한 일정한 사유가 있는 경우에 본인의 의사와는 관계없이 임용권자의 의사결정에 따라 직권으로 행하는 면직처분을 의미하는 반면 징계란 공무원이 공무원으로서 부담하는 의무를 위반하였을 때 공무원 관계의 질서유지를 위해 공무원법에 따라 공무원에게 가하게 되는 법적 제재입니다. 그런데 징계원인으로 거듭 징계될 수 없다는 의미에서의 이중처벌 금지의 원칙은 징계벌에서는 적용될 여지가 있겠으나, 직권면직처분과 징계처분은 그 법적 성격 및 사유를 달리하는 것으로서 같은 성질의 처분이라 할 수 없어 징계처분과 별도로 직권면직처분을 받았다고 하여 이를 이중처벌 금지 원칙에 위반하였다고 볼 수는 없습니다.

또한 사안과 같이 청구인이 시보 임용 기간 중에 있다면, 그에 대한 직권면직에는 국가공무원법 제29조 제3항[22]이 적용될 수 있을 것인데 해당

---

22) 제29조(시보 임용) ③ 시보 임용 기간 중에 있는 공무원이 근무성적·교육훈련성적이 나쁘거나 이 법 또는 이 법에 따른 명령을 위반하여 공무원으로서의 자질이 부족하다고 판단되는 경우에는 제68조와 제70조에도 불구하고 면직시키거나 면직을 제청할 수 있다. 이 경우 구체적인 사유 및 절차 등에 필요한 사항은 대통령령 등으로 정한다.

법률조항은 시보 임용 기간 중에 있는 공무원이 근무 성적·교육훈련 성적이 나쁘거나 국가공무원법 또는 동법에 따른 명령을 위반하여 공무원으로서의 자질이 부족하다고 판단되는 경우에는 직권면직을 할 수 있다고 규정하고 있습니다.[23] 따라서 청구인에 대하여 이루어진 정직 1월의 징계처분은 청구인이 동기 여직원에게 한 부적절한 언행이 공무원으로서의 품의 유지의 의무를 위반한 것에 대한 징계벌이고 직권면직은 이를 이유로 청구인이 공무원으로서의 자질이 부족하다고 판단되어 이루어진 것이라고 볼 수도 있습니다. 따라서 이 경우 징계처분 후 직권면직이 이루어졌다는 사정만으로 이를 위법하다고 볼 수는 없을 것입니다(2015-873 직권면직처분 취소 청구 참조).

---

23) 공무원 임용령 제23조(시보 임용) ⑦ 임용권자 또는 임용제청권자는 시보 임용 기간 중에 있는 공무원이 다음 각 호의 어느 하나에 해당하여 정규 공무원으로 임용하기 부적당하다고 인정되는 경우에는 법 제29조 제3항에 따라 해당 공무원을 면직시키거나 면직 제청할 수 있다.
   1. 제24조 제1항 전단에 따라 받은 교육훈련 성적이 수료기준에 미달한 경우
   2. 제24조 제1항 전단에 따른 교육훈련 중 질병, 병역 복무 또는 그 밖에 교육훈련을 계속할 수 없는 불가피한 사정 외의 사유로 퇴학처분을 받은 경우
   3. 근무성적 또는 교육훈련 성적이 매우 불량하여 성실한 근무수행을 기대하기 어렵다고 인정되는 경우
   4. 법 또는 법에 따른 명령을 위반하여 중징계(파면, 해임, 강등 또는 정직을 말한다) 사유에 해당하는 비위(非違)를 저지른 경우
   5. 법 또는 법에 따른 명령을 위반하여 경징계(감봉 또는 견책을 말한다) 사유에 해당하는 비위를 2회 이상 저지른 경우

# 13. 행정심판을 통해 운전면허 취소처분이 감경된 경우 직권면직도 취소될 수 있나요?

Q. 저는 우체국 집배원으로 근무하는 우편공무원인데 혈중알코올농도 0.108% 상태로 이륜차를 5km 운전하다가 음주단속에 적발되어 운전면허 취소처분을 받았고 이에 따라 직권면직처분까지 받았습니다. 이로 인해 생계가 막연해 저 운전면허 취소처분에 대하여 행정심판을 청구하였는바, 얼마 전 중앙행정심판위원회로부터 면허 취소처분을 110일간 운전면허 정지처분으로 변경한다는 재결을 받게 되었습니다. 이 경우 운전면허 취소처분을 이유로 한 직권면직도 취소될 수 있나요?

A. 국가공무원법 제70조(직권면직)에 따르면 해당 직급·직위에서 직무를 수행하는데 필요한 자격증의 효력이 없어지거나 면허가 취소되어 담당직무를 수행할 수 없게 된 때에는 관할 징계위원회의 의견을 들어 직권면직 시킬 수 있도록 규정하고 있고, 국가공무원의 복무·징계관련 예규에서는 운전 업무 관련 공무원이 음주운전으로 면허취소처분을 받은 경우 직권면직 또는 중징계 의결을 요구하도록 하면서 그 대상으로서 운전원과 집배원을 명기하고 있습니다. 또한 우정사업본부 소속공무원 징계양정세칙에도 집배원을 운전업무관련 공무원으로 특정하여 면허 취소 시 직권면직 또는 중징계의결 요구를 할 수 있도록 규정하고 있습니다. 따라서 청구인의 경우 음주운전으로 면허가 취소되어 사실상 담당업무 수행이 곤란하게 된 이상 법적으로 직권면직 사유에 해당한다고 할 것입니다.

다만, 직권면직처분 이후 중앙행정심판위원회에서 운전면허 취소처분을 정지처분으로 변경하는 재결을 하였는바, 국가공무원법에서는 면허정지가 아닌 면허취소에 대해서만 직권면직 사유에 해당한다고 규정하고 있고, 직업공무원제도의 취지에 비추어 법 문맥상 직권면직 사유 해당여부는 소극적으로 해석함이 타당하며, 국가공무원 복무·징계 관련 예규 및 우정사업본부 소속 공무원 징계양정 규칙에서도 면허정지처분을 받은 경우에는 중징계 의결을 요구하도록 별도로 규정하고 있는 점을 고려하여 볼 때 음주운전에 따른 처분청의 징계는 별론으로 하더라도 청구인의 경우 당초 운전면허 취소처분이 정지처분으로 감경된 이상 결과적으로 국가공무원법 제70조 제1항 제8호의 직권면직 사유에 해당하지 않게 되었다고 할 것이므로 이러한 사정 변경에 따라 당초의 직권면직은 취소되어야 함이 타당하다고 할 것입니다(2015-325 직권면직처분 취소 청구 참조).

따라서 이처럼 직권면직 해당 사유가 발생하였을 때 행정심판을 통하여 해당 사유를 존재하지 않는 것으로 할 수 있는 가능성이 있는 경우, 행정심판의 적극적인 활용을 도모할 필요가 있다고 할 것입니다.

# 14. 건강상의 이유로 일방전출 동의 요청을 하였으나 전출심사위원회에서 부동의 결정을 하였습니다.

Q. 저는 본인의 건강상의 이유 및 자녀 양육과 부모님 봉양을 위해 연고지인 ○○시로의 일방전출을 신청하였으나 소속 기관에서는 저의 사정을 전혀 고려하지 않고 인력유출이 우려된다는 이유로 전출 부동의 의견을 통보하여 결국 전출심사위원회에서 부동의 결정을 하였습니다. 이에 대하여 고충심사를 신청하였으나 이마저 부결되었는바, 소청심사를 통해 구제받을 수 있는지요?

A. 국가공무원법 제9조 제1항에서는 소청심사의 대상을 행정기관 소속 공무원의 징계처분, 그 밖에 그 의사에 반하는 불리한 처분이나 부작위로 규정하고 있습니다. 그리고 행정소송법 및 행정심판법에 의하면 처분이란 행정청이 행하는 구체적 사실에 관한 법집행으로서의 공권력의 행사 또는 그 거부와 그 밖에 이에 준하는 행정작용으로 규정되어 있고, 소청심사의 대상으로서 그밖에 그 의사에 반하는 불리한 처분이라 함은 강임·휴직·직위해제·면직·전보 등과 같이 공무원의 의사에 반하는 불리한 처분을 의미한다 할 것으로, 이때의 불이익은 단순한 사실상의 불이익이 아니라 법적으로 보호되어야 하는 공무원으로서의 구체적인 신분상의 불이익을 의미하며 이는 행정청의 우월적인 공권력 행사로 인해 법률상의 권리의무관계가 직접적으로 변동되고 이로 인해 일정한 법률효과를 발생시켜 기존의 권리 또는 이익을 직접적이고 구체적으로 침해하는 것이어야 할 것입니다. 따라서 이러한 관점에서 볼 때 이 사안에서 피

청구인은 청구인에 대하여 직접적으로 징계처분이나 부작위를 한 사실이 없으며 단지 공무원 전출입 동의 요청에 대하여 부동의 의사를 통보하였을 뿐인바 피청구인의 부동의 통보가 청구인의 공무원 신분의 권리의무에 어떠한 변동을 초래하거나 법률상 이익을 침해 했다고 볼 수는 없을 것입니다.

나아가 보직 관리, 전보 등은 인사운영의 실행 과정으로 업무상 필요의 범위에서 인사권자에게 상당한 재량이 인정되는 영역으로서 행정기관의 전출 부동의 통보를 소청대상으로 보아 심사하여 결정할 경우에는 행정기관의 고유권한인 인사권이 침해될 우려가 있으므로 이를 국가공무원법 제9조 제1항에서 규정한 소청심사의 대상인 기타 그 의사에 반하는 불리한 처분에 해당한다고 할 수 없다는 것이 소청심사위원회의 입장이라고 할 것입니다(2015-228 전출 부동의 처분 취소 청구).

# 15. 강압적인 조사에 의해 마지못해 비위행위를 인정하였습니다.

Q. 업무관련자로부터 200만 원을 수수하였다는 혐의로 감사부서에서 조사를 받게 되었습니다. 그러나 저는 200만 원을 받은 것이 아니라 빌렸을 뿐입니다. 그럼에도 감사부서에서 조사를 받으면서 감사팀장이 강압적으로 금품수수 사실을 인정하라고 압박하는 바람에 하는 수 없이 금품수수 사실을 인정하는 내용의 확인서를 작성하여 날인하였습니다. 이러한 사유를 소청심사위원회에서 주장해도 되는 것인가요?

A. 다수의 청구인들이 위와 같이 강압적인 조사가 이루어졌다며 조사 과정에서의 문제를 지적하곤 합니다. 그러나 이러한 주장을 소청심사위원회에서 하고자 하는 경우 강압적인 조사가 이루어졌다는 것에 대하여 구체적으로 이를 입증할 자료를 제출할 수 있어야 하며, 단지 주장만으로는 받아들여지기 힘듭니다. 특히 대법원은 "공무원이 소속한 상급기관의 자체조사과정에서 그 공무원이 자신의 업무와 관련하여 금원을 수수한 사실을 자인하는 내용의 확인서를 작성하고 그 내용에 관하여 조사관과의 문답내용을 기재한 진술서가 작성되었다면, 그 확인서와 진술서는 그 공무원의 의사에 반하여 강제로 작성되었거나 그 내용이 허위임을 인정할 수 있는 객관적인 사유가 있는 등의 특단의 사정이 없는 한 그 증거가치는 쉽게 부인할 수 없는 이치라 할 것이므로, 이를 배척함에 있어서는 그에 이른 합리적인 이유를 설시하여야 할 것이며, 청구인이 심리적으로 다소 위축되어 있는 상황에서 확인서가 작성되었다고 볼 소지는 있

다고 하더라도 달리 특별한 사정이 없는 한 강요에 의하여 강제로 작성된 것으로는 볼 수 없는 것인바, 결국 그 문서가 심리적 위축상태에서 작성되었다 하여 바로 그 내용에 신빙성이 없다고 할 수는 없다(대법원 1994. 9. 23. 선고 94누3421 판결)."고 판시하고 있어 청구인 스스로가 비위사실을 인정하는 확인서까지 작성한 이상 구체적인 입증자료 없이 강압적인 조사로 인하여 허위의 진술을 하였음을 쉽게 주장할 수는 없을 것입니다.

### 대법원 1995. 9. 26. 선고 95누6816 판결

확인서의 표지에 'X'자를 표시하였다고 하여도 그것만으로는 그 내용이 허위라거나 강요에 의하여 작성된 것이라고 단정할 수 없고, 징계처분의 취소를 구하는 행정소송절차에서 징계원인사실에 대한 증거로 제출된 진술서에 심문자의 이름과 날인이 없다고 하여 그 진술서의 증거 가치가 없다고 할 수 없으며, 공무원이 소속한 상급기관의 자체 조사과정에서 그 공무원이 자신의 업무와 관련하여 금원을 수수한 사실을 자인하는 내용의 확인서를 작성하고 그 내용에 관하여 조사관과의 문답내용을 기재한 진술서가 작성되었다면, 그 확인서와 진술서는 그 공무원의 의사에 반하여 강제로 작성되었거나 그 내용이 허위임을 인정할 수 있는 객관적인 사유가 있는 등의 특별한 사정이 없는 한 그 증거가치는 쉽게 부인할 수 없고, 위와 같은 확인서 및 진술서가 강요에 의해 작성된 것으로 볼 수 없다면 다소 심리적 위축상태에서 작성되었다 하여 바로 그 내용의 신빙성이 없다고 할 수 없다.

### 청주지법 2011. 1. 13. 선고 2010구합1762 판결

조사관들이 원고에게 감찰 목적과 범위, 이유를 명시하지 아니하였다거나 원고의 동의 없이 강제로 근무시간을 2시간 이상 초과하여 감찰활동을 진행하였음을 인정할 증거가 없다. 조사관들이 당시 원고에게 감찰활동 명령서를 제시하지 않았다고 하더라도 이에 관한 절차는 감찰활동의 적정성을 기하기 위한 내부적 절차규제에 불과하므로 혹시 이를 이유로 감찰과정에서 취득한 조사 내용의 신빙성에 의문을 표시하는 것은 몰라도 그것만 가지고 곧바로 이 사건 처분이 위법하다고 볼 수 없다.

# 16. 근무성적의 계산착오로 근속승진에 필요한 점수에 미달된다고 보아 근속승진을 하지 못한 경우 추후 근속승진 소급임용이 가능한가요?

Q. 근무성적 평정점 중 객관점수(총 30점)에 반영되는 경찰업무 발전 기여도(15점 비중)를 평정할 시 아무런 이유 없이 2개월간 ○○지구대에 근무 하였을 당시의 실적이 누락되어 근무성적 평정점이 낮게 평정된 결과 근속승진 대상에서 제외되었습니다. 그런데 경찰공무원 임용령 제6조(임용일자 소급의 금지)에 따르면 임용일자를 소급하는 것을 금지하고 있다는데 저의 경우에도 이러한 임용일자 소급 금지가 적용되는 것인가요?

A. 경찰공무원 임용령 제6조가[24] 특별한 사유 이외에 임용일자를 소급하는 것을 금지하고 있으며 임용령 규정상 특별한 사유에는 근무성적 평가에 점수 누락이 있는 경우가 포함되지 않는 것은 사실입니다. 그러나 법원은 이와 관련하여 "근무성적 평정점의 계산착오 또는 승진임용 심사과정에서의 위법한 행위로 인하여 승진임용을 하지 아니한 처분에 대하여 지방경찰청장이 스스로 위법한 처분을 시정하거나 법원이 승진임용제외처분의 취소를 명한 경우 경찰공무원 임용령 제6조의 규정에

---

24) 제6조(임용일자 소급의 금지) 경찰공무원을 임용하는 경우 다음 각 호의 어느 하나에 해당하는 경우를 제외하고는 그 임용일자를 소급해서는 아니 된다.
   1. 재직 중 공적이 특히 현저한 경찰공무원이 공무로 사망하였을 때에 그 사망일의 전날을 임용일자로 하여 추서하는 경우
   2. 형사사건으로 기소되었을 때에 그 기소된 날을 임용일자로 하여 직위해제하는 경우
   3. 「국가공무원법」 제70조 제1항 제4호에 따라 직권면직 시킬 때에 휴직기간의 만료일 또는 휴직사유의 소멸일을 임용일자로 하여 면직하는 경우

도 불구하고 소급임용이 가능하다고 해석함이 신의칙에 합당하다.”고 판시하였는바, 그렇다면 소청심사위원회는 계산착오로 인해 비로소 이루어진 금속승진을 취소하고 당초 제대로 평정점이 계산되었을 때 근속승진을 할 수 있었던 시점에 근속승진을 임용하도록 하는 주문을 할 수 있다고 할 것입니다(2014-857 근속승진 소급임용 이행 청구). 즉 승진 임용규정에서 규정하고 있는 승진 임용요건을 모두 갖추었음에도 불구하고 근무성적 평정점의 계산착오 또는 승진임용 심사과정에서의 위법한 행위로 승진 임용이 되지 못한 경우 그 잘못된 승진임용제외처분을 시정할 수 없다면 이는 정의와 형평의 원칙에 반하는 것이고 나아가 임용령 제6조의 규정 취지는 계급을 기초로 이루어진 경찰공무원 조직 특성상 승진제도로 인한 조직의 안정성을 유지하고 경찰인사권자의 자의적인 인사권 행사를 방지하기 위한 것이며 위 임용령 제6조의 자구 해석에 구속되어 위 규정이 어느 경우에나 예외 없이 적용된다고 해석하는 경우 행정청 스스로 이를 시정할 길이 없고 법원마저도 행정청의 위법 행위를 통제할 방법이 없어 법치행정의 원리에 반하는 결과를 가져오게 되기 때문입니다. 따라서 위법·부당한 인사 상 불이익 처분에 대하여 이를 구제하며, 공무원의 신분을 보장함으로써 직업공무원제도의 확립에 기여하고, 간접적으로 행정의 자기통제 효과를 도모한다는 목적에서 소청심사위원회는 위 사안에 대하여 소급임용을 명할 수 있는 것입니다.

# 17. 최하위 계급인데 강등이 되나요?

Q. 강등의 징계처분을 받았으나 현재 해당 직렬에서 최하위 직급입니다. 강등이 적용될 수 있는 것인가요?

A. 최하위 계급의 공무원인 경우 1계급 아래로 내릴 계급이 없어 법령상 강등의 효력이 완전하게 발생할 수 없더라도, 강등이라는 징계처분이 인사 및 성과 기록에 반영되면 그 후 징계처분의 기록 말소 및 승급기간의 특례 등에 있어 정직과는 다른 규정이 적용되어 강등처분의 실익이 있다고 할 것입니다. 따라서 고등교육법 제14조에 해당하는 교원 및 조교가 아닌 경력직 국가공무원으로서 계급구조상 최하위 계급의 공무원은 국가공무원법 제79조의 징계의 종류 중 강등의 징계처분 대상에서 제외되는 것은 아니며 강등이 적용될 수 있습니다(법제처 11-0033, 2011. 3. 3.).

# 18. 소청심사에 소요되는 기간은 어느 정도이며, 소청 대리인은 변호사만 할 수 있나요?

Q. 소청심사청구서를 접수한 경우 심사일까지는 어느 정도의 시간이 소요되나요? 그리고 소청 대리인은 반드시 변호사만 할 수 있는 것인가요?

A. 심사기일(심사예정일 또는 심사일)은 통상 사건 접수순으로 매 4주마다 정하고 있으므로 개별사건별로는 보통 심사예정일로부터 1주 내지 1개월 전에 당사자에게 심사기일이 통지됩니다. 사건이 접수된 후 소청인이 서류를 보완하는데 소요되는 기간과 피소청인의 답변서 제출, 답변서가 접수된 후 자료 검토시간과 그 외 청구서(및 보충서면)의 피소청인 송부 및 답변서(및 소청인의 보충서면에 대한 추가답변서)의 소청인 송부에 소요되는 기간, 심사기일이 당사자에게 사전에 통보되어야 하는 점 등을 감안할 경우 사건 접수 후 심사기일까지 소요되는 기간은 물리적으로 1개월을 훨씬 초과하게 됩니다. 실제로는 사건접수일로부터 50일 내지 60일(1차기한) 사이에 주로 심사기일이 정해지며, 사건이 많이 밀려있는 때에는 30일을 연장하여 2차기한(90일)내에 처리되는 경우도 자주 있습니다. 드물지만 불가피하게 90일이 초과되는 경우도 있습니다. 그리고 심사기일이 정해지기 전이나, 심사기일이 정해진 경우에도 소청제기기간 경과, 소청심사대상이 아닌 청구 등 심사청구의 형식요건을 갖추지 않은 사건은 본안심리를 할 필요성이 없으므로 특별한 사정이 없는 한 당사자 출석 없이 심사하므로 당사자에게 심사기일을 통보한 때에도 심사기일 전에 위원회

결정을 통해 각하 처리될 수 있습니다. 참고로 일반 행정심판 사건과 달리 소청심사는 구술심리를 원칙으로 하고 있습니다.[25]

또한 국가공무원법 제76조에서는 공무원이 소청을 제기할 경우 변호사를 대리인으로 선임할 수 있다고 규정하고 있어 현행법상 변호사를 제외한 자는 대리인으로 지정할 수 없습니다. 즉 소청 대리인은 반드시 변호사만 가능하며 변호사를 대리인으로 선임하는 경우 심사기일 당일 함께 출석하여 발언할 수 있습니다.

---

25) 소청심사위원회 홈페이지 참조

# 19. 음주운전을 징계사유로 견책처분을 받았습니다. 교원소청심사위원회를 통해 감경될 수 있을까요?

Q. 경기도 소재 고등학교 교사입니다. 얼마 전 음주운전 검문에 적발되어 도로교통법 위반(음주운전)으로 기소유예처분을 받았고 이 사실로 학교에서 견책의 징계처분을 받게 되었습니다. 그런데 견책처분으로 인해 원격지로 전보처분까지 받게 되었는바, 견책을 감경 받아 다시 원 근무지에서 근무하고 싶습니다. 감경될 가능성이 얼마나 있을까요?

A. 다수의 의뢰인들이 감경 가능성, 징계위원회 징계양정의 적정성 여부를 문의하나, 이는 일률적으로 말씀드리기 어렵습니다. 각 사안마다 구체적 사실관계들이 전혀 다르기 때문입니다. 다만 위의 사안에서는 음주운전의 경위, 당시의 주취 정도(혈중알코올농도), 형사처벌의 내용(기소유예), 이전 비위행위 여부, 징계처분 및 그에 따른 전보처분으로 인하여 청구인이 받게 되는 불이익의 정도 등이 고려 대상이 될 것인데, 견책은 불문경고를 제외하고 가장 낮은 단계의 징계인 만큼 섣불리 감경될 수 있다고 보기는 어려울 것입니다.

교원소청심사위원회에서는 이와 유사한 사안에서 청구인이 '졸업 선배와의 대화'를 준비하며 제자들과 맥주 2잔을 겸한 저녁식사를 하며 음주를 하게 된 것이며, 아내로부터 아이가 다쳤다는 연락을 받아 올바른 판단을 하지 못하였고, 검찰에서도 음주 수치가 낮아(혈중알코올 농도 0.051%) 기소유예처분을 하였으므로 이 사건 처분을 취소하여 달라고 주장하였으나, 이에 대하여 청구인이 도로교통법에서 금지하고 있는 음주운전을 한 행위는 국가공무원법 제63조(품위 유지의 의무)를 위반한 것으로 징계 사유가 인정되고, 피청구인 음주운전 사건 처리기준에 따르면 음주운전 (0.05~0.10%)으로 기소유예 된 경우 경징계(견책)로 징계 기준이 제시되어 있는 점, 교육공무원 징계 양정 등에 관한 규칙 제4조 제2항에 따라 음주운전으로 징계의 대상이 된 경우에는 징계를 감경할 수 없는 점 등을 종합할 때, 청구인이 주장하는 사정들로 이 사건 견책처분이 징계 재량권을 일탈·남용하여 위법하다고 할 수 없다고 판단하여 청구인의 심사청구를 기각한 바 있습니다(2014-540 견책처분 취소 청구).

## 20. 소청심사를 청구했다가 당초보다 더 불리한 처분을 받을 수도 있나요?

Q. 소청심사를 청구했다가 오히려 반성하지 않는다는 이유 등으로 원 징계처분보다 더 불리한 처분을 받을 수도 있는 것인가요?

A. 국가공무원법 제14조(소청심사위원회의 결정) 제7항은 "소청심사위원회 가 징계처분 또는 징계부가금 부과처분을 받은 자의 청구에 따라 소청 을 심사할 경우에는 원징계처분보다 무거운 징계 또는 원징계부가금 부 과처분보다 무거운 징계부가금을 부과하는 결정을 하지 못한다."고 규정 하고 있으므로 소청심사위원회에서 당초의 징계처분보다 불리한 처분을 받지는 않습니다. 따라서 더 불이익한 결과를 우려하여 소청심사를 통 한 권리구제를 망설이실 필요는 없습니다.

다만 소청심사위원회가 절차상 하자가 있다는 이유로 처분을 취소한 경우 절차를 준수하여 비위행위에 대한 징계처분을 다시 하는 것은 위 규정에서 금지하고 있는 불리한 처분에 해당하지 않음에 유의하셔야 하 겠습니다.

## 대법원 2008. 10. 9. 선고 2008두11853, 11860 판결

국가공무원법 제14조 제6항은 "소청심사위원회가 징계처분을 받은 자의 청구에 의하여 소청을 심사할 경우에는 원징계처분에서 부과한 징계보다 무거운 징계를 부과하는 결정을 하지 못한다."고 규정하고 있는바, 이는 소청심사결정에 있어서 당초의 원처분청의 징계처분보다 청구인에게 불리한 결정을 할 수 없다는 의미라고 할 것인데, 의원면직처분에 대하여 소청심사청구를 한 결과, 소청심사위원회가 의원면직처분의 전제가 된 사의표시에 절차상 하자가 있다는 이유로 의원면직처분을 취소하는 결정을 하였다고 하더라도, 그 효력은 의원면직처분을 취소하여 당해 공무원으로 하여금 공무원으로서의 신분을 유지하게 하는 것에 그치는 것이고, 이때 당해 공무원이 국가공무원법 제78조 제1항 각 호 소정의 징계사유에 해당하는 이상 같은 항에 따라 징계권자로서는 반드시 징계절차를 열어 징계처분을 하여야 하는 것이므로, 이러한 징계절차는 소청심사위원회의 의원면직처분 취소결정과는 별개의 절차로서, 여기에 국가공무원법 제14조 제6항 소정의 불이익 변경금지의 원칙이 적용될 여지는 없다고 할 것이다.

위와 같은 법리와 기록에 의하여 살펴보면, 원고들이 의원면직처분에 대한 소청심사청구를 하자, 소청심사위원회가 의원면직처분의 전제가 된 원고들의 사의표시가 감찰조직의 강요에 의하여 이루어졌을 개연성이 높다는 이유로 원고들에 대한 의원면직처분을 취소하는 결정을 하였고, 이에 피고가 징계절차를 열어 원고들에 대하여 각 파면처분을 하였는바(원고 1에 대하여는 소청심사위원회에서 다시 해임처분으로 변경됨), 위와 같은 원고들에 대한 징계절차는 소청심사위원회의 의원면직처분 취소결정과는 별개의 절차로서 여기에 불이익 변경의 원칙이 적용될 여지가 없으므로, 그 징계절차에서 원고들에게 의원면직처분보다 사실상 불리한 처분인 해임이나 파면처분이 내려졌다고 하더라도, 이것이 불이익 변경금지의 원칙에 위배되는 것이라고 할 수 없다.

# 21. 본인의 동의 없는 전출명령은 부당한 것 아닌가요?

Q. 저는 ○○시에서 지방공무원으로 재직 중입니다. 얼마 전 저희 시와 ◇◇시 사이에 인사교류계획이 수립되었는데 제가 ◇◇시로 전출되는 대상에 포함되었습니다. 그런데 저는 아이가 장애가 있어 현재 거주지에서 장애학교를 보내며 아이를 양육하여야 합니다. 그래서 이러한 전출명령에 부득이 따를 수가 없습니다. 제가 동의를 하지 않아도 시에서 전출명령을 할 수 있는 것인가요? 만약 저의 동의가 없이 전출명령이 이루어진다면 저는 어떠한 구제방법을 취해야 하는지요?

A. 우리 대법원은 오래전부터 지방공무원법 제30조의2 제2항[26]에서 정한 인사교류에 따라 지방자치단체의 장이 소속 공무원을 전출하는 경우 본의의 동의가 필요하다고 판시하고 있으며 이에 본인의 동의 없이 소속 공무원에게 임명권자를 달리하는 지자체로의 전출을 명한 것은 위법한 처분이라고 인정하고 있습니다. 따라서 본인의 동의 없이 이루어진 전출명령에 대해서는 부당전출명령 취소의 소를 통해 구제를 받으실 수 있습니다.

---

26) 제30조의2(인사교류) ② 시·도지사는 해당 시·도와 관할 구역의 시·군·구 간, 관할 구역의 시·군·구 간, 해당 시·도 또는 관할 구역의 시·군·구와 교육·연구기관 또는 공공기관 간에 인사교류가 필요하다고 인정하면 해당 시·도에 두는 인사교류협의회에서 정한 인사교류 기준에 따라 인사교류안을 작성하여 관할 구역의 지방자치단체의 장 등에게 인사교류를 권고할 수 있다. 이 경우 해당 지방자치단체의 장 등은 정당한 사유가 없으면 인사교류를 하여야 한다.

## 대법원 2008. 9. 25. 선고 2008두5759 판결

지방공무원법 제30조의2 제2항은 "시·도지사는 당해 지방자치단체 및 관할구역 안의 지방자치단체 상호간에 인사교류의 필요가 있다고 인정할 때에는 당해 시·도에 두는 인사교류협의회에서 정한 인사교류기준에 따라 인사교류안을 작성하여 관할구역 안의 지방자치단체의 장에게 인사교류를 권고할 수 있다. 이 경우 당해 지방자치단체의 장은 정당한 사유가 없는 한 이에 응하여야 한다."라고 규정하고 있는바, 위 규정의 인사교류에 따라 지방자치단체의 장이 소속 공무원을 전출하는 것은 임명권자를 달리하는 지방자치단체로의 이동인 점에 비추어 반드시 당해 공무원 본인의 동의를 전제로 하는 것이고(대법원 2001. 12. 11. 선고 99두1823 판결, 헌법재판소 2002. 11. 28. 선고 98헌바101, 99헌바8 결정 등 참조), 따라서 위 법 규정의 위임에 따른 지방공무원 임용령 제27조의5 제1항[27]도 본인의 동의를 배제하는 취지의 규정은 아니라고 해석하여야 할 것이다.

따라서 구청장인 피고가 위 규정에 의한 인사교류의 일환으로 소속 공무원인 원고에 대하여 동의를 받지 아니한 채 임명권자를 달리하는 구로구로 전출명령을 한 것은 원고의 동의 없이 이루어진 위법한 처분으로서 취소되어야 할 것이다.

---

27) 제27조의5(인사교류) ① 법 제30조의2에 따라 지방자치단체 상호간에 인사교류를 할 수 있는 경우는 다음 각 호와 같다.
　　1. 지방자치단체 간 인력의 균형 있는 배치와 지방행정의 균형 있는 발전을 위하여 5급 이상 공무원이나 6급 기술직렬 공무원을 교류하는 경우
　　2. 행정기관 상호간의 협조체제 증진과 공무원의 종합적 능력 발전을 위하여 이웃한 지방자치단체 간에 교류하는 경우
　　3. 5급 이하 공무원의 연고지 배치를 위하여 필요한 경우

# 22. 주의처분도 소청심사위원회를 통해 다툴 수 있나요?

Q. 저는 경찰공무원으로 재직하고 있습니다. 그런데 거주하는 아파트에서 동 대표 선거와 관련하여 불법적인 상황을 발견하여 관리사무소 소장에게 이의를 제기하는 과정에서 저의 경찰공무원 신분을 밝혔습니다. 저는 입주민들의 공익을 위하여 관리규약에 명시되어 있는 입주민으로서의 의견을 진술한 것뿐이지 경찰공무원의 신분을 이용하여 어떠한 영향력을 행사하려 한 것은 아닙니다. 그럼에도 관리사무소 소장이 경찰서에 민원을 제기하여 주의처분을 받게 되었는바, 억울한 마음에 이를 소청심사위원회를 통해 다투고자 하는데 가능한가요?

A. 국가공무원법 제9조는 "행정기관 소속 공무원의 징계처분, 그 밖에 그 의사에 반하는 불리한 처분이나 부작위에 대한 소청을 심사·결정하게 하기 위하여 소청심사위원회를 둔다."고 규정하고 있는 바, 여기에서 '그 밖에 의사에 반하는 불리한 처분'은 단순한 사실상의 불이익이 아니라 법적으로 보호되어야 하는 공무원으로서의 구체적인 신분상 불이익을 의미하는 것으로 이는 행정청의 우월적인 공권력 행사로 인해 법률상 권리의무관계가 직접적으로 변동되고 이로 인해 일정한 법률효과를 발생시켜 기존의 권리 또는 이익을 직접적이고 구체적으로 침해하는 것이어야 하며 구체적으로 강임·휴직·직위해제·면직·전보 등이 해당됩니다. 이에 이 사건 '주의'처분이 소청심사의 대상인 그 밖에 그 의사에 반하는 불리한 처분에 해당하는지를 살펴보건대, 경고·주의 및 장려제도 운영

규칙(경찰청예규)에 의하면 주의는 '의무위반 행위의 정도가 경고에 이르지 아니한 경미한 사안의 경우 또는 감독자 등을 문책하는 경우 앞으로 그러한 행위가 다시 발생하지 않도록 주의를 촉구하는 것'인바, 이에 대법원은 주의, 경고 등이 구체적인 권리의무에 영향을 미치는 경우에는 의사에 반하는 불리한 처분에 해당한다고 판시하고 있으며, 소청심사위원회도 주의·경고를 받은 자에 대한 근무성적 평정의 감점기준, 즉 평정자가 근무평정 시에 그 경고나 주의를 받은 횟수를 근거로 하여 일정점수를 감점하도록 하는 내부평정기준을 운용하고 있다면 이는 당사자에게 장래 불이익을 제거할 소의 이익이 있는 경우에 해당한다는 사유로 소청심사의 대상이 된다는 입장을 견지해 왔습니다. 그러나 주의나 경고(국가공무원법상 불문경고가 아닌) 등의 명칭을 불문하고 해당 처분에 의해 구체적이고 객관적인 불이익이 없다면 심사대상의 적격성이 인정되지 않습니다. 그런데 2013. 9. 2. 개정된 경찰청 경고·주의 및 장려제도 운영 규칙과 경찰공무원 상벌상계에 관한 규칙 등에 따르면, '주의'처분은 그 내역을 별도로 기록 및 유지하지 않고 벌점도 부여되지 않으며, 상벌상계도 없는 등 소청인의 권리의무에 직접적으로 영향을 미치지 아니하고, 또한, '주의'처분이 실질적으로 근무평정에 부정적 영향을 미쳐 불이익이 있다고 하더라도 이는 '주의'처분 자체로부터 직접 발생하는 법률상 효과라기보다는 이 사건 처분을 받은 원인이 된 비위사실이 근무평정 당시의 참작사유로 고려되는 사실상 또는 간접적 효과에 불과하여 경찰공무원으로서의 신분에 직접적으로 변동을 주거나 불이익을 가져오는 법률 효과가 발생한다고 볼 수는 없으므로 결국 위 주의처분은 소청심사위원회의 심사대상이 되는 처분이라고 보기 어렵다고 할 것입니다.

## 23. 형사재판에서 무죄를 받았습니다.

Q. 저는 초등학교 교장으로 근무하던 중 전세버스업체로부터 뇌물을 받았다는 이유로 파면처분을 받았습니다. 그러나 관련 형사소송에서 무죄판결을 받았는바, 이 경우 징계처분은 위법한 것 아닌가요?

A. 형사사건의 판결에서 인정된 사실은 특별한 사정이 없으면 행정재판에서 유력한 증거자료가 되는 것이기는 하나, 행정재판이 형사사건에서 인정된 사실에 반드시 구속되는 것은 아닙니다. 행정재판에서 제출된 다른 증거내용에 따라 형사판결의 사실판단을 그대로 따르기 어렵다고 인정되는 경우 이를 배척할 수도 있는 것입니다. 따라서 형사소송에서 뇌물죄에 관하여 무죄판결을 받은 경우 해당 사건에서 인정된 사실관계와 증거자료, 행정재판에 제출된 다른 증거내용 등을 모두 검토하여 형사사건에서 인정된 사실과 다른 내용을 인정할 특별한 사유가 없는 경우 형사사건에서 인정된 사실관계에 따라 징계사유가 존재하지 않는다고 보아 징계처분이 위법하다고 판단할 수는 있을 것입니다. 반대로 무죄판결에 이르게 된 구체적인 내용에 따라 행정재판에서는 이와 다른 사실관계를 인정할 수도 있습니다. 예컨대 법원은 이와 유사한 사안에서, 형사재판에서 무죄의 판결을 받은 것은 사실이나 이는 뇌물을 받은 시기나 금액을 특정할 수 없어 공소사실이 증명되지 않아 무죄를 선고받은 것일 뿐 해당 공무원이 뇌물을 받은 사실 자체가 없어서 무죄를 선고받은 것은 아니므로 뇌물을 주고받은 사실이 인정되는 이상 국가공무원

법상 성실의무, 청렴의무 등을 위반한 징계사유가 인정된다고 판시한 바 있습니다.[28] 즉 형사재판에서 무죄판결을 받았더라도 행정소송에서 그와 다른 사실이 인정된다면 법원은 형사판결 결과에 기속되지 않고 해당 징계처분이 정당한지 여부를 판단할 수 있다고 할 것입니다.

---

28) 다만 이 사안에서는 파면보다 낮은 해임이나 정직도 충분히 가능한 점, 40여 년 동안 교직에서 성실히 근무해 온 점, 징계처분 당시 정년퇴직을 10일 가량 남긴 점 등을 고려할 때 가장 중한 징계인 파면처분은 재량권을 남용하여 위법하다고 판시하였습니다.

## 24. 징계 절차 진행과정에서 이사회에 출석하지 않았다는 사유로 징계를 받았습니다.

Q. 저는 대학교 교원으로 재직 중인바, 얼마 전 학교에서 저에 관한 비위행위를 제보 받았다며 조사위원회를 구성해서 징계절차를 진행하겠다는 통보를 받았습니다. 이에 저는 제기된 혐의에 관하여 사실이 아니라는 점을 구체적으로 적은 서면(소명자료)을 조사위원회에 제출하였습니다. 그런데 학교에서는 징계를 의결하겠다며 징계 심의를 위한 이사회에 출석하라는 통지를 하였습니다. 저는 이미 서면을 통해 저의 입장을 충분히 밝힌 만큼 이사회에 출석하여 더 이상 발언을 할 필요를 느끼지 못하여 출석하지 아니하였습니다. 그러자 학교에서는 이사회에 출석하라는 이사회와 이사장, 총장의 지시에 불응하였다며 지시명령위반으로 감봉 1개월의 징계처분을 하였습니다. 이러한 징계가 타당한가요?

A. 헌법이 보장하고 있는 형사절차에서의 진술거부권은 행정절차나 국회에서의 조사절차 등에서도 보장되며 이는 고문 등 폭행에 의한 강요는 물론 법률로써도 진술을 강요당하지 않을 것을 의미합니다. 그리고 일반적으로 징계사유로 인정될 만한 비위 혐의를 받는 자라 하더라도 그에 대한 징계절차의 출석을 거부함으로써 자신의 방어권을 포기할 수 있는 권리를 갖는 것입니다. 따라서 징계대상자는 자신의 방어권을 포기할 수 있는 것이므로 조사위원회 등 징계절차에 출석하지 아니할 수 있고, 징계권자는 징계대상자의 출석을 강요할 수 없습니다. 그렇다면 출석 또는 진술을 강요하고 이에 위반하였다는 이유로 징계를 하는 것은

부당하다고 할 것입니다. 이에 대법원 역시 유사한 사안에서 징계대상자가 이미 자신의 혐의에 대한 입장을 설명한 서면 자료를 제출한 만큼 이사회에 무조건 출석하도록 요구하는 것은 징계대상자의 인격적 자율권 내지 자기 결정권을 합리적 이유 없이 침해한다고 볼 여지가 충분하다고 할 것이므로 이사회 출석 요구에 불응한 것을 징계사유로 삼을 수는 없다고 판시하여(대법원 2015. 4. 23. 선고 2015두35284 판결) 징계대상자가 징계절차에 출석을 거부함으로써 자신의 방어권을 포기하는 것도 보장되는 권리라는 점을 분명히 하였습니다.

또한 이와 유사하게, 학교장이 교사에 대한 징계를 징계위원회에 제청하기 위하여 문답조사를 실시하였는데 해당 징계대상자가 문답조사가 사전에 예고되지 않았고 조사 분위기가 위압적이라는 이유로 작성을 거부하자, 학교가 문답조사를 거부했다는 이유로 감봉 2개월의 징계처분을 한 사안에서도 법원은 역시 위 법리를 적용하여 징계대상자는 자신에 대한 징계를 제청하기 위하여 실시되는 문답조사에서도 자신에게 불리한 진술 등을 거부할 권리가 있는 것이므로 이를 거부했다는 이유로 이루어진 징계처분은 위법하다고 판시하였는바(서울고등법원 2011. 12. 1. 선고 2011누22114 판결), 문답조사에 대한 거부도 헌법이 보장하는 진술거부권에 해당함을 명백히 한 것입니다.

## 25. 수업 결강 후 보강을 하였음에도 재임용이 거부되었습니다.

Q. 저는 대학교 교원으로 재직 중인데 총 3과목의 수업에서 14번 결강을 하였다는 이유로 재임용 거부처분을 받았습니다. 그러나 결강에 대해서는 모두 이후 보강을 실시하였는바, 이 경우 정당한 재임용 거부 사유가 될 수 없는 것 아닌가요?

A. 결강은 재임용을 거부할 만한 정당한 사유가 될 수 있을 것입니다. 다만 질문자의 경우 보강을 실시하였다는 것인데, 우리 법원은 일단 사전 또는 사후 승인 없이 수업을 결강한 이상 나중에 보강을 하였더라도 이는 무단결강에 해당하므로 학교 측이 이를 이유로 재임용을 거부한 것은 적법하다고 보고 있습니다(대법원 2016. 7. 22. 선고 2016두36048 판결). 즉 사전에 계획된 대로 수업을 받을 권리는 학생의 학습권에 포함되는 것이며, 보강을 하기만 하면 무단결강에 해당하지 않는 것으로 해석하면 학생의 학습권을 침해할 우려가 있으므로 교원에게는 질병, 기타 부득이한 사유가 아니면 수업계획서상 계획된 수업을 성실히 이행하여야 할 의무가 있다는 것입니다. 이에 학교 측으로부터 사전에 휴·보강 계획에 대한 승인을 받지 아니하고 수업계획서상 예정된 강의 시간에 임의로 수업을 진행하지 않은 경우 사후에 보강을 했더라도 무단결강으로 볼 수 있으므로 이는 정당한 재임용 거부 사유가 될 수 있을 것입니다(물론 무단결강의 횟수나 사유, 학생들에 대한 사전 고지 등 여러 제반 사정들은 재임용 거부의 적법성 여부를 판단하는 고려사항이 될 수 있을 것입니다).

## 26. 교직원 친목회비를 횡령했다는 이유로 해임처분을 받았습니다.

Q. 저는 ○○고등학교 교사로 재직 중 친목회장으로 선출되어 전임 친목회장으로부터 친목회비 이월금 500여만 원을 받아 이를 운영하고자 하였습니다. 그런데 대학생 자녀의 등록금이 급했던 나머지 이를 사용하고 말았는바, 학교에 이 사실이 알려져 공금 횡령을 하였다는 이유로 해임처분을 받았습니다. 제가 잘못을 한 것은 맞지만 친목회비를 유용하였다는 이유로 수십 년간 재직해 온 학교에서 해임까지 하는 것은 너무 가혹한 것 아닌가요.

A. 국가공무원법 징계양정 규칙이 정하고 있는 비위 유형 중 '공금횡령'에서의 '공금'은 교육공무원으로서 직무를 수행하는 과정에서 취급하는 금원을 의미한다고 할 것입니다. 따라서 교직원 간 친목을 도모하고 상부상조를 목적으로 설립된 교직원 친목회는 교원의 지위에서 수행하는 직무의 일환으로 인정될 수 없으므로 친목회비는 공금으로 보기 어렵습니다(서울행정법원 2016. 4. 1 선고 2015구합62231 판결). 따라서 질문자의 경우 친목회비를 사적으로 유용한 혐의가 인정되기는 하나 이를 공금횡령으로 볼 수는 없다고 할 것이므로 교육공무원으로서 청렴의무를 위반하였다는 징계사유는 인정되지 않는다고 할 것입니다. 그러므로 징계사유가 공금횡령에 해당하지 아니하고 단순 회비 횡령에 불과하다는 점을 고려하였을 때 교원으로서의 직위를 박탈하는 해임의 처분은 징계양정에 있어 과도하다는 주장을 할 수 있을 것입니다.

## 27. 지방공무원의 경우 어디에 소청심사를 청구하나요?

Q. 저는 ○○도 ○○시 공무원으로 재직 중입니다. 이번에 감봉 1월의 징계처분을 받게 되었는데 승진 문제 때문에 소청심사청구를 해서 꼭 감경을 받고자 합니다. 소청심사청구를 어디다 해야 하나요?

A. 질문자님이 속하신 ○○도 소청심사위원회에 하시면 됩니다. 각 시도 소청심사위원회는 홈페이지에서 위원들을 공개하거나, 재결 례를 공개하고 있는 곳들도 있으니 이러한 자료들을 미리 찾아보시고 설득력 있는 청구서를 작성하시기 바랍니다.

| 구분 | | | | 관할 | | |
|---|---|---|---|---|---|---|
| 행정부 | 국가<br>공무원 | | 일반직 | 인사혁신처 소청심사위원회 | | |
| | | | 외무공무원 | 인사혁신처 소청심사위원회 | | |
| | | | 경찰공무원 | 인사혁신처 소청심사위원회 | | |
| | | | 소방공무원 | 인사혁신처 소청심사위원회 | | |
| | | | 검사 | 소청제도 없음 | | |
| | | | 교원 | 교원소청심사위원회 | | |
| | | | 군인 | 장교·<br>준사관 | 국방부<br>중앙군인사소청심사위원회 | |
| | | | | | 항고심사위원회 | |
| | | | | 부사관 | 각 군 본부<br>군인사소청심사위원회 | |
| | | | | | 항고심사위원회 | |
| | | | 군무원 | 국방부군무원인사소청심사위원회 | | |
| | | | | 항고심사위원회 | | |
| | | | 국가공무원 | 인사혁신처 소청심사위원회 | | |
| | | | 대통령경호실 | 인사혁신처 소청심사위원회 | | |
| | | 특수경력직 | | 원칙적으로 소청대상에 포함되지 않음 | | |
| | 지방<br>공무원 | 경력직 | 일반 | 각 시·도 지방공무원 소청심사위원회 | | |
| | | | | 교육소청심사위원회(지방직 교육직렬) | | |
| | | | 특정직 | 지방<br>소방공무원 | 지방공무원 소청심사위원회 | |
| | | 특수경력직 | | 원칙적으로 소청대상에 포함되지 않음 | | |
| 입법부 | 국회사무처 소청심사위원회 | | | | | |
| 사법부 | 법원행정처 소청심사위원회 | | | | | |

## 28. 소청심사위원회에서 기각결정을 받았습니다. 행정소송을 할 실익이 있을까요?

Q. 저는 정직 3월 처분을 받고 소청심사청구를 하였으나 기각결정을 받았습니다. 여기서 그만 두자니 너무 억울한 마음도 있지만, 행정소송은 혼자 진행하기도 어려울 것 같고, 주변에서 듣기로는 소청심사위원회 결정은 웬만하면 바뀌지 않는다는데 그래도 행정소송으로 다퉈볼만 할까요?

A. 소청심사위원회의 분석(소청결정에 대한 행정소송 사례분석집)에 따르면 2011년부터 2015년까지 소청심사위원회의 결정에 대해 불복하여 행정소송을 제기한 건수는 총 463건이고, 이 가운데 청구인이 승소한 사례는 87건으로 18.8%의 승소율을 보이고 있다고 합니다. 즉, 확률적으로만 보았을 때 약 20%가량이 소청심사위원회의 결정과 달리 청구인이 승소하게 되는 것이므로 가능성이 결코 낮은 편이라고는 볼 수 없습니다. 그러나 이는 어디까지나 확률적인 것이고 행정소송에서 승소할 가능성은 구체적인 사안의 내용과 소청심사위원회를 통해 얼마나 청구인의 주장과 입증이 충분히 이루어졌는지 여부가 중요하다고 할 것입니다. 즉, 소청심사위원회에서 하지 않았던 주장을 행정소송에서 새롭게 할 수 있으므로 만약 소청심사청구를 청구인이 단독으로 진행하여 법적 지식 부족 등으로 쟁점에 관해 제대로 주장·입증을 하지 못하여 기각결정을 받은 경우라면 소송을 통해 이를 다퉈볼 실익이 충분히 있다고 할 것입니다.

한편, 위 분석 내용에 따르면 승소 사유로서는 징계사유 입증 부족과 재량권 일탈·남용이 29.4%, 징계사유 일부 부당이 23.5%, 형평성 부족이 8.8%를 차지하고 있으므로 행정소송에서는 피청구인이 징계처분의 사유로 삼은 징계사유가 존재함이 분명하게 입증되지 않았다는 점, 즉 사실인정의 문제와 설령 징계사유가 인정된다 하더라도 그 재량권 행사에 있어 여러 참작사항들을 종합적으로 고려하여 볼 때 징계양정이 과다하다는 점 등을 중심으로 주장·입증을 해 나가야 할 것입니다.

# 제 4 장

# 서 면 작 성 례

# 소청심사청구서

사      건   감봉○월 처분 취소(감경) 청구

소 청 인   ○○○

피소청인   ○○○○○

## 소 청 취 지

피소청인이 2010.  ○.  ○. 소청인에 대하여 한 감봉○월 처분의 취소
또는 감경을 구함.

## 소 청 이 유

### 1. 처분의 경위

소청인은 2010.  ○.  ○.부터 2010.  ○.  ○.까지 ○○시에서 근무하던 중,
2010.  ○.  ○.부터 2010.  ○.  ○.까지 공용카드를 사적인 목적으로 사
용하여 ◇◇만 원을 결제하였고 이에 ○○시에 같은 금액의 손해를 끼
친 사실이 인정되어 지방공무원법 제48조 성실의무에 위반한 것으로
써 2010.  ○.  ○. 감봉○월의 징계처분(이하 '이 사건 처분'이라고 합니다)을
받았습니다(갑 제1호증 징계처분사유 설명서, 수령일은 2010. ○. ○.입니다).

### 2. 이 사건 처분의 위법·부당성

가. 소청인에게는 공용카드 사용의 고의가 없었습니다.

1) 2010. ○.경 소청인은 책상을 정리하던 중 책상 구석에서 ○○카드 1매를 발견하였습니다. 공용카드에는 견출지를 붙이거나 매직으로 카드에 직접 기재하는 방식으로 '공용'임을 표시하는데 해당 카드에는 그러한 기재가 되어있지 않았기에 소청인은 주위 사람들에게 카드의 분실 여부를 물었으나 본인의 것이라고 답하는 사람이 없었습니다. 이에 소청인은 공용물품 여부를 확인하고자 당시 공용카드를 관리하던 담당자에게 위 카드가 공용물품인지를 물었으나, 담당자는 "우리가 관리하는 카드가 아니다."라는 답변을 하였습니다. 이러한 이유로 소청인은 위 카드가 공용물품이 아니라 버려진 민간물품이라는 생각을 하게 되었던 것입니다.

2) 소청인이 이 같은 같은 생각을 하게 된 것은 다음과 같은 이유에서였습니다. 2010. ○. ○○시에서는 AI판정으로 시(市) 전역에서 살처분을 하는 비상 상황을 맞게 되었습니다. 이로 인해 소청인을 포함한 ○○시 전 공무원이 대책 활동에 동원되었고 시 공무원뿐만 아니라 군인, 경찰은 물론 유관기관과 민간단체, 일반 자원봉사자 등 수천 명의 지원인력들이 함께 활동을 하게 되었습니다. 이에 시에서는 공용카드를 평소의 배로 늘려 배치해 놓고 사용하였는데 비상상황으로 출장지가 급격하게 많아지다 보니 카드 사용이 원활하지 않아 우선 자신의 카드를 사용하였다가 공용카드인 줄 알고 반납하는 일이 발생하는 등 카드 사용과정에서 민간카드가 유입되어 섞이는 일이 발생하였던 것입니다. 이후 시에서는 비상상황 종료 후 이러한 카드들을 일제히 정리

하는 작업을 하였습니다. 이러한 이유로 소청인은 책상에서 발견한 카드가 위 비상 상황 당시 유입된 민간카드 중 하나로서 카드 정리 당시 미처 발견되지 않아 정리되지 못한 민간물품인 것으로 생각하였던 것입니다.

3) 물론 버려진 민간물품이라 하더라도 이를 임의로 사용하여서는 안 되는 것이고 이를 발견한 경우 그에 따른 적절한 조치를 취하였어야 한다는 사실에 대하여 소청인은 지금에서야 이를 깨닫고 진심으로 반성하고 있습니다. 그러나 소청인은 카드담당자가 공용카드가 아니라는 확인을 해주자 버려진 민간카드이므로 이를 사용해도 될 것이라는 안일한 생각을 한 잘못이 있음은 전적으로 인정하나, 결코 위 카드가 공용카드임을 알면서도 이를 사적으로 사용한 것은 아닙니다. 즉 소청인은 위 카드를 사용할 당시부터 그 권원을 오인하였다고 할 것인바, 공용물품의 사적사용에 대한 고의가 존재하지 않습니다. 소청인은 위 카드가 버려진 민간카드로 소유권이 자신에게 넘어왔다고 생각했기에 이후 직접 위 카드에 충전까지 하였습니다. 따라서 이러한 점들을 보더라도 소청인에게 공용물품의 사적사용에 대한 고의가 없었음을 알 수 있습니다.

4) 결국, 소청인의 경우는 ① 카드 사용 계기가 카드관리자가 공용물품이 아니라는 취지로 답변한 것에 기하여 이루어지게 된 것임을 고려하였을 때 이처럼 그릇 인식하게 된 계기에 참작할 만한 요소가 있으며, ② 이러한 그릇된 인식에 의거하여 자신의 카드라는 생각으로 이를 사용하였을 뿐 공용물품을 부당하게 사적인 용도로 사용할 의도와 목적

이 전혀 없었다고 할 것이고, ③ 사용의도 및 목적의 부존재에도 불구하고 결과적으로는 공용물품을 사용하게 되었다는 점에 대하여 이를 인정하고 처절하게 반성하고 있는바, 이러한 사정들을 이 사건 징계양정의 적정성 여부를 판단함에 있어 참작하여 주시기 바랍니다.

나. 소청인은 카드사용액 전부를 즉시 반환하여 시에 발생한 손해를 전보하였습니다.

소청인은 위와 같은 사유로 카드를 사용하던 중 2010. ○. 실시된 종합감사를 통하여 비로소 위 카드가 공용물품이라는 사실을 알게 되었고, 이에 감사종료 직후 카드사용 금액 ◇◇만 원을 시에 즉각 반납조치 하였습니다. 따라서 공용물품을 사용하여 시에 손해를 입힌 점에는 변명의 여지가 없겠으나, ① 손해액이 ◇◇만 원이 채 되지 않는 금액으로 소액인 점, ② 손해발생 사실을 알게 된 즉시 해당 금액을 시에 반환함으로서 시에 발생한 재산상 손해에 대하여 전보조치를 즉각적으로 완료하였다는 점을 이 사건 징계양정의 적정성 여부를 판단함에 있어 참작하여 주시기 바랍니다.

다. 청구인에 대한 징계처분은 균형성·형평성의 측면에서 양정이 과다합니다.

1) 공용 카드의 사적사용과 관련하여 ○○시 감사담당관은 소속 시 ○ 명의 공무원에 대하여 ○○시장에게 시정·훈계를 요구하였는바, 그 중에는 공용차량인 버스에 부착되어 있던 카드를 가져와 사적 목적으

로 사용하거나, 전출 전 사용하던 카드를 전출 시 반납하지 않고 개인 차량에 부착하여 사용하는 등으로 심지어 공용카드에 해당함을 알고도 고의로 이를 사용한 경우들이 포함되어 있었습니다. 그러나 이렇듯 공용카드의 사적사용이라는 동일한 징계사유에 해당함에도 불구하고 감봉○월의 징계처분을 받은 자는 소청인이 유일하며 소청인 외에는 모두 정식 징계처분이 아닌 주의·시정조치를 받은 것에 불과하였습니다.

2) 대법원 판례는 "공무원인 피징계자에게 징계사유가 있어서 징계처분을 하는 경우 어떠한 처분을 할 것인가는 징계권자의 재량에 맡겨진 것이지만, 그 징계권의 행사가 일반적으로 징계사유로 삼은 비행의 정도에 비하여 균형을 잃은 과중한 징계처분을 선택함으로써 비례의 원칙에 위반하거나 또는 합리적인 사유 없이 같은 정도의 비행에 대하여 일반적으로 적용하여 온 기준과 어긋나게 공평을 잃은 징계처분을 선택함으로써 평등의 원칙에 위반한 경우에 이러한 징계처분은 재량권의 한계를 벗어난 처분으로서 위법하다 할 것이다. 다만 대략 같은 정도의 비위를 저지른 자들에 대하여 그 구체적인 직무의 특성, 금전 수수의 경우에는 그 액수와 횟수, 의도적·적극적 행위인지 여부, 개전의 정이 있는지 여부 등에 따라 징계의 종류의 선택과 양정에 있어서 차별적으로 취급하는 것은 사안의 성질에 따른 합리적 차별로서 이를 자의적 취급이라고 할 수 없어 평등의 원칙 내지 형평에 반하지 아니한다(대법원 2012. 5. 24. 선고 2011두19727 판결)."고 판시하고 있습니다.

따라서 동일한 징계사유로 인한 징계양정은 그 징계대상자들에 있어 평등하게 적용되어야 할 것이고 이와 달리 징계양정에 있어 형평에 어긋나는 경우에는 재량권의 일탈·남용이 있다고 보아야 할 것입니다. 나아가, 특히 이 사건 징계사유는 공용물품을 사적으로 사용·수익하려는 목적을 가지고 비위사실을 행한 자에 대한 비난가능성을 전제로 하는 것인 만큼 소청인과 같이 고의 또는 목적성이 없어 의도적·적극적으로 비위행위를 한 것이 아닌 경우에는 이러한 점이 징계양정에 있어 고려되어 차등적으로 평가되어야 할 것입니다. 그럼에도 불구하고 소청인의 경우는 오히려 부당 사용·수익의 목적이 현저한 자들에 비하여 더욱 중한 징계처분을 받았다고 할 것인바, 이러한 징계처분은 평등의 원칙 내지 형평에 반하고, 그 비위의 정도가 중하지 않은 것에 비하여 균형을 잃은 과중한 징계처분을 선택함으로써 비례의 원칙을 위반한 것으로서 위법·부당하다고 할 것입니다.

라. 소청인은 ○년 간 성실히 공직생활을 하여왔으며, 이 사건에 대하여 깊이 반성하고 통렬히 뉘우치고 있습니다.

1) 비록 소청인의 잘못된 생각에 의한 오판이었으나 소청인은 위 카드가 공용물품임 알지 못한 채 사용하였기에 감사과정에서 위 비위사실이 적발되자 소청인 스스로도 너무나 놀라 충격을 금치 못하였습니다. 생각지도 못한 불찰로 인하여 지난 ○년 간의 공직생활이 한 순간에 무너지는 아픔에 수 일 간 잠을 이루지 못하였으며, 말로는 다 표현할 수 없을 정도의 심적 고통을 받았습니다. 그리고 지난 몇 년 간 공무원으로서 승진의 꿈을 안고 열심히 공무에 전념한 결과 우수한 고과 평가를 받아 승진대상자 1순위가 되었음에도 불구하고 금번 징계

처분으로 인해 소청인은 결격자가 되어 승진에 탈락함으로서 그간 쌓아왔던 꿈을 한 순간에 모두 잃어야 했습니다.

2) 소청인은 지난 ○년 간 공무원 생활을 하며 공직사회 선후배 동료는 물론이요 가정에 있어서도 부끄럽지 않은 가장이 되고자 최선의 노력을 다하여 왔습니다. 그리고 이러한 노력을 인정받아 장관○회, 도지사○회, 시장○회 표창을 수상한 공적이 있습니다. 소청인은 금번 징계처분과 관련하여 잘못을 인정하지 않는다거나 억울하다는 심정으로 이 사건 소청심사를 청구한 것이 아닙니다. 소청인은 본의는 아니었으나 결과적으로 공용물품을 사용한 점에 대하여는 이를 인정하며 통렬히 반성하고 깊이 뉘우치고 있습니다. 다만 지금껏 공직을 천직으로 알고 시 발전을 위하여 열과 성을 다해왔기에, 금번 소청을 통해 그간 공무원으로서 가져왔던 자긍심과 명예를 조금이라도 회복하고, 앞으로 공직생활을 함에 있어서도 심기일전하여 다시금 떳떳한 자세로 직무에 충실하고자 하는 기회를 얻고자 하는바, 이러한 소청인의 진심을 부디 헤아려 주시기 바랍니다.

3. 결론

따라서 소청인에 대한 피소청인의 이 사건 징계처분은 위법·부당하다고 할 것이므로 징계양정과 관련하여 위와 같은 정상을 참작하시어 이 사건 징계처분을 취소·감경하여 주시옵기 바랍니다.

# 입 증 자 료

1. 갑 제1호증       징계처분사유 설명서

(이하 생략)

2010. . .

소청인 ○○○

**○○○지방소청심사위원회 귀중**

---

**송변'S COMMENT**

공용물품 사용에 관한 인식과 고의가 없었으며, 손해액이 적고 전액 변상하여 손해를 전보하였음을 설명하였습니다. 또한 같은 징계사유로 처분을 받은 다른 이들과의 형평성·균형성 측면에서 징계처분이 과도함을 주장하여 감경 받은 사례입니다. 징계사유가 인정되는 상황에서는 무엇보다 소청심사위원회에 참석한 소청인이 진심으로 반성하는 태도를 보여주는 것이 중요하다고 할 것입니다.

#공용물품 사용 #형평성 #진정성

# 소청심사청구이유서[29]

사　　건　해임처분 취소(감경)청구
청 구 인　○○○
피청구인　학교법인 ○○학원

위 사건에 관하여 청구인의 대리인은 다음과 같이 소청심사청구의 이유를 개진합니다.

## 다　음

### 1. 사건의 개요

청구인은 2010. ○. ○.부터 피청구인 ○○대학교 ○○학과 교수로 재직 하던 중 교원업적평가위원회에 연구실적으로 제출된 저서에 대한 중복출판 의혹이 제기되어 연구윤리 조사위원회의 조사를 받게 되었고, 그 결과 논문 표절을 이유로 2010. ○. ○. 피청구인으로부터 해임처분을 받았습니다.

---

[29]　소청심사청구서는 불변기간을 준수하여 제출하여야 하므로 만약 시간 여유가 없는 상황이라면 우선 신청취지를 기재한 소청심사청구서를 제출하고 추후 청구이유를 구체적으로 작성하여 제출하면 됩니다.

## 2. 처분사유

피청구인은 청구인이 ① 201○년 연구실적으로 제출한 「논문1」이 201○년 연구실적으로 제출한 「논문2」의 증보판에 해당함에도 불구하고 마치 초판인 것처럼 학교를 기망하여 부당하게 교원업적평가를 위한 실적으로 제출하였으며, ② 청구인이 공동저자로 표기되어 있는 201○년 논문 「논문3」은 저자의 역할을 하지 않았음에도 부당하게 저자표시를 하였으며, ③ (생략), 이러한 행위는 사립학교법 제55조에 의거 준용되는 국가공무원법 제56조 성실의 의무 및 동법 제63조 품위유지의 의무를 위반한 것이라고 판단하여 201○. ○. ○. 해임처분(이하 '이 사건 처분'이라고 합니다)을 하였습니다.

## 3. 이 사건 처분의 위법성

### 가. 절차적 하자의 존재

1) 이 사건 처분의 실체적 정당성을 판단하기에 앞서 위 처분이 절차적 정당성을 갖추어 이루어진 것인지 여부를 우선하여 살펴보건대, 사립학교법과 피청구인 정관(갑 제1호증 정관)에서는 다음과 같이 교원의 임면에 관한 사항에 대하여는 이사회의 심의·의결을 거쳐 교원징계위원회에 그 징계의결을 요구하도록 규정하고 있다고 할 것입니다.

## 〈사립학교법〉

제53조의2(학교의 장이 아닌 교원의 임면) ① 각급 학교의 교원은 당해 학교법인 또는 사립학교경영자가 임면하되, 다음 각 호의 1에 의하여야 한다.
1. 학교법인 및 법인인 사립학교경영자가 설치·경영하는 사립학교의 교원의 임면은 당해 학교의 장의 제청으로 이사회의 의결을 거쳐야 한다.

제64조(징계의결의 요구) 사립학교의 교원의 임면권자는 그 소속 교원 중에 제61조 제1항의 징계사유에 해당하는 자가 있을 때에는 미리 충분한 조사를 한 후 당해 징계사건을 관할하는 교원징계위원회에 그 징계의결을 요구하여야 한다.

## 〈정관〉

제○○조(이사회의 구성 및 기능 등) ② 이사회는 다음 각 호의 사항을 심의·결정한다.
4. 법인이 설치한 학교의 장 및 교원의 임면에 관한 사항

따라서 사립학교 교원에 대한 징계처분을 하고자 하는 경우 사립학교 교원의 임면권자는 해당 교원에 대한 조사를 거친 후 교원징계위원회에 징계의결을 요구하고자 하는 징계처분의 수준이 면직에 해당하는 파면이나 해임에 해당하는 경우, 사립학교법 및 정관규정에 따라 이에 대하여 이사회에 해당 안건을 제청하고, 이러한 이사회의 심의·의결을 거쳐 교원징계위원회에 그 징계의결을 요구하여야 하는 것입니다.

2) 이에 대법원은 "구 사립학교법(1997. 1. 13. 법률 제5274호로 개정되기 전의 것) 제2조 제1항과 제3조 제1호, 제16조 제1항 제5호와 제53조의2 제1항 제1호 및 제61조 제1, 2항과 제64조에 의하면, 사립대학 교원의 임면에 관한 사항은 학교법인 이사회의 심의·의결 사항인 것으로 규정되어 있지만, 파면·해임 등의 징계에 관하여는 임면권자인 학교법인이 당해 교원징계위원회에 징계의결을 요구하여 그 결과에 따라 징계를 하여야 하는 것으로 규정되어 있을 뿐 그 징계의결의 요구에 학교법인 이사회의 심의·의결이 필요한지 여부가 명시적으로 규정되어 있지 아니하다. 그렇지만 법 제54조 제1항과 법 시행령 제23조 제2항에서 관할청에 대한 교원의 임면보고 사항 중에 해임보고를 포함시키는 한편, 당해 해임이 징계에 의한 것인 경우에는 그 해임보고서에 징계의결서 사본 외에 이사회 회의록 사본도 첨부하여야 하는 것으로 규정하고 있는 점과 영 제25조에서 학교법인이 징계의결의 요구를 함에 있어 첨부하여야 할 서류에 징계의 종류와 양을 기재한 서류를 포함시키고 있는 점, 그리고 법 제62조 제2항에서 징계위원회는 학교법인의 이사가 그 위원의 2분의 1을 초과할 수 없는 것으로 규정함으로써 학교법인의 이사회와는 그 구성을 달리하도록 규정하고 있는 점 및 국가공무원법 제32조와 공무원 임용령 제2조 및 교육공무원법 제2조 제5항 등 관련 법령의 규정에서 '임면' 또는 '임용'에는 징계로서 행하여지는 파면·해임도 포함되는 것으로 정의하고 있는 점 등에 비추어 보면, 법상 징계로서 행하여지는 파면·해임 역시 교원의 임면에 속하는 것으로서 그에 관한 징계의결의 요구에는 이사회의 심의·의결이 필요한 것으로 풀이된다. 따라서 원심이 징계에 의한 파면·해임은 교원의 임면에 관한 사항에 속하지 아니하여 그에 관한 징계의결의 요구에는 이사회의 심의·

의결을 거칠 필요가 없다고 판단한 것은 잘못이라고 할 것이다(대법원 2000. 10. 13. 선고 98두8858 판결).”라고 판시한바 있습니다.

3) 결론적으로, 법률규정 및 정관, 대법원 판례에 따라 사립학교 교원에 대하여 해임의 징계처분을 하고자 하는 경우 이는 교원의 임면에 관한 사항에 해당하므로, 사립학교의 장은 이사회에 의결을 제청하여 심의·의결을 거친 후 징계위원회에 해당 징계의결을 요구하여야 할 것임에도, 이 사건 징계위원회가 개최된 201○. ○. ○. 이전 이사회 기록을 살펴보면 이 사건 처분인 청구인의 해임과 관련한 징계의결요구안을 심의·의결하였다는 내용은 전혀 찾아볼 수 없는바, 결국 이 사건 징계의결은 청구인에 대한 해임의결 요구안에 대하여 이사회의 안건으로 이를 상정하지 아니하고 이사회의 심의·의결 없이 개최된 징계위원회에서 청구인에 대하여 해임처분을 한 것으로서 이는 법률과 정관에 따라 징계의결요구에 필요한 이사회의 의결을 거치지 아니한 것으로 위법하다고 할 것입니다. 따라서 이는 징계처분에 있어 절차적 정당성을 명백히 결여한 것에 해당하므로 징계의결의 실체적 정당성을 판단할 필요도 없이 이 사건 처분은 위법·무효라고 할 것입니다.

나. 징계사유의 부존재

이 사건 처분이 절차를 준수하지 않고 이루어진 것으로서 위법하다는 것을 별론으로 하더라도 이 사건 처분에는 징계사유가 존재하지 아니하여 위법하다고 할 것입니다. (중략)

다. 징계양정의 재량권 일탈·남용

1) 대법원은 "사립학교 교원에게 징계사유가 있어 징계처분을 하는 경우 어떠한 처분을 할 것인가는 원칙적으로 징계권자의 재량에 맡겨져 있는 것이므로 그 징계처분이 위법하다고 하기 위하여서는 징계권자가 재량권을 행사하여 한 징계처분이 사회통념상 현저하게 타당성을 잃어 징계권자에게 맡겨진 재량권을 남용한 것이라고 인정되는 경우에 한하고, 그 징계처분이 사회통념상 현저하게 타당성을 잃은 처분이라고 하려면 구체적인 사례에 따라 직무의 특성, 징계의 사유가 된 비위사실의 내용과 성질 및 징계에 의하여 달하려는 목적과 그에 수반되는 제반 사정을 참작하여 객관적으로 명백히 부당하다고 인정되는 경우라야 한다(대법원 2000. 6. 9. 선고 98두16613 판결)."고 판시하고 있으므로, 이 사건에서 청구인이 해임처분을 받게 된 비위사실의 내용과 성질 및 징계에 의하여 달성하려는 목적 등을 고려하여 이것이 명백히 부당하다면 이 사건 처분은 재량권의 일탈·남용으로서 위법하다고 할 것입니다.

2) 이러한 법리를 전제로 청구인에 대한 이 사건 해임처분이 재량권의 일탈·남용에 해당하는지를 살펴보면, ① 청구인이 표절을 하였다고 주장하는 저술인 「논문1」은 ○○전공자들의 ◇◇교육을 위한 교재로서 저술의 목적상 상당부분이 일반적인 ◇◇교육서와 유사할 수밖에 없으며, 당초부터 업적평가대상에서 제외 된 것 인만큼 청구인이 학교를 기망하여 부당하게 연구실적을 부풀리기 위하여 제출한 것이라는 피청구인의 주장은 이유가 없다고 할 것이고, ② 「논문3」의 표절시비가 있는 본문은 청구인이 작성한 사실이 없으며, 청구인은 영문초록 작성

과 최종 검토의 역할을 한 것에 불과한바, 이를 부당한 저자표시로 볼 수 없습니다. ③ 또한 「논문4」는 청구인이 청구인 외 ○○○와 공동연구를 하였다가 이후 독자적으로 연구를 완성하여 주저자로 논문을 작성한 것이므로 청구인 외 ○○○가 원저자이며 이를 표절하였다는 것도 이유 없다고 할 것인바, 결국 청구인에게는 해임이라는 중징계 처분을 받을 징계사유가 존재하지 않는다고 할 것입니다. 나아가, 설령 이 같은 연구실적 평가과정에서 청구인에게 다소간의 실수가 있었다 하더라도 이는 비위의 정도, 고의성 여부 등을 고려하였을 때 교원으로서의 지위를 박탈하는 해임에 이를 정도의 사유라고는 볼 수 없을 것인바, 청구인에 대하여 성실의무 위반과 품위유지 위반을 이유로 해임처분을 한 것은 명백히 재량권의 일탈·남용에 해당한다고 할 것입니다.

3) 한편, ○○대학교에 부임한 이래 최근 ○년 간 청구인의 업적평가 결과를 보면 청구인은 2010○년 및 2010○년 교육평가에서는 상위 백분위 ○%에 달할 정도로 높은 평가를 받은바 있습니다. 또한 비계량적인 측면에서도 청구인은 교육자로서의 신념과 책임감을 갖고 학생들의 지도에 최선을 다하였고, 학생들에 대한 깊은 애정과 ○○학과 특유의 사제지간의 끈끈한 정을 나누었기에 신학기가 시작된 지금도 수많은 학생들이 청구인의 강의가 개설되지 않은 것에 아쉬움을 표하며 청구인이 학내로 돌아오기만을 기다리고 있습니다. 그 밖에 청구인은 ○○분야의 전문성을 바탕으로 대한 ○○협회 위원, ○○학회 이사, 사단법인 ○○연구 이사 등 활발한 활동을 통해 피청구인의 위상을 높이는데도 적극적으로 기여하고 있습니다. 따라서 청구인의 이와 같은 평소 근무태도와 평가결과, 학생들과의 관계, 피청구인에 대한 기여도 등을 고려

하더라도 청구인에 대한 중징계의 해임처분은 마땅히 취소 또는 감경되어야 할 것입니다.

4) 청구인은 현재 보다 세심한 주의를 기울이지 못하여 발생한 본인의 실수에 대해서는 이를 인정하고 진심으로 반성하고 있습니다. 그러나 고의적으로 표절을 하고 이를 부당하게 실적으로 올려 평가받으려고 하였다는 것은 결코 사실이 아닙니다. 청구인은 피청구인 내부에 부조리한 일이 발생하였을 때도 이를 묵과하지 않고 학생들 앞에 떳떳한 교수가 되고자 양심과 정의에 따라 행동하였으며, 조사위원회와 징계위원회의 활동기간에도 연구자로서의 본분을 다하고자 성실히 연구활동에 매진하여 2010년 12월과 2010년 2월에도 각 2건의 논문을 학회지에 게재하였습니다.

5) 이 같은 사유들을 종합적으로 고려해 볼 때 피청구인은 징계양정을 선택함에 있어 반드시 참작되어야 할 사정들을 면밀히 반영하지 아니하고, 단 한 번의 징계전력도 없이 성실히 업무를 수행해 온 청구인에게 곧바로 해임이라는 극히 무거운 처분을 내렸는바, 이는 징계처분의 재량권을 일탈·남용한 것으로서 위법하다고 할 것입니다.

4. 결론

이와 같이 청구인에 대한 피청구인의 이 사건 해임처분은 위법하다고 할 것이므로 이상과 같은 점을 참작하시어, 청구인이 다시금 학교와 학생들의 품으로 돌아갈 수 있도록 청구취지와 같은 결정을 하여주시기 바랍니다.

2010. ○. .

청구인의 대리인

담당변호사 송도인

**교원소청심사위원회 귀중**

---

**송변'S COMMENT**

파면·해임에 관한 징계의결의 요구에는 이사회의 심의·의결이 필요하며 이를 거치지 않은 경우 절차적 하자로 무효에 해당함을 주장하였습니다. 또한 표절, 부당한 저자표시 등의 징계사유에 관하여 연구윤리 위반 사실이 없으며, 일부 실수가 인정되더라도 이를 이유로 해임에 이른 것은 재량권 일탈·남용에 해당함을 주장하여 인용된 사례입니다.

#절차적 하자 #표절 #부당한 저자표시

---

# 소청심사청구서

사        건   해임 처분 취소(감경) 청구

소 청 인   ○ ○ ○

             (前) 소속

             (前) 직급

피 소 청 인   ○ ○ ○

처분서수령일   2010. ○. ○.

## 소 청 취 지

피소청인이 2010. ○. ○. 소청인에 대하여 한 해임 처분의 취소 또는 감경을 구합니다.

## 소 청 이 유

### 1. 처분의 내용 및 경위

### 2. 관련법리 : 징계양정의 적정성 판단기준

가. 대법원은 "공무원인 피징계자에게 징계사유가 있어서 징계처분을 하는 경우 어떠한 처분을 할 것인가는 징계권자의 재량에 맡겨진 것이고, 징계권자가 재량권의 행사로서 한 징계처분이 사회통념상 현저하

게 타당성을 잃어 징계권자에게 맡겨진 재량권을 남용한 것이라고 인정되는 경우에 한하여 그 처분을 위법하다고 할 수 있으며, 공무원에 대한 징계처분이 사회통념상 현저하게 타당성을 잃었다고 하려면 구체적인 사례에 따라 징계의 원인이 된 비위사실의 내용과 성질, 징계에 의하여 달성하려고 하는 행정목적, 징계 양정의 기준 등 여러 요소를 종합하여 판단할 때에 그 징계 내용이 객관적으로 명백히 부당하다고 인정할 수 있는 경우이어야 한다. 따라서 징계권의 행사가 임용권자의 재량에 맡겨진 것이라고 하여도 공익적 목적을 위하여 징계권을 행사하여야 할 공익의 원칙에 반하거나 일반적으로 징계사유로 삼은 비행의 정도에 비하여 균형을 잃은 과중한 징계처분을 선택함으로써 비례의 원칙을 위반하거나 또는 합리적인 사유 없이 같은 정도의 비행에 대하여 일반적으로 적용하여 온 기준과 어긋나게 공평을 잃은 징계처분을 선택함으로써 평등의 원칙에 위반한 경우라면 이러한 징계처분은 재량권의 한계를 벗어난 처분으로서 위법하다고 할 것이다(대법원 2012. 10. 11. 선고 2012두10895 판결)."라고 판시하고 있으며,

나. 소청심사위원회는 특히 "'해임'과 같은 배제징계처분은 당사자의 공무담임권을 박탈하는 중징계처분이므로 이는 당사자를 그 조직에서 배제하는 것 이외에는 다른 방도를 찾기 힘들만큼 당해 비위가 중대하고 의무위반 행위의 정도가 심한 경우로 제한하여야 한다(2014-567 해임처분 취소 또는 감경)."고 판정한바 있습니다.

다. 따라서 징계사유가 존재하여 징계처분을 하는 경우에도 징계양정의 적정성을 갖추기 위하여 징계의 사유가 된 비위사실의 내용과 고

의·과실의 정도가 징계처분의 수위와 상응하여야 할 것이고, 특히 '해임'이라는 공무원의 신분을 박탈하는 중한 징계처분을 하는 경우에는 징계양정의 적정성 판단에 있어 이를 더욱 엄격히 하여 해임 처분 이외에는 해당 비위행위에 대한 책임을 물을 다른 방법이 없는 정도의 불가피한 사정이 인정되어야 하는 것입니다.

그런데 피소청인은 위와 같은 판단기준에도 불구하고 소청인에게 이 사건 처분을 하고 말았는바, 이는 이하의 내용과 같은 참작사항들을 고려하였을 때 징계양정이 징계권자의 재량을 넘어 과도하게 이루어진 것으로서 적정성을 갖추고 있지 못하다고 할 것입니다.

3. 이 사건 처분의 부당성

가. 소청인은 자신의 잘못을 깊이 반성하며 피해자에 대하여 진심으로 사죄하고 있습니다.

1) 소청인이 이 사건 피해자에게 징계사유 기재 행위를 하게 된 경위를 먼저 말씀드리면 다음과 같습니다. (중략)

2) 소청인은 위와 같은 행동을 한 것에 대하여 통렬히 반성하며 진심으로 깊이 뉘우치고 있습니다. (중략) 피해자의 의사를 잘못 파악하고 임의로 추정하여 자신의 입장에서만 생각을 하였던 것입니다. 소청인은 현재 자신이 범했던 이러한 착각이 얼마나 어리석고 잘못된 것이었는지, 또한 그러한 착각으로 인해 피해자가 얼마나 큰 고통을 겪었을

지를 생각하며 피해자는 물론 피해자 가족들에게도 큰 사죄의 심정을 갖고 있습니다. 피해자와 그 가족들에게 어떠한 용서를 빌어도 충분치 않겠으나 앞으로도 지금까지 반성하고 뉘우치고 있는 것처럼 계속 사죄하는 마음을 품고 살 것입니다.

그간 자신의 입장만을 생각해 왔던 소청인은 이 사건으로 인하여 직위해제 조치된 이후부터 오로지 반성하고 참회하는 마음으로 수 개월간을 보내왔습니다. 또한 이런 아들의 모습을 보면서 소청인의 부모님들은 (중략) 이에 자신의 잘못으로 인해 부모님들이 겪는 마음고생을 지켜보며 소청인은 진심으로 거듭 반성하였던 것인바, 이 같은 소청인의 진지한 반성의 마음을 부디 헤아려 주시기 바랍니다.

3) 한편, 소청인은 다시는 이런 행위를 하지 않겠다는 굳은 다짐과 함께 진정으로 잘못된 행동을 반복하지 않기 위하여 자신이 이 같은 행위를 한 것에 대한 원인을 찾고자 하였습니다. (중략) 이렇듯 소청인은 다시는 이 같은 잘못된 행위를 반복하지 않기 위하여 문제의 근원을 해결하고자 하는 강한 개선의욕과 치료 의지를 갖고 이를 실천하고 있는바, 아량을 베푸시어 기회를 주시고 질병을 치료하는 계기가 될 수 있도록 도와주시기를 간절히 바랍니다.

나. 피해자가 소청인에 대한 선처를 강력히 탄원하고 있으며 진정한 의사로 합의하였음을 밝히고 있습니다.

(중략) 따라서 이 같은 합의 경위 및 합의서의 내용을 살펴보건대 피해자의 소청인에 대한 합의는 진정한 의사에 기하여 이루어진 것이며, 특

히 내용을 보면 알 수 있듯이 피해자가 진정으로 원하는 것은 ◯◯이지 공무원직을 박탈하는 강력한 징계처분이나 형사 처벌은 아니었다고 사료됩니다.

2) 그럼에도 징계위원회에서는 이러한 피해자의 합의 의사가 피해자의 진정한 의사로 보이지 않는다고 오인하였는바, 이러한 이유로 소청인이 해임이라는 공무원 직 박탈 처분을 받았다는 소식을 듣게 되자 피해자는 소청심사위원회 위원님들께 제출하라며 다시 한 번 소청인에 대하여 탄원서를 작성하여 주었던 것입니다. 이에 피해자가 작성한 탄원서를 살펴보면, 그 내용은 다음과 같습니다. (생략) 따라서 이처럼 피해자가 자신의 합의(처벌불원)의사가 진정한 것이었음을 분명하게 밝히고 있다는 점, 소청인의 행위가 징계를 받아 마땅하나 피해자로서는 소청인이 공무원직을 박탈당하는 해임의 처분을 받는 것까지는 원치 않으며 해당 징계만은 면할 수 있도록 선처를 호소하고 있다는 점 등을 고려하시어 피해자의 의사가 최대한 반영될 수 있도록 혜량을 베풀어 주시기 바랍니다.

다. 소청인은 ◯◯업무를 누구보다 성실히 수행하였으며 열정과 보람을 가지고 근무하였습니다.

1) 소청인이 피해자에 대하여 징계사유와 같은 행위를 한 것에 대하여는 변명의 여지가 없겠으나 다만 소청인은 본인의 맡은 바 업무를 수행함에 있어서는 그 누구보다 성실하고 열정적인 공무원이었습니다. ◯◯직으로 힘든 일을 마지않았으며, 따뜻한 사회를 만드는데 미력하

나마 기여할 수 있다는 보람과 자긍심으로 일하였습니다. 특히 소청인은 ○○업무를 수행할 때 큰 보람을 느꼈는바, 2010. 친절공무원으로 선정되었으며, 2010. ○○향상에 기여한 공을 인정받아 피소청인으로부터 표창을 받기도 하였습니다. 또한 동료 공무원들의 탄원서를 보더라도 소청인은 어려움에 처한 민원인들을 마치 자신의 가족과 같이 대하였다고 합니다.

2) 이에, 이러한 소청인의 업무 수행능력과 근무태도 등을 높게 평가하였던 팀장 등 소청인의 상사는 소청인이 그 누구보다 성실히 근무하였으며 업무 추진력이 뛰어나 ○○업무를 발전시키는데 기여하였다며, 동료 수십 명과 함께 연명하여 소청인으로 하여금 공무원직을 박탈하는 해임이라는 가혹한 처분만은 면하게 해주시어 젊은 공무원이 공익에 이바지 할 수 있는 기회를 단 한 번만 주시옵기를 호소하고 있는 바, 이러한 상사 및 동료들의 진정어린 탄원을 헤아려 주시기 바랍니다.

라. 해임처분 외에 다른 방법으로도 징계의 목적을 충분히 달성 할 수 있습니다.

앞서 관련 법리에서 살펴본 바와 같이 징계권의 행사가 임용권자의 재량에 맡겨진 것이라고 하더라도 징계사유로 삼은 비행의 정도에 비하여 균형을 잃은 과중한 징계처분을 하는 것은 비례의 원칙을 위반하는 것이며, 특히 해임처분은 당사자의 공무담임권을 박탈하는 중징계로서 이는 당사자를 그 조직에서 완전히 배제하는 것 외에는 다른 방법을 찾기 힘들만큼 비위행위가 중대하고 심각한 경우에 한하여 제한적으로 이루어져야 하는 것입니다.

그런데 소청인의 비위행위 요지는 (생략) 등의 행위를 하였다는 것인바, 이러한 비위행위에 대한 징계의 방법으로서는 당사자의 공무담임권을 박탈하여 공직에서 배제하는 것보다는 비위행위에 따른 책임과 처벌로서 징계처분은 하되 다시는 이러한 일이 발생하지 않도록 이를 차단하는 실제적인 조치를 함으로써 비위행위에 상응하는 처분으로 징계양정의 적정성을 도모할 수 있다고 할 것입니다. 즉 소청인에 대하여 반드시 해임으로 공무원 신분을 박탈하여 더 이상 공무원 생활을 할 수 없도록 하기 보다는, 배제처분을 제외한 중징계를 하되, 타 지역으로의 인사발령을 통해 다시는 소청인이 (중략) 하는 방법으로써 처벌과 재발방지라는 징계의 목적을 충분히 달성할 수 있다고 할 것입니다.

그렇다면 해임처분 외에 다른 방법으로도 충분히 당사자의 비위행위에 대한 징계가 가능한 이 사건에 대하여, 지금까지 단 한 번의 징계전력조차 없었던 소청인에게 막바로 가장 중한 징계처분 중 하나인 해임처분을 하여 소청인의 공무담임권을 박탈한 것은 그 징계양정에 있어 적정성을 갖추고 있지 못하였다고 할 것입니다.

덧붙여, 소청심사위원회에서 이러한 방도를 받아들여 주신다면 소청인으로서는 이를 감사히 여기고 타 지역으로의 전출을 즉각 신청하여 새로운 지역에서 새로운 마음으로 더욱 성실히 일할 것을 다짐하는 바입니다.

## 4. 결론

이와 같이 소청인에 대한 피소청인의 이 사건 징계처분은 징계양정의 적정성을 일탈하여 과도하게 이루어진 것으로서 위법·부당하다고 할 것인바, 징계양정과 관련하여 위와 같은 정상을 참작하시어 이 사건 징계처분을 감경하여 주시기 바랍니다.

2010. ○. .

소청인 ○○○

**○○○소청심사위원회 귀중**

---

**송변'S COMMENT**

해임과 같은 배제처분의 경우 공무담임권을 박탈하는 중징계처분이므로 다른 방법으로 징계처분의 목적을 달성할 수 없는 경우에 한하여 제한적으로 이루어져야 함을 강조한 사례입니다. 또한 소청인의 진심어린 반성, 피해자의 소청인에 대한 선처 탄원의사를 입증자료를 통해 제시하였습니다.

#배제처분 #반성 #합의서

# 소청심사청구서

사　　건　해임처분 취소(감경)청구

청 구 인　○○○

피청구인　학교법인　○○대학교

처분이 있음을 안날　2010. ○. ○.

## 소 청 취 지

피청구인이 2010. ○. ○. 청구인에게 한 해임 처분의 취소 또는 감경을 구합니다.

## 소 청 이 유

### 1. 처분사유

청구인은 2010. ○. ○. 부터 피청구인 학교법인　○○대학교　○○과 교수로 재직 중인 자로서, 2010. ○. ○. 소속과 ○학년 학생 ○○○을 성추행함으로써 교수로서의 직무윤리와 신의성실의무 및 품위유지의무를 위반하고 대학 이미지를 훼손하였다는 이유로 2010. ○. ○. 해임처분을 받았습니다. 그러나 위 처분은 정당한 징계사유가 존재하지 아니하고, 징계양정에 있어 재량권을 남용하거나 징계재량의 범위를 벗어난 것으로서 적정성을 갖추지 못하여 위법하다고 할 것입니다.

이하에서는 해당 내용을 설명 드리되, 이 사건 처분의 위법성을 구체적으로 살펴보기에 앞서 이 사건의 올바른 이해를 도모하고자 청구인과 피해학생과의 관계 및 이 사건에 이르게 된 경위 등에 대하여 우선하여 설명 드리고자 합니다.

2. 사건의 발생 경위

가. 청구인과 피해학생과의 관계
나. 사건 발생 당시의 상황

3. 이 사건 처분의 위법성

가. 징계사유의 부존재

1) 징계사유가 사실 확인이 되지 않은 피해학생의 일방적인 주장에 의해 구성되었습니다.

가) 이 사건 징계사유서를 살펴보면, 피해자 진술을 모두(冒頭)로 하여 징계대상자의 소명과 정상참작 사유를 기재한 후 판단을 하고 있는 바, 해임이라는 교원의 직의 박탈하는 중징계를 함에 있어 피해자 진술의 신빙성과 사실여부를 구체적으로 조사하고 정확히 확인한 후 인정된 사실관계에 따라 처분이 이루어진 것이 아니라, 피해자의 일방적인 진술만을 신뢰하여 징계대상자에 대한 혐의를 곧바로 인정하였음을 알 수 있습니다.

즉, 징계처분이 정당성을 갖기 위해서는 정당한 징계사유가 존재하여야 할 것이고, 정당한 징계사유가 존재하는지 여부는 사실관계에 대한 정확한 확인과 인정절차가 선행되어야 하는 것인데 이 사건 징계처분에서는 이러한 절차가 이루어지지 않은 것입니다. 또한 징계처분은 사실관계의 확정을 통하여 인정된 사실을 근거로 이루어져야 하며, 징계사유서에는 징계처분의 사유가 된 각 비위행위에 대한 구체적인 내용과 판단에 이르게 된 근거를 기재하여야 함이 마땅함에도, 이 사건의 경우 피해자가 호소한 피해사실을 일방적으로 징계사유로 삼았을 뿐이고 그 중 어떠한 행위를, 무슨 근거로 징계사유로 삼게 되었는지 그 이유를 정확히 밝히고 있지 아니합니다.

나) 특히 '판단 및 양정' 부분을 보면 청구인이 'ㅇㅇㅇ'이라고 한 부분을 본인의 행동을 시인한 것으로 보아 마치 피해자의 진술을 모두 인정한 것이라는 취지로 기재하고 있으나, 오히려 청구인은 피해자 진술의 상당 부분이 사실과 전혀 달라 해당 내용을 부인하고 있는 실정입니다. (중략)

2) 청구인의 행위는 성추행·성희롱에 이르지 아니합니다.

가) 피청구인 학교는 이 사건이 발생하자 이 사건 행위가 성추행·성희롱에 해당하는지 여부에 대한 진지하고 면밀한 검토 없이 마치 청구인이 파렴치한 성추행범인 것처럼 몰아붙여 징계절차를 진행하였습니다.

나) 그런데 형법상 강제추행죄는 상대방에 대하여 폭행 또는 협박을

가하여 항거를 곤란하게 한 뒤에 추행행위를 하는 경우를 말하며, 대법원은 "추행이라 함은 객관적으로 일반인에게 성적 수치심이나 혐오감을 일으키게 하고 선량한 성적 도덕관념에 반하는 행위로서 피해자의 성적 자유를 침해하는 것이라고 할 것인데, 이에 해당하는지 여부는 피해자의 의사, 성별, 연령, 행위자와 피해자의 이전부터의 관계, 그 행위에 이르게 된 경위, 구체적 행위태양, 주위의 객관적 상황과 그 시대의 성적 도덕관념 등을 종합적으로 고려하여 신중히 결정되어야 할 것이다(대법원 2012. 6. 14. 선고 2012도3893 판결 등 참조)."라고 판시하고 있습니다.

따라서, 청구인이 피해학생에 대하여 이 사건 행위를 한 것이 성추행에 해당하기 위해서는 일반인을 기준으로 하였을 때 성적 수치심이나 혐오감을 일으킬 정도여야 하며, 나아가 적극적으로 피해자의 성적 자기결정권을 침해하는 수준에 이르러야 하는 것입니다.

이에 서울고등법원에서는 "성적 수치심을 유발하는 언행 없이 단순히 볼에 뽀뽀만 한 행위를 두고 개인의 성적 자유를 침해하고 도덕적으로 비난 받아야 할 추행행위로 보기 힘들다."는 판결을 하기도 하였습니다.

다) 이러한 추행의 법적 개념에 따르는 경우, 앞서 이 사건의 발생 경위에서 살펴본 바와 같이 청구인의 이 사건 행위는 피해학생에 대하여 성적 수치심을 유발하거나 개인의 성적 자유를 침해하는 정도에 이르지 아니하였으며 오히려 그와는 무관하게 (중략) 학생을 위로하고자 스

승과 제자 간 친교에 근거하여 이루어진 행위라고 할 것이므로 결국 이 사건 행위를 성추행에 해당한다고 보는 것은 무리가 있다고 할 것입니다.

라) 또한 판례는 성추행에 해당하는지 여부는 단순히 표면상 드러난 행위만을 가지고 판단할 것이 아니고, 피해자의 의사, 연령, 행위자와 피해자의 이전부터의 관계, 그 행위에 이르게 된 경위 등을 종합적으로 고려하여 신중히 결정하여야 한다고 판시하고 있는바, ① 청구인과 피해학생이 수년간 매우 긴밀한 유대관계를 유지하여 왔고, 각별한 스승과 제자사이로 서로 애정과 신뢰를 쌓아왔던 사이였다는 점, ② 청구인은 피해학생과 수시로 만나 상담을 해주며 고민을 나눠왔던 관계였으며 이 사건 발생 당일에도 (중략) 등을 고려하면 이 사건 청구인의 행위를 성적 수치심을 유발하고 개인의 성적 자유를 침해하는 성추행에 해당한다고 보는 것은 상당한 어려움이 있다고 할 것입니다.

마) 한편, 국가인권위원회법 제2조 제3호는 "성희롱이라 함은 업무, 고용 그 밖의 관계에서 공공기관의 종사자, 사용자 또는 근로자가 그 직위를 이용하거나 업무 등과 관련하여 성적 언동 등으로 성적굴욕감 또는 혐오감을 느끼게 하거나 성적 언동 그 밖의 요구 등에 대한 불응을 이유로 고용상의 불이익을 주는 것을 말한다."고 규정하고 있으며, 우리 대법원은 "구 「남녀차별금지 및 구제에 관한 법률」(2003. 5. 29. 법률 제6915호로 개정되기 전의 것) 제2조 제2호에서 규정한 성희롱의 전제요건인 '성적 언동 등'이란 남녀 간의 육체적 관계나 남성 또는 여성의 신체적 특징과 관련된 육체적, 언어적, 시각적 행위로서 사회공동체의 건전

한 상식과 관행에 비추어 볼 때 객관적으로 상대방과 같은 처지에 있는 일반적이고도 평균적인 사람으로 하여금 성적 굴욕감이나 혐오감을 느끼게 할 수 있는 행위를 의미하고, 당사자의 관계, 행위가 행해진 장소 및 상황, 행위에 대한 상대방의 명시적 또는 추정적인 반응의 내용, 행위의 내용 및 정도, 행위가 일회적 또는 단기간의 것인지 아니면 계속적인 것인지 여부 등의 구체적 사정을 참작하여 볼 때, 객관적으로 상대방과 같은 처지에 있는 일반적이고도 평균적인 사람으로 하여금 성적 굴욕감이나 혐오감을 느낄 수 있게 하는 행위가 있고, 그로 인하여 행위의 상대방이 성적 굴욕감이나 혐오감을 느꼈음이 인정되어야 한다. 따라서 객관적으로 상대방과 같은 처지에 있는 일반적이고도 평균적인 사람으로 하여금 성적 굴욕감이나 혐오감을 느끼게 하는 행위가 아닌 이상 상대방이 성적 굴욕감이나 혐오감을 느꼈다는 이유만으로 성희롱이 성립할 수는 없다(대법원 2007. 6. 14. 선고 2005두6461 판결)."고 판시하고 있습니다.

따라서 성희롱이 성립하기 위해서는 고용관계 등에서 그 직위를 이용하거나 해당 행위를 거부하는 경우 불이익을 가할 것을 전제로 하여, 일반인으로 하여금 성적 굴욕감이나 혐오감을 느끼게 하는 행위가 이루어져야 하는 것입니다.

바) 그런데, 청구인은 이 사건 행위를 함에 있어 학생을 위로·격려코자 하는 목적 외에 교수로서의 직위를 이용하거나, 이에 응하지 않는 경우 교수로서 피해학생에게 어떠한 불이익(예컨대 학점, 출결처리, 장학금 지급 등)을 줄 것을 전제로 한 사실이 전혀 없는바, 이를 성희롱에 해당한

다고 할 수 없으며 더욱이 교수의 지위를 이용한 성희롱이라고는 절대 볼 수 없을 것입니다.

사) 더불어, 성희롱 역시 성추행과 마찬가지로 성립 여부를 판단하기 위해서는 당사자들의 관계, 행위의 내용과 정도, 행위의 일회성 또는 계속성 여부 등이 종합적으로 고려되어야 할 것인데, 이 사건의 경우 ① 앞서 거듭 살펴본 바와 같이 당사자들의 관계가 평소 각별한 스승과 제자사이로 서로 애정과 신뢰를 보여 왔다는 점 (중략) 등을 고려하면 이 사건 행위만으로는 성희롱이 성립되었다고 볼 수 없을 것입니다. (중략)

나. 징계양정의 부적정

1) 징계양정의 적정성 판단기준

교육공무원 징계양정 등에 관한 규칙 제2조 [별표] 징계기준은 품위유지의무 위반에 대한 징계의 정도로서, ① 비위의 정도가 심하고 고의가 있는 경우 파면-해임, ② 비위의 정도가 심하고 중과실이거나 비위의 정도가 약하고 고의가 있는 경우 강등-정직, ③ 비위의 정도가 심하고 경과실인 경우 또는 비위의 정도가 약하고 중과실인 경우 감봉, ④ 비위의 정도가 약하고 경과실인 경우 견책을 하도록 규정하고 있으며, 대법원은 "사립학교 교원에게 징계사유가 있어 징계처분을 하는 경우 어떠한 처분을 할 것인가는 원칙적으로 징계권자의 재량에 맡겨져 있는 것이므로, 그 징계처분이 위법하다고 하기 위하여서는 징계권자가 재량권을 행사하여 한 징계처분이 사회통념상 현저하게 타당성을 잃어 징계권자에게 맡겨진 재량권을 남용한 것이라고 인정되는 경우에 한하며, 그 징계처분이 사회통념상 현저하게 타당성을 잃은 처분이라고 하려면 구체적인 사례에 따라 직무의 특성, 징계의 사유가 된 비위사실의 내용과 성질 및 징계에 의하여 달하려는 목적과 그에 수반되는 제반 사정을 참작하여 객관적으로 명백히 부당하다고 인정되는 경우라야 한다(대법원 2000. 10. 13. 선고 98두8858 판결)."고 판시하고 있는바, 설령 청구인에게 징계사유가 인정된다고 하더라도 이 사건 행위에 대한 징계로서 해임이라는 교수로서의 직을 완전히 박탈하는 중한 처분을 한 것은 다음과 같은 이유에서 징계양정이 징계권자의 재량을 남용하여 과하게 이루어진 것으로서 위법하다고 할 것입니다.

2) 비위행위의 정도 및 고의·과실 여부와 처분 사이 균형이 맞지 않습니다.

징계양정이 적정성을 갖추기 위해서는 징계의 사유가 된 비위사실의 내용과 고의·과실의 정도가 징계처분의 수위와 상응하여야 할 것입니다. 그런데 이러한 징계의 균형성, 적정성 여부를 판단함에 있어 위 교육공무원 징계양정 등에 관한 규칙은 일응 그 판단 기준이 된다고 할 것인바, 위 징계기준에 따르는 경우 해임은 '비위의 정도가 심하고 고의가 있는 경우'에 한하여 이루어지는 처분입니다.
그런데, 앞서 살펴본 바와 같이 이 사건 비위사실은 학생에 대한 신체적 폭력, 폭행이나 협박 등으로 항거가 불가능한 상태에서 이루어진 추행 또는 신체부위에 대한 직접적이고 고의적인 접촉 등에 전혀 이르지 않는 수준의 행위로서 그 비위가 중하지 않을 뿐만 아니라, 피해행위가 발생하게 된 경위를 살펴보더라도 비위행위를 범하는데 있어 청구인의 고의나 중과실이 존재하지 않았음이 명백합니다. 따라서 비위의 정도가 심하고 특히 고의가 있는 경우에 한하여 적용되는 해임을 이 사건에 대하여 적용한 것은 징계권을 현저히 남용한 것으로서 징계양정의 적정성을 갖추고 있지 못하다고 할 것입니다. (중략)

7) 징계절차의 전 과정에 있어 청구인에게 충분한 방어권 행사의 기회가 주어지지 않았습니다.

징계처분을 함에 있어서는 그 과정에 있어 사실관계를 철저히 확인하고, 혐의자에게 충분한 진술의 기회를 부여하여 징계혐의사실에 대한 변명을 할 수 있는 기회를 제공함으로서 방어권을 보장하여야 할 것입니다. 그런데, 청구인은 이 사건 징계처분이 이루어지게 된 전 과정에 걸쳐 부실한 조사를 받았으며, 피해학생의 진술을 포함하여 혐의 내용에 대한 구체적인 설명을 듣지 못하여 각 비위사실들에 대하여 충분한 소명의 기회를 제공받지 못하였습니다.
이 사건 발생 일주일 뒤인 ○. ○. 오전 ○시경, 갑작스럽게 학내 성희롱·성폭력 대책위원회로부터 조사에 30분 후까지 출석하라는 통보를 받은 청구인은 이에 출석을 하게 되었습니다. 그런데 30분 후 수업이 있었던 관계로 청구인은 서둘러 조사에 임할 수밖에 없었고 시간상 충분한 소명을 할 수 없었습니다(조사에 소요된 시간은 채 20분도 되지 않습니다). 또한 청구인은 이때 처음으로 조사위원회로부터 피해학생의 진술서를 받아 보게 되었는바, 이에 대한 소명을 하기 위해서는 해당 내용을 꼼꼼히 살펴보고 이를 파악할 필요가 있음에도 불구하고 조사위원장은 진술서를 그 자리에서 약 5분간 읽어보게 한 뒤 이를 다시 회수해 갔습니다.

징계사유설명서를 보더라도 이 사건 징계사유가 거의 전적으로 피해자의 진술에 의존하고 있음에도 불구하고 청구인은 해당 내용을 잘 알지 못하여 이에 대한 방어를 할 수 없었던 것입니다. 청구인은 피청구인 학교에 피해학생의 진술서나 제출자료 등의 사본의 요청하였으나 피청구인 학교는 이를 거절하였고 열람만이 가능하다며 사실상 해임의 중징계를 결정한 이후인 ○. ○. 이 돼서야 1회의 열람을 허락하여 주었을 뿐입니다. 이후 ○. ○. 징계위원회를 개최하였으나 그때마저도 청구인은 피해학생의 주장이나 그에 따른 구체적인 비위사실에 대하여 이를 문서로 받지 못하여 자기 변론의 기회를 제대로 보장받지 못하였습니다.

이렇듯 이 사건 징계처분은 혐의자에게 자료가 제공되고 철저한 조사를 거쳐 혐의사실에 대한 충분한 진술의 기회가 보장된 상태에서 이루어진 것이 아니라, 피해학생의 일방적인 주장과 이를 혐의자에게 교부하지 않아 혐의자가 이에 대하여 구체적으로 소명을 하지 못하는 가운데 추진된 것이라고 할 것입니다. 그렇다면 이는 형식적으로는 징계절차를 준수하였다고 할지라도 실질적으로는 혐의자의 방어권 행사에 지장을 초래하였다고 할 것인바, 징계처분과 관련한 절차 위반의 독자적인 위법사유가 되지는 못하더라도 이러한 일련의 진행과정에서 청구인이 정당한 권리를 보장받지 못한 점을 징계양정의 참작사유로 삼아야 함이 마땅하다고 할 것입니다.

## 4. 결 론

이와 같이 이 사건 해임처분은 정당한 징계사유가 존재하지 아니하고 징계양정에 있어 재량권을 일탈·남용한 위법이 있다고 할 것이므로 청구취지와 같은 결정을 하여주시기 바랍니다.

2010. O. .

청구인 OOO

**교원소청심사위원회 귀중**

---

**송변'S COMMENT**

성 관련 사건의 경우 조심스럽게 접근할 필요성이 있으며 설득력 있는 설명이 요구됩니다. 이에 청구인과 피해자와의 관계, 사건 발생 당시의 구체적인 상황 등 전반적인 경위를 우선 설명한 후 구체적으로 징계처분의 부당성을 논하는 구조를 취한 사례입니다. 또한 성추행·성희롱에 대한 법적 개념과 그에 따른 판단 결과 및 유사사례와의 비교·분석을 통해 심사위원들이 균형 있는 시각에서 사건을 바라볼 수 있도록 하였습니다.

#성추행 #비례의 원칙

---

# 소청심사청구서

사 건 해임처분 취소(감경)청구

청 구 인 ○○○

피청구인 학교법인 ○○학원

## 소 청 취 지

피청구인이 2010. ○. ○. 청구인에게 한 해임 처분의 취소 또는 감경을 구합니다.

## 소 청 이 유

### 1. 처분사유

청구인은 (중략) 함으로써 교사로서의 품위유지의무와 성실의무를 위반하였다는 이유로 2010. ○. ○. 해임처분을 받았습니다.

### 2. 이 사건 처분의 위법성

가. 절차상 하자의 존재

1) 이사회 심의·의결을 거치지 않음

가) 이 사건 처분의 실체적 정당성을 판단하기에 앞서 위 처분이 절차적 정당성을 갖추어 이루어진 것인지 여부를 우선하여 살펴보건대, 사립학교법 및 피청구인 정관에서는 다음과 같이 교원의 임면에 관한 사항에 대하여는 이사회의 심의·의결을 거쳐 교원징계위원회에 그 징계의결을 요구하도록 규정하고 있습니다.

---

**〈사립학교법〉**

제53조의2(학교의 장이 아닌 교원의 임면) ① 각급 학교의 교원은 당해 학교법인 또는 사립학교경영자가 임면하되, 다음 각 호의 1에 의하여야 한다.
1. 학교법인 및 법인인 사립학교경영자가 설치·경영하는 사립학교의 교원의 임면은 당해 학교의 장의 제청으로 이사회의 의결을 거쳐야 한다.

제64조(징계의결의 요구) 사립학교의 교원의 임면권자는 그 소속 교원 중에 제61조 제1항의 징계사유에 해당하는 자가 있을 때에는 미리 충분한 조사를 한 후 당해 징계사건을 관할하는 교원징계위원회에 그 징계의결을 요구하여야 한다.

**〈정관〉**

제○조(이사회의 구성 및 기능 등) ② 이사회는 다음 각 호의 사항을 심의·결정한다.
5. 법인이 설치한 학교의 장 및 교원의 임면에 관한 사항

---

따라서 사립학교 교원에 대한 징계처분 절차 진행 시, 사립학교 교원의

임면권자는 해당 교원에 대한 조사를 거친 후 교원징계위원회에 징계의 결을 요구하고자 하는 징계처분의 수준이 '면직'에 속하는 파면이나 해임에 해당하는 경우, 사립학교법 및 정관 규정에 따라 이에 대하여 이사회에 해당 안건을 제청하고, 해당 안건에 대한 이사회의 심의·의결을 거친 후 교원징계위원회에 그 징계의결을 요구하여야 하는 것입니다.

나) 이와 관련하여 대법원은 "구 사립학교법(1997. 1. 13. 법률 제5274호로 개정되기 전의 것) 제2조 제1항과 제3조 제1호, 제16조 제1항 제5호와 제53조의2 제1항 제1호 및 제61조 제1, 2항과 제64조에 의하면, 사립대학 교원의 임면에 관한 사항은 학교법인 이사회의 심의·의결 사항인 것으로 규정되어 있지만, 파면·해임 등의 징계에 관하여는 임면권자인 학교법인이 당해 교원징계위원회에 징계의결을 요구하여 그 결과에 따라 징계를 하여야 하는 것으로 규정되어 있을 뿐 그 징계의결의 요구에 학교법인 이사회의 심의·의결이 필요한지 여부가 명시적으로 규정되어 있지 아니하다. 그렇지만 법 제54조 제1항과 법 시행령 제23조 제2항에서 관할청에 대한 교원의 임면보고 사항 중에 해임보고를 포함시키는 한편, 당해 해임이 징계에 의한 것인 경우에는 그 해임보고서에 징계의결서 사본 외에 이사회 회의록 사본도 첨부하여야 하는 것으로 규정하고 있는 점과 영 제25조에서 학교법인이 징계의결의 요구를 함에 있어 첨부하여야 할 서류에 징계의 종류와 양을 기재한 서류를 포함시키고 있는 점, 그리고 법 제62조 제2항에서 징계위원회는 학교법인의 이사가 그 위원의 2분의 1을 초과할 수 없는 것으로 규정함으로써 학교법인의 이사회와는 그 구성을 달리하도록 규정하고 있는 점 및 국가공무원법 제32조와 공무원 임용령 제2조 및 교육공무원법 제2조 제5

항 등 관련 법령의 규정에서 '임면' 또는 '임용'에는 징계로서 행하여지는 파면·해임도 포함되는 것으로 정의하고 있는 점 등에 비추어 보면, 법상 징계로서 행하여지는 파면·해임 역시 교원의 임면에 속하는 것으로서 그에 관한 징계의결의 요구에는 이사회의 심의·의결이 필요한 것으로 풀이된다. 따라서 원심이 징계에 의한 파면·해임은 교원의 임면에 관한 사항에 속하지 아니하여 그에 관한 징계의결의 요구에는 이사회의 심의·의결을 거칠 필요가 없다고 판단한 것은 잘못이라고 할 것이다(대법원 2000. 10. 13. 선고 98두8858 판결)."라고 판시한바 있습니다.

다) 즉, 법률규정 및 정관, 대법원 판례에 따라 사립학교 교원에 대하여 면직에 해당하는 '해임'의 징계처분을 하고자 하는 경우 이는 교원의 임면에 관한 사항에 해당하므로, 사립학교의 장은 해당 안건에 대하여 이사회에 의결을 제청하여 심의·의결을 거친 후 징계위원회에 해당 교원의 징계의결을 요구하여야 하는 것입니다.

그런데 이 사건 청구인의 경우를 살펴보면, 피청구인이 2010. ○. ○.경 청구인의 비위사실을 인지한 후 2010. ○. ○. 징계위원회를 개최하여 해임처분을 하기 전까지, 학교법인이 징계위원회에 청구인에 대한 징계의결을 요구하였고, 해당 징계의결을 요구하기 전 이사회를 개최하여 이사회에서 이 사건 청구인의 해임과 관련한 징계의결요구안을 심의·의결하는 절차를 거쳤다는 점이 전혀 확인되고 있지 않습니다. 따라서 이는 청구인에 대한 해임처분을 함에 있어 해임의결 요구안을 이사회의 안건으로 상정하여 이에 대한 이사회의 심의·의결 절차를 거쳐 학교법인이 징계위원회에 청구인에 대한 해임의결을 요구 한 후 비로소 징계위원회에서 해임처분을 한 것이 아니어서 이는 징계처분 과정에서 법률과 정관에 따른 절차를 준수하지 아니한 것으로 위법하다고 할 것인바, 결국 징계처분에 있어 절차적 정당성을 명백히 결여한 이 사건 처분은 징계의결의 실체적 정당성을 판단할 필요도 없이 위법·무효라고 할 것입니다.

2) 징계사유설명서를 송부하지 않음

가) 사립학교법 및 피청구인 정관에서는 다음과 같이 징계의결요구권자가 징계위원회에 교원에 대한 징계의결을 요구할 때 징계사유를 해당 교원에게 설명하여 주어 징계혐의자가 자신이 어떠한 비위사실로 징계위원회에 회부되는지를 미리 알 수 있도록 함으로서 징계위원회 개최와 관련하여 당사자의 방어권을 보장하고 있습니다.

---

**〈사립학교법〉**

제64조의2(징계의결요구사유의 통지) 징계의결요구권자가 제64조의 규정에 의하여 징계의결을 요구할 때에는 징계의결요구와 동시에 징계대상자에게 징계사유를 기재한 설명서를 송부하여야 한다.

**〈정관〉**

제○○조(징계의결 요구사유 통지) 교원의 임면권자가 교원에 대한 징계의결을 요구할 때에는 징계의결요구와 동시에 징계대상자에게 징계사유를 게재한 설명서를 송부하여야 한다.

---

나) 그런데, 이 사건 청구인의 경우 20○○. ○. ○. 징계위원회가 개최되기 전까지 어떠한 사유로 징계위원회에 회부되는지에 대하여 그 구체적인 징계사유를 기재한 설명서를 송부 받은 사실이 전혀 없습니다. 피청구인은 20○○. ○. ○. '정관 제○조에 따라 교원징계사유설명서를 송부한다'고 하며 징계사유설명서를 교부한 사실이 있으나, 이는 청구인에 대한 해임처분을 결정한 징계위원회가 모두 종료되고 난 후 교부한 것으로서 정관 제○조 규정에 따른 것이 아니라 제◇조에 따라 징계처분의 사유를 기재한 결정서를 교부받은 것에 불과합니다.

즉, 앞서 살펴본 바와 같이 사립학교법 제64조의2 및 정관 제○○조에서 보장하고 있는 징계사유설명서를 송부 받을 권리는 징계위원회가 개최되기 전 교원의 임면권자가 징계위원회에 징계의결을 요구하면서 그 대상자에게도 징계의결을 요구하게 된 사유를 사전에 알려 줌으로써 징계혐의자가 징계위원회에서 충분한 방어권을 행사 할 수 있도록 하는 데 그 목적이 있다고 할 것인데, 피청구인이 위와 같이 이러한 절차적 규정을 준수하지 아니함으로서 청구인의 경우 제기된 혐의에 대하여 사전에 충분히 소명할 자료를 확보하는 등으로 방어권 행사를 함에 있어 제한을 받았다고 할 것입니다. 따라서 징계처분을 함에 있어 법률과 정관에 의해 거쳐야 할 절차규정을 준수하지 아니하고 이루어진 이 사건 처분은 위법·무효라고 할 것입니다.

3) 의견진술의 기회를 부여하지 않음

가) 사립학교법 제65조 제1항 및 피청구인 정관 제64조 제1항에서는

"징계의결을 행하기 전에 본인의 진술을 들어야 한다."고 규정하여 징계절차에 있어 혐의자에게 충분한 소명과 변명의 기회를 부여함으로서 진술권을 보장하고 있는바, 이와 관련하여 대법원은 "사립학교법 제65조 제1항이 징계위원회는 징계의결을 행하기 전에 본인의 진술을 들어야 한다고 규정한 취지는 사립학교 교원에 대한 징계절차에 있어 징계대상 교원으로 하여금 징계혐의사실에 대한 변명을 위하여 징계위원회에 출석하여 자신에게 이익 되는 진술을 할 수 있는 기회를 주어 방어권을 보장하기 위한 것이다(대법원 1998. 8. 21. 선고 96누12320 판결)."고 판시하고 있습니다. 즉, 징계위원회를 개최함에 있어서는 혐의자에게 충분한 진술의 기회를 부여함으로서 그의 방어권을 보장할 필요가 있다고 할 것이며, 징계권자가 혐의자에게 진술의 기회를 부여하지 아니하거나, 진술권을 포기하게 하는 등의 행위를 하는 경우 이는 징계처분과 관련한 절차적 강행규정을 위반한 것으로서 해당 처분은 위법·무효에 해당한다고 보아야 할 것입니다.

나) 그런데 이 사건에서 청구인은 징계위원회 개최 및 출석통지조차 제대로 된 문서로 전혀 받은 적이 없으며, 20○○. ○. ○. ◇◇◇으로부터 문자메시지를 통해 비로소 징계위원회가 개최된다는 사실을 알게 되었고, 징계위원회 개최 당일에서야 ◇◇◇으로부터 개최 시간과 장소를 겨우 전해들을 수 있었던 것입니다.

이에, 청구인은 징계위원회의 개최 사실을 알고 직접 징계위원회에 참석하여 소명의 기회를 얻고자 하였으나, 피청구인 학교의 ◇◇◇은 징계위원회 개최 며칠 전부터 청구인에게 진술을 포기하라며 진술포기서와 징계처분수용서에 서명할 것을 요구하였으며 심지어 불이익을 언급하며 진술권 포기를 강요하였습니다. 그리고 청구인이 이러한 요구에 불응하며 진술을 하고자 징계위원회 개최 당일 회의장 앞에 도착하자 피청구인은 청구인에게 진술의 기회를 부여하기는커녕 진술권을 포기한다는 서류에 서명을 하라는 말과 함께 청구인의 회의장 입장 자체를 차단하였던 것입니다. 이로서 청구인은 일방적으로 진술권을 박탈당하였습니다.

따라서 이는 청구인에게 본인 진술의 기회를 박탈하여 실질적인 방어권 행사를 제한함으로서 징계혐의자에게 자기 변론의 기회를 최대한 보장하고자 하는 사립학교법 제65조를 전면적으로 위반하였다고 할 것이며 청구인의 방어권 행사를 위법·부당하게 제한하였다고 할 것인바, 그 절차적 하자가 중대하다고 할 것이며, 이러한 중대한 절차적 하자에 기하여 이루어진 이 사건 처분은 응당 위법·무효에 해당한다고 할 것입니다.

나. 징계양정의 적정성 여부

대법원은 "사립학교 교원에게 징계사유가 있어 징계처분을 하는 경우 어떠한 처분을 할 것인가는 원칙적으로 징계권자의 재량에 맡겨져 있는 것이므로 그 징계처분이 위법하다고하기 위하여서는 징계권자가 재량권을 행사하여 한 징계처분이 사회통념상 현저하게 타당성을 잃어 징계권자에게 맡겨진 재량권을 남용한 것이라고 인정되는 경우에 한하고, 그 징계처분이 사회통념상 현저하게 타당성을 잃었는지 여부는 구체적인 사례에 따라 직무의 특성, 징계의 사유가 된 비위사실의 내용과 성질 및 징계에 의하여 달하려는 행정목적, 징계 양정의 기준 등 여러 요소를 종합하여 판단하여야 한다(대법원 2006. 12. 21. 선고 2006두16274 판결)."고 판시하고 있는바, 앞서 살펴본 바와 같이 이 사건 처분은 절차를 준수하지 않고 이루어진 것으로서 위법·무효라는 점을 별론으로 하고 다음과 같은 사유로 그 징계양정 또한 과하여 위법하다고 할 것입니다. (중략)

3) 징계양정 시 참작사항의 미반영

가) 피청구인 정관 제◎조는 "교원징계위원회가 징계사건을 의결함에 있어서는 징계 대상자의 소행, 근무성적, 공적, 개전의 정, 징계요구의 내용 기타 정상을 참작하여야 한다."고 규정하고 있으며, 정관 제◯조가 징계의 유형과 양정기준에 있어 준용하는 공무원 징계령 시행규칙에 따르면 "징계위원회는 징계의결이 요구된 사람이 「성폭력범죄의 처벌 등에 관한 특례법」에 따른 성폭력범죄, 「성매매알선 등 행위의 처벌에 관한 법률」에 따른 성매매, 「국가인권위원회법」 제2조 제3호 라목에 따른 성희롱의 비위사실로 징계의결이 요구된 경우가 아닌 이상 「상훈법」에 따른 훈장 또는 포장을 받은 공적, 「정부표창규정」에 따라 국무총리 이상의 표창을 받은 공적 등이 있는 경우 징계를 감경할 수 있다."고 규정하고 있습니다. 따라서 징계를 감경할 수 없는 사유로 징계의결이 요구된 경우가 아닌 이 사건 청구인에 대하여 그 징계양정을 정함에 있어서는 청구인의 평소 소행, 근무성적, 개전의 정, 기타 정상은 물론이고 특히 공적여부를 면밀히 검토하였어야 할 것이며 법률상 감경 사유에 해당하는 공적이 있는 경우 이를 참작하였어야 할 것입니다.

나) 그런데, 앞서 살펴 본 바와 같이 피청구인은 징계위원회를 개최함

에 있어 청구인에게 진술의 기회조차 부여하지 않았고 청구인은 자신의 공적사항, 근무성적, 개전의 정 등 자신에게 이익 되는 사항을 직접 진술하지 못하였습니다. 이에 청구인은 징계위원회 당일 진술의 기회를 박탈당하자 진술을 위해 준비해 왔던 소명 내용이 담긴 문서만을 겨우 제출할 수 있었을 뿐입니다. 그러나 공적사항 등 징계양정 시 참작하여야 할 사항들에 대하여 징계위원회가 청구인이 제출한 문서의 내용을 검토하여 이를 참작한 후 징계의결을 하였다는 사실은 그 어디에도 나타나 있지 않은바, 이렇듯 감경사유 및 참작사항들이 반영되지 않고 이루어진 이 사건 해임처분은 그 징계양정이 재량권의 범위를 넘어 과도하게 이루어졌다고 할 것입니다. 따라서 금번 소청심사위원회를 통하여서라도 징계양정에 있어 감경사유 및 정상 참작사항들이 반영되어 징계양정의 적정성이 도모되도록 할 필요가 있다고 할 것인바, 그 구체적인 해당 내용에 대하여는 항을 바꾸어 말씀드리도록 하겠습니다. (중략)

3. 결 론

이와 같이 청구인에 대한 피청구인의 이 사건 해임처분은 절차적 하자가 존재하고 징계양정에 있어 재량권을 일탈·남용한 위법이 있다고 할 것이므로 이상과 같은 점을 참작하시어, 청구취지와 같은 결정을 하여주시기 바랍니다.

2010. ○. .
청구인 ○○○

# 교원소청심사위원회 귀중

# 답변서에 대한 반론서[30]

사　　건　해임처분 취소(감경)청구
소 청 인　○○○
피소청인　○○○○○

위 사건에 관하여 소청인의 대리인은 다음과 같이 피소청인의 답변서에 대하여 반론을 개진합니다.

## 다　음

1. 징계사유 중 '내연관계' 부분에 관하여

소청인에 대한 징계처분의 사유 중 '내연관계'의 점에 대하여, ① 소청인과 관련자는 내연관계가 아니며, ② 그럼에도 불구하고 피소청인이 이에 대한 객관적이고 명백한 증거도 없이 막연한 추측만으로 소청인과 관련자를 임의로 내연관계로 판단하여 이를 징계사유로 삼기에 이르렀다는 점은 소청심사청구서를 통해 이미 살펴본 바 있습니다.

---

30) 소청심사청구서를 제출한 후 피청구인으로부터 답변서를 송부 받으면 피청구인의 주장을 면밀히 검토하여 이에 논리적으로 반박하는 내용의 반론서를 작성·제출합니다. 반론서 제출횟수에는 특별히 제한은 없습니다. 다만 심사기일 전에 위원들이 충분히 검토할 시간이 주어질 수 있도록 최소한 일주일 전에는 제출하여야 할 것입니다.

그런데 설령 소청인과 관련자가 피소청인의 주장과 같이 내연관계라 하더라도 이를 이유로 공무원의 신분을 박탈하는 배제처분인 이 사건 해임처분을 한 것은 적정한 징계양정의 범위를 넘은 것으로서 부당하다고 할 것입니다.

　사적 영역에서 발생한 비위행위를 공적 영역의 직무와 관련된 부분에서 발생한 비위행위와 동일하게 취급할 수는 없는 것입니다. 즉, 공무원이 직무 내외를 불문하고 품위를 손상하는 행위를 해서는 안 될 품위유지의무가 있다는 점을 인정하더라도 사적인 영역에서 저지른 비위로 인하여 품위유지의무를 위반한 것을 국가 또는 일반 국민의 이해에 직접적인 영향을 미치는 직무수행과 관련한 비위와 같은 강도로 엄하게 처벌하는 것은 징계의 적정성 및 형평성에 어긋나는 것입니다.

　특히 이러한 사적인 영역에서 발생한 비위행위를 징계사유로 삼는 경우에 있어 공무원을 파면하거나 해임하는 등의 직무 배제 징계를 하는 것은 더욱 신중을 기해야 하며, 사적 영역에서의 일로 직무를 불성실하게 수행하였다거나 사적영역의 일이 공론화됨으로써 공무원이 속한 기관에 대한 국민의 신뢰가 떨어졌다거나 하는 등의 추가적인 사정이 없는 이상 직무행위 또는 외부로까지 확장되지 않은 사적영역에서 발생한 비위로 해임처분을 하는 것은 그 징계양정이 과도하다고 할 것입니다.

　이에 우리 법원은 간통죄가 폐지되기 이전에도 "불건전한 이성교제가 직무수행으로 직결되지 않은 이상 공무원 신분을 박탈하는 해임처분은 지나치다."는 판시를 하였는가 하면, 최근에는 "불륜관계라 하더라도 이는 개인의 지극히 내밀한 영역의 문제로서 그것만으로는 고용관계를 지속하지 못할 이유가 없다.", "불륜행위는 직무 또는 외부로까지 확장되지 않은 사적영역에서 발생한 비위로 정도가 약하여 징계기준의 최상한에 해당하는 해임처분을 한 것은 위법하다."고 명백히 판시를 하였던 것입니다.

이러한 이유로 소청심사위원회 역시 소청인의 이 사건과 유사한 부적절한 이성교제 및 건조물 침입을 징계사유로 한 해임처분 사건에서 "공무원의 징계 종류 중 '해임'은 소청인을 경찰 조직에서 완전히 배제시키는 중한 처분이므로 그 결정에 신중할 필요가 있는바, 징계 사유 중 '부적절한 이성교제 부분'은 직무 수행과 직접적으로 연결된 비위가 아니므로 경찰공무원으로서의 직무 수행에 있어 공정성을 심히 훼손하는 것은 아니"라며 징계를 한 단계 감경하는 결정을 하기도 하였으며, "'해임'과 같은 배제징계처분은 당사자의 공무담임권을 박탈하는 중징계처분이므로 이는 당사자를 그 조직에서 배제하는 것 이외에는 다른 방도를 찾기 힘들만큼 당해 비위가 중대하고 의무위반행위의 정도가 심한 경우로 제한하여야 한다."며 유부녀인 관련자와 오랜 기간 동안 불건전한 이성 관계를 유지한 비위를 범한 소청인에 대하여 해임 처분은 다소 과중하다고 판단하여 강등으로 원처분을 감경하기도 한 것입니다.

따라서 이와 같은 소청심사위원회의 결정례 및 법원의 판례를 보더라도 내연관계를 징계사유로 하여 소청인에 대하여 이 사건 해임 처분을 한 것은 직무와 직결되지 않은 내밀한 사적영역에서 발생한 비위행위를 이유로 공무담임권을 박탈하는 중징계처분에 이른 것으로서 그 의무위반행위의 정도와 징계양정 간 비례성을 충족하지 못하였다고 할 것인바, 이러한 과중한 원처분은 감경되어야 함이 타당합니다.

## 2. 징계사유 중 '증거인멸' 부분에 관하여

피소청인은 소청인이 이 사건과 관련하여 증거인멸을 시도하였다고 하나, 증거인멸이라 함은 "타인의 형사사건이나 징계사건에 관한 증거를 인멸·은닉·위조·변조함으로써 성립하는 것"으로서 소청인의 경우는 증거인멸 자체가 성립하지 않습니다. 즉, 소청인이 ○○○에게 전화를 한 행위는 자신의 사건에 관한 것이므로 타인의 형사사건이나 징계사건에 관한 증거인멸에 해당하지 않으며, 인멸이라 함은 이미 증거가 존재하고 있을 것을 전제로 하는 것인데 이 사건에서는 인멸할 증거 자체가 존재하지 아니하였고 그저 전화로 대화를 나눈 것에 불과하여 이는 증거인멸죄 성립에 대한 법리 상 범죄가 성립한다고 볼 수 없는 것입니다.

## 3. 결론

따라서 피청구인의 주장은 이와 같은 점에서 이유 없다고 할 것이므로 그렇다면 이 사건 해임처분은 징계양정의 적정성을 갖추고 있지 못하여 부당하다고 할 것입니다.

2010.  ○.  .

소청인의    대 리 인

담당변호사    송 도 인

**인사혁신처 소청심사위원회 위원장 귀중**

# 부 록

# 교원의 지위 향상 및
# 교육활동 보호를 위한 특별법

**제1조(목적)** 이 법은 교원에 대한 예우와 처우를 개선하고 신분보장과 교육활동에 대한 보호를 강화함으로써 교원의 지위를 향상시키고 교육 발전을 도모하는 것을 목적으로 한다.

**제2조(교원에 대한 예우)** ① 국가, 지방자치단체, 그 밖의 공공단체는 교원이 사회적으로 존경받고 높은 긍지와 사명감을 가지고 교육활동을 할 수 있는 여건을 조성하도록 노력하여야 한다.

② 국가, 지방자치단체, 그 밖의 공공단체는 교원이 학생에 대한 교육과 지도를 할 때 그 권위를 존중받을 수 있도록 특별히 배려하여야 한다.

③ 국가, 지방자치단체, 그 밖의 공공단체는 그가 주관하는 행사 등에서 교원을 우대하여야 한다.

④ 제1항부터 제3항까지에서 규정한 사항 외에 교원에 대한 예우에 필요한 사항은 대통령령으로 정한다.

**제3조(교원 보수의 우대)** ① 국가와 지방자치단체는 교원의 보수를 특별히 우대하여야 한다.

② 「사립학교법」 제2조에 따른 학교법인과 사립학교 경영자는 그가 설치·경영하는 학교 교원의 보수를 국공립학교 교원의 보수 수준으로 유지하여야 한다.

**제4조(교원의 불체포특권)** 교원은 현행범인인 경우 외에는 소속 학교의 장의 동의 없이 학원 안에서 체포되지 아니한다.

**제5조(학교 안전사고로부터의 보호)** ① 각급 학교 교육시설의 설치·관리 및 교육활동 중에 발생하는 사고로부터 교원과 학생을 보호함으로써 교원이 그 직무를 안정되게 수행할 수 있도록 하기 위하여 학교안전공제회를 설립·운영한다.

② 학교안전공제회에 관하여는 따로 법률로 정한다.

**제6조(교원의 신분보장 등)** ① 교원은 형(刑)의 선고, 징계처분 또는 법률로 정하는 사유에 의하지 아니하고는 그 의사에 반하여 휴직·강임(降任) 또는 면직을 당하지 아니한다.

② 교원은 해당 학교의 운영과 관련하여 발생한 부패행위나 이에 준하는 행위 및 비리 사실 등을 관계 행정기관 또는 수사기관 등에 신고하거나 고발하는 행위로 인하여 정당한 사유 없이 징계조치 등 어떠한 신분상의 불이익이나 근무조건상의 차별을 받지 아니한다.

**제7조(교원소청심사위원회의 설치)** ① 각급 학교 교원의 징계처분과 그 밖에 그 의사에 반하는 불리한 처분(「교육공무원법」 제11조의4 제4항 및 「사립학교법」 제53조의2 제6항에 따른 교원에 대한 재임용 거부처분을 포함한다. 이하 같다)에 대한 소청심사(訴請審査)를 하기 위하여 교육부에 교원소청심사위원회(이하 '심사위원회'라 한다)를 둔다.

② 심사위원회는 위원장 1명을 포함하여 7명 이상 9명 이내의 위원으로 구성하되 위원장과 대통령령으로 정하는 수의 위원은 상임(常任)으로 한다.

③ 심사위원회의 조직에 관하여 필요한 사항은 대통령령으로 정한다.

**제8조(위원의 자격과 임명)** ① 심사위원회의 위원(위원장을 포함한다. 이하 같다)은 다음 각 호의 어느 하나에 해당하는 자 중에서 교육부장관의 제청으로 대통령이 임명한다.

1. 판사, 검사 또는 변호사의 직에 5년 이상 재직 중이거나 재직한 자

2. 교육 경력이 10년 이상인 교원 또는 교원이었던 자

3. 교육행정기관의 3급 이상 공무원 또는 고위공무원단에 속하는 일반직공무원이거나, 3급 이상 공무원 또는 고위공무원단에 속하는 일반직공무원이었던 자

4. 사립학교를 설치·경영하는 법인의 임원이나 사립학교 경영자

5. 「교육기본법」 제15조 제1항에 따라 중앙에 조직된 교원단체에서 추천하는 자

② 심사위원회 위원의 임기는 3년으로 하되, 1차에 한하여 연임할 수 있다.

③ 심사위원회의 위원장과 상임위원은 대통령령으로 정하는 다른 직무를 겸할 수 없다.

④ 심사위원회의 위원장과 상임위원의 신분에 관하여는 「국가공무원법」 제11조를

준용한다.

**제9조(소청심사의 청구 등)** ① 교원이 징계처분과 그 밖에 그 의사에 반하는 불리한 처분에 대하여 불복할 때에는 그 처분이 있었던 것을 안 날부터 30일 이내에 심사위원회에 소청심사를 청구할 수 있다. 이 경우에 심사청구인은 변호사를 대리인으로 선임(選任)할 수 있다.

② 본인의 의사에 반하여 파면·해임·면직처분을 하였을 때에는 그 처분에 대한 심사위원회의 최종 결정이 있을 때까지 후임자를 보충 발령하지 못한다. 다만, 제1항의 기간 내에 소청심사청구를 하지 아니한 경우에는 그 기간이 지난 후에 후임자를 보충 발령할 수 있다.

**제10조(소청심사 결정)** ① 심사위원회는 소청심사청구를 접수한 날부터 60일 이내에 이에 대한 결정을 하여야 한다. 다만, 심사위원회가 불가피하다고 인정하면 그 의결로 30일을 연장할 수 있다.

② 심사위원회의 결정은 처분권자를 기속한다.

③ 제1항에 따른 심사위원회의 결정에 대하여 교원, 「사립학교법」 제2조에 따른 학교법인 또는 사립학교 경영자 등 당사자는 그 결정서를 송달받은 날부터 90일 이내에 「행정소송법」으로 정하는 바에 따라 소송을 제기할 수 있다.

④ 소청심사의 청구·심사 및 결정 등 심사 절차에 관하여 필요한 사항은 대통령령으로 정한다.

**제11조(교원의 지위 향상을 위한 교섭·협의)** ① 「교육기본법」 제15조 제1항에 따른 교원단체는 교원의 전문성 신장과 지위 향상을 위하여 특별시·광역시·특별자치시·도 및 특별자치도(이하 '시·도'라 한다) 교육감이나 교육부장관과 교섭·협의한다.

② 시·도 교육감(이하 '교육감'이라 한다)이나 교육부장관은 제1항에 따른 교섭·협의에 성실히 응하여야 하며, 합의된 사항을 시행하기 위하여 노력하여야 한다.

**제12조(교섭·협의 사항)** 제11조 제1항에 따른 교섭·협의는 교원의 처우 개선, 근무조건 및 복지후생과 전문성 신장에 관한 사항을 그 대상으로 한다. 다만, 교육과정과 교육기관 및 교육행정기관의 관리·운영에 관한 사항은 교섭·협의의 대상이 될 수 없다.

**제13조(교원지위향상심의회의 설치)** ① 제11조 제1항에 따른 교섭·협의 과정에서 당

사자로부터 교섭·협의 사항에 관한 심의요청이 있는 경우 이를 심의하기 위하여 교육부와 시·도에 각각 교원지위향상심의회를 두되 교육부는 7명 이내, 시·도는 5명 이내의 위원으로 구성한다. 다만, 위원장을 제외한 위원의 2분의 1은 교원단체가 추천한 사람으로 한다.

② 교원지위향상심의회의 운영과 위원의 자격 및 선임에 관하여 필요한 사항은 대통령령으로 정한다.

**제14조(교원의 교육활동 보호)** ① 국가, 지방자치단체, 그 밖의 공공단체는 교원이 교육활동을 원활하게 수행할 수 있도록 적극 협조하여야 한다.

② 국가와 지방자치단체는 교원의 교육활동을 보호하기 위하여 다음 각 호의 사항에 관한 시책을 수립·시행하여야 한다.

1. 제15조 제1항에 따른 교육활동 침해행위와 관련된 조사·관리 및 교원의 보호조치

2. 교육활동과 관련된 분쟁의 조정 및 교원에 대한 법률 상담

3. 교원에 대한 민원 등의 조사·관리

4. 그 밖에 교원의 교육활동 보호를 위하여 필요하다고 인정되는 사항

③ 제2항에 따른 시책의 구체적인 내용 및 시책의 수립·시행에 필요한 사항은 대통령령으로 정한다.

**제15조(교육활동 침해행위에 대한 조치)** ① 「유아교육법」에 따른 유치원 및 「초·중등교육법」에 따른 학교(이하 '고등학교 이하 각급 학교'라 한다)의 장은 소속 학교의 학생 또는 그 보호자 등이 교육활동 중인 교원에 대하여 폭행, 모욕 등 대통령령으로 정하는 교육활동을 침해하는 행위(이하 '교육활동 침해행위'라 한다)를 한 사실을 알게 된 경우에는 즉시 교육활동 침해행위로 피해를 입은 교원의 치유와 교권 회복에 필요한 조치(이하 '보호조치'라 한다)를 하여야 한다.

② 제1항에 따라 보호조치를 한 고등학교 이하 각급 학교의 장은 지체 없이 다음 각 호의 구분에 따른 지도·감독기관(이하 '관할청'이라 한다)에 교육활동 침해행위의 내용과 보호조치 결과를 보고하여야 한다.

1. 국립의 고등학교 이하 각급 학교: 교육부장관

2. 공립·사립의 고등학교 이하 각급 학교: 교육감

**제16조(교육활동 침해행위의 축소·은폐 금지 등)** ① 고등학교 이하 각급 학교의 장은 제15조 제2항에 따른 보고를 할 때 교육활동 침해행위의 내용을 축소하거나 은폐해서는 아니 된다.

② 관할청은 제15조 제2항에 따라 보고받은 자료를 해당 학교 또는 해당 학교의 장에 대한 업무 평가 등에 부정적인 자료로 사용해서는 아니 된다.

**제17조(교원치유지원센터의 지정 등)** ① 관할청은 교육활동 침해행위로 피해를 입은 교원의 정신적 피해에 대한 치유를 지원하기 위하여 전문인력 및 시설 등 대통령령으로 정하는 요건을 갖춘 기관 또는 단체를 교원치유지원센터로 지정할 수 있다.

② 관할청은 제1항에 따른 교원치유지원센터의 운영에 드는 비용의 전부 또는 일부를 예산의 범위에서 지원할 수 있다.

**제18조(교육활동 침해 학생에 대한 조치)** ① 고등학교 이하 각급 학교의 장은 소속 학생이 교육활동 침해행위를 한 경우에는 「학교폭력예방 및 대책에 관한 법률」 제17소 제3항에 따라 교육감이 정한 기관에서 대통령령으로 정하는 바에 따라 특별교육 또는 는 심리치료를 받게 할 수 있다.

② 관할청은 제1항에 따른 특별교육 또는 심리치료에 해당 학생의 보호자도 참여하게 하여야 한다.

**제19조(권한의 위임)** 이 법에 따른 교육부장관의 권한은 그 일부를 대통령령으로 정하는 바에 따라 교육감에게 위임할 수 있다.

# 교원소청에 관한 규정

**제1조(목적)** 이 영은 교원의 소청심사청구·심사 및 결정 등에 관하여 「교원의 지위 향상 및 교육활동 보호를 위한 특별법」에서 위임된 사항과 그 시행에 관하여 필요한 사항을 규정함을 목적으로 한다.

**제2조(소청심사청구)** ① 교원이 징계처분 그 밖에 그 의사에 반하는 불리한 처분(「교육공무원법」 제11조의3 제4항 및 「사립학교법」 제53조의2 제6항의 규정에 의한 교원에 대한 재임용 거부처분을 포함한다. 이하 '처분'이라 한다)을 받고 「교원의 지위 향상 및 교육활동 보호를 위한 특별법」(이하 '법'이라 한다) 제9조 제1항의 규정에 의하여 교원소청심사위원회(이하 '심사위원회'라 한다)에 소청심사를 청구하는 때에는 다음 각 호의 사항을 기재한 소청심사청구서와 그 부본 1부를 심사위원회에 제출하여야 한다.

1. 소청심사를 청구하는 자(이하 '청구인'이라 한다)의 성명·주민등록번호·주소 및 전화번호

2. 청구인의 소속 학교명 또는 전 소속 학교명과 직위 또는 전 직위

3. 피청구인(소청심사의 대상이 되는 처분의 처분권자를 말하되, 대통령이처분권자인 경우에는 처분제청권자를 말한다. 이하 같다)

4. 소청심사청구의 대상이 되는 처분의 내용

5. 소청심사청구의 대상이 되는 처분이 있음을 안 날

6. 소청심사청구의 취지

7. 소청심사청구의 이유 및 입증방법

② 청구인이 처분에 대한 사유설명서 또는 인사발령통지서를 받은 경우에는 그 사본 1부를 제1항의 소청심사청구서에 첨부하여야 한다.

**제3조(청구기간의 진행정지)** ① 천재·지변·전쟁·사변 그 밖에 불가항력 등 청구인의 책임 없는 사유로 소청심사를 청구할 수 없는 기간은 소청심사청구기간에 산입하지

아니한다.

② 제1항의 규정에 의한 책임이 없는 사유의 여부는 심사위원회가 결정한다.

**제4조(대리인의 지정 등)** ① 피청구인은 제2조의 규정에 의한 소청심사청구가 있는 때에는 소속 직원 또는 변호사를 대리인으로 지정 또는 선임하여 소청심사청구에 대한 피청구인의 업무를 대리하게 할 수 있다.

② 청구인이 법 제9조 제1항 후단의 규정에 의하여 변호사를 대리인으로 선임하거나 피청구인이 제1항의 규정에 의하여 소속 직원 또는 변호사를 대리인으로 지정·선임한 경우 그 변호사 또는 소속 직원 등은 그 위임장 또는 지정서를 심사위원회에 제출하여야 한다.

**제5조(피청구인의 답변서 제출)** ① 심사위원회가 제2조 제1항의 규정에 의한 소청심사청구서를 받은 때에는 그 부본 1부를 피청구인에게 송부하고, 필요한 경우 답변서를 제출하도록 요구할 수 있다.

② 심사위원회가 피청구인에게 소청심사청구에 대한 답변서의 제출을 요구한 때에는 피청구인은 지정된 기일 내에 답변서와 청구인의 수에 따른 부본을 심사위원회에 제출하여야 한다. 이 경우 답변서에는 소청심사청구의 취지와 이유에 대한 답변 및 이에 대한 입증자료가 포함되어야 한다.

③ 심사위원회는 제1항의 규정에 의하여 제출된 답변서 부본을 지체 없이 청구인에게 송달하여야 한다.

**제6조(보정요구 등)** ① 심사위원회는 소청심사청구서(이하 '청구서'라 한다)에 흠이 있다고 인정할 때에는 청구서를 접수한 날부터 7일 이내에 상당한 기간을 정하여 청구인에게 보정을 요구하여야 한다. 다만, 그 흠이 경미한 때에는 심사위원회가 직권으로 이를 보정할 수 있다.

② 제1항의 규정에 의한 보정이 있는 경우에는 처음부터 적법한 소청심사청구가 제기된 것으로 본다.

③ 청구인의 소재가 분명하지 아니한 경우 심사위원회는 청구인에게 보정을 요구하는 취지를 관보에 게재하는 것으로 그 보정요구의 송달에 갈음할 수 있다. 이 경우 관보에 보정요구의 취지를 게재한 날부터 10일이 경과하는 날에 그 보정요구는 청구

인에게 도달된 것으로 본다.

④ 제1항의 규정에 의한 보정을 요구하는 경우에는 법 제10조 제1항의 규정에 의한 소청심사 결정기간의 산정은 그 보정이 완료된 날부터 기산한다.

**제7조(처분의 취소)** 청구인이 소청심사청구를 제기한 후 피청구인이 소청심사청구의 대상이 되는 처분을 취소·변경하거나 그 소청심사청구의 취지에 따라 다시 처분을 한 때에는 심사위원회와 청구인에게 그 사실을 통지하여야 한다.

**제8조(소청심사청구의 취하)** 청구인은 심사위원회의 결정이 있을 때까지는 소청심사 청구의 일부 또는 전부를 취하할 수 있다.

**제9조(심사일시 등의 지정 통지)** ① 심사위원회가 소청심사청구사건(이하 '소청사건'이라 한다)을 심사할 때에는 청구인과 피청구인(이하 '당사자'라 한다)이 심사위원회에 출석할 수 있도록 당사자에게 심사일시 및 장소를 통지하여야 한다. 이 경우 심사일시 등의 통지를 받은 자가 정당한 사유로 출석할 수 없는 때에는 심사위원회에 심사 연기를 요청할 수 있고, 심사위원회는 다시 심사일시 및 장소를 정하여 당사자가 출석할 수 있도록 하여야 한다.

② 제1항의 규정에 의한 통지를 받고 심사위원회에 출석하는 자가 공무원 또는 사립학교 교직원인 경우 그 소속기관의 장은 공가를 허가하여야 한다.

③ 당사자의 소재가 분명하지 아니한 경우 심사위원회는 제1항의 규정에 의한 통지의 취지를 관보에 게재하는 것으로 그 통지를 갈음할 수 있다. 이 경우 심사일시 등의 통지를 관보에 게재한 날부터 10일이 경과하는 날에 그 통지가 당해 당사자에게 도달된 것으로 본다.

**제10조(위원의 제척·기피·회피)** ① 심사위원회의 위원은 다음 각 호의 어느 하나에 해당하는 경우에는 그 소청사건의 심사·결정에서 제척된다.

1. 위원 또는 그 배우자나 배우자이었던 자가 당해 소청사건의 당사자가 된 경우
2. 위원이 당해 소청사건의 당사자 또는 당사자의 대리인과 친족관계에 있거나 있었던 경우
3. 위원이 당해 소청사건에 관하여 증언이나 검정 또는 감정을 한 경우
4. 위원이 당해 소청사건에 관하여 당사자의 대리인으로서 관여하거나 관여하였던

경우

5. 위원이 당해 소청심사청구의 대상이 된 처분에 관여한 경우

② 당사자는 심사위원회의 위원에게 심사·결정의 공정을 기대하기 어려운 사정이 있는 경우에는 기피신청을 할 수 있다. 이 경우 심사위원회는 결정으로 기피신청을 받아들일 것인지 여부를 판단하여야 한다.

③ 제2항의 규정에 의하여 기피신청을 받은 위원은 기피신청에 대한 심사위원회의 의결에 참여하지 못한다.

④ 심사위원회의 위원은 제1항 또는 제2항의 사유에 해당하는 때에는 스스로 그 소청사건의 심사·결정에서 회피할 수 있다.

**제11조(심사위원회의 심사)** ① 심사위원회는 제2조의 규정에 의하여 청구서를 접수한 때에는 지체 없이 이를 심사하여야 한다.

② 심사위원회는 제1항의 규정에 의한 심사를 하는데 필요하다고 인정하는 경우에는 전문적인 지식과 경험을 갖춘 자에게 검정·감정을 의뢰하거나 소속 직원으로 하여금 당해 소청사건과 관련된 사실조사를 하게 할 수 있다.

③ 심사위원회는 소청사건의 심사에 필요하다고 인정하는 경우에는 당해 소청사건과 관련된 증인을 불러 질문을 하거나 관계 기관 등에 필요한 서류의 제출을 요구할 수 있다.

④ 심사위원회가 소청사건을 심사하기 위하여 청구인에 대한 징계요구기관 또는 관계 기관의 소속직원을 증인으로 소환할 경우에는 당해 기관의 장은 이에 응하여야 한다.

⑤ 심사위원회가 관계 기관 등에 대하여 소청사건의 심사와 관련된 자료의 제출을 요구한 때에는 그 기관은 지정된 기간 내에 이를 제출하여야 한다.

⑥ 심사위원회가 증인을 불러 질문을 할 때에는 증인에게 예산의 범위 안에서 일당과 여비를 지급하여야 한다.

**제12조(심사의 범위)** 심사위원회는 소청심사청구의 원인이 된 사실 외의 사실에 대하여 심사하지 못한다.

**제13조(청구인 등의 진술)** ① 심사위원회가 소청사건을 심사할 때에는 청구인 또는

그 대리인에게 진술의 기회를 부여하여야 한다. 다만, 소청심사청구기간의 경과 등 소청심사의 청구가 부적법하여 각하결정을 하는 때와 소청심사청구의 대상이 되는 처분의 절차상 하자가 명백하여 그 처분의 취소결정을 하는 때는 당사자의 서면진술만으로 결정할 수 있다.

② 심사위원회는 출석한 당사자의 진술을 청취하여야 하고, 필요하다고 인정하는 때에는 구술로 신문할 수 있다.

③ 제9조 제1항의 규정에 의한 통지를 받고 출석하지 아니한 당사자는 서면으로 그 의견을 진술할 수 있다.

④ 형사사건으로 구속되거나 그 밖의 사유로 인하여 심사위원회에 출석할 수 없는 청구인이 제9조 제1항의 규정에 의하여 지정한 기일 또는 심사위원회가 특히 서면에 의한 진술을 위하여 지정한 기일 안에 서면에 의한 진술을 하지 아니한 때에는 심사위원회는 청구인의 진술 없이 당해 소청사건에 대하여 결정을 할 수 있다.

**제14조(증거제출 등)** ① 당사자는 증거물 그 밖에 당해 소청사건의 심사에 필요한 자료를 심사위원회에 제출할 수 있다.

② 당사자는 증인의 소환 또는 증거물 그 밖에 심사위원회의 심사에 필요한 자료의 제출명령을 심사위원회에 신청할 수 있다. 이 경우 심사위원회는 당사자의 증인소환 또는 자료제출명령 신청에 대한 채택 여부를 결정하여야 한다.

③ 심사위원회가 채택한 증인이 공무원 또는 사립학교 교직원인 경우 그 소속기관의 장은 공가를 허가하여야 한다.

**제15조(조서작성)** 심사위원회는 소청사건의 심사절차에 관한 조서를 작성하여야 한다.

**제16조(심사위원회의 결정)** ① 소청사건의 결정은 심사위원회 재적위원 3분의 2 이상의 출석과 재적위원 과반수의 합의에 의하되, 의견이 나뉘어 위원 과반수의 합의에 이르지 못할 경우에는 재적위원 과반수에 이를 때까지 청구인에게 가장 불리한 의견에 차례로 유리한 의견을 더하여 그 중 가장 유리한 의견을 합의된 의견으로 본다.

② 심사위원회의 결정은 다음과 같이 구분한다.

1. 소청심사청구가 부적법한 것인 때에는 그 청구를 각하한다.

2. 소청심사청구가 이유 없다고 인정하는 때에는 그 청구를 기각한다.

3. 처분의 취소 또는 변경을 구하는 소청심사청구가 이유 있다고 인정하는 때에는 처분을 취소 또는 변경하거나 처분권자에게 그 처분의 취소 또는 변경을 명한다.

4. 처분의 효력 유무 또는 존재 여부에 대한 확인을 구하는 소청심사청구가 이유 있다고 인정하는 때에는 처분의 효력유무 또는 존재여부를 확인한다.

5. 위법 또는 부당한 거부처분에 대하여 의무이행을 구하는 소청심사청구가 이유 있다고 인정하는 때에는 그 거부처분을 취소하거나 소청심사청구의 취지에 따른 의무이행을 명한다.

③ 제2항 제3호 및 제4호의 규정에 의한 심사위원회의 결정이 소청심사의 대상이 된 처분에 있어서 법령의 적용, 증거 및 사실조사에 명백한 흠이 있거나 징계위원회의 구성 또는 징계의견 그 밖에 절차상의 흠이 있음을 이유로 한 경우 처분권자는 다시 청구인에 대한 징계절차를 밟아 심사위원회의 결정서를 받은 날부터 3월 이내에 징계절차를 끝내야 한다. 이 경우 심사위원회가 소청심사청구의 대상이 되는 처분에 대하여 한 취소 또는 변경명령 결정은 그에 따른 징계 그 밖의 처분이 있을 때까지 종전에 행한 처분의 효력에 영향을 미치지 아니한다.

④ 심사위원회는 소청심사청구의 대상이 되는 처분보다 청구인에게 불이익한 결정을 하지 못한다.

⑤ 심사위원회의 결정은 그 이유를 명시한 결정서로 하여야 한다.

**제17조(결정서의 작성)** 심사위원회는 소청사건에 대하여 결정을 한 때에는 다음 각 호의 사항을 기재한 결정서를 작성하고 위원장과 출석한 위원이 이에 서명 또는 날인하여야 한다.

1. 당사자의 표시

2. 결정주문

3. 결정이유의 개요

4. 증거의 판단

**제18조(결정의 경정)** 심사위원회는 소청사건에 대한 결정에 오기·착오 그 밖에 이와 비슷한 잘못이 있는 것이 명백한 경우 직권 또는 당사자의 신청에 따라 경정결정을

할 수 있다.

**제19조(결정서의 송부)** ① 결정서(제18조의 규정에 의하여 경정결정을 한 경우 그 경정결정서를 포함한다. 이하 같다)는 그 정본을 작성하여 지체 없이 당사자에게 송부하여야 한다.

② 심사위원회가 제1항의 규정에 의하여 결정서를 송부하였으나 그 결정서가 심사위원회의 과실 없이 청구인에게 송달되지 아니한 경우에는 청구인의 주소·성명과 결정주문을 관보에 게재하는 것으로 결정서의 송부를 갈음할 수 있다. 이 경우 관보에 심사위원회의 결정 결과를 게재한 날부터 14일이 경과하는 날에 그 결정서는 청구인에게 도달된 것으로 본다.

**제20조(위원장 및 상임위원의 겸직금지)** 심사위원회의 위원장과 상임위원은 소청심사에 있어서 다음 각 호의 직무를 겸할 수 없다.

1. 학교법인의 임원

2. 각종 교원단체의 임원

3. 그 밖에 소청의 당사자중 그 일방의 이익을 위한 기관이나 단체의 임원

**제21조(수당)** 심사위원회의 회의에 출석한 위원에 대하여는 예산의 범위 안에서 수당을 지급할 수 있다. 다만, 위원장과 상임위원의 경우에는 그러하지 아니하다.

**제22조(감사원 요구에 의한 재심)** ① 「감사원법」 제32조 제6항의 규정에 따라 감사원이 심사위원회에 재심을 요구한 경우 심사위원회는 즉시 재심요구서 부본을 청구인에게 송부하고 답변 자료의 제출을 요구하여야 한다.

② 심사위원회는 제1항의 규정에 의한 재심사건의 심사를 위하여 필요하다고 인정하는 경우를 제외하고는 당사자의 출석 없이 결정할 수 있다.

③ 심사위원회가 재심사건을 결정한 때에는 재심결정서를 작성하여 그 정본을 지체 없이 당사자 및 감사원에 송부하여야 한다. 이 경우 감사원에는 교육부장관을 경유하여 송부하여야 한다.

④ 제1항의 재심요구서에 재심이유가 명시되어 있지 아니하거나, 그 밖에 흠이 있는 경우에는 심사위원회는 재심요구서를 접수한 날부터 7일 이내에 상당한 기간을 정하여 보정을 요구하여야 한다. 이 경우 재심청구사건의 처리기간은 그 보정이 완료

된 날부터 기산한다.

⑤ 재심요구에 대한 결정은 특별한 사정이 있는 경우를 제외하고는 재심이 요구된 날부터 30일 이내에 하여야 한다.

**제23조(행정소송 결과의 통보)** 청구인이 법 제10조 제3항의 규정에 의하여 피청구인을 피고로 하여 행정소송을 제기한 경우에는 당해 소청사건의 피청구인은 청구인이 소송을 제기한 사실 및 그 소송 결과를 심사위원회에 통보하여야 한다.

**제24조(고유식별정보의 처리)** 심사위원회는 법 제7조 제1항에 따른 소청심사(訴請審査)에 관한 사무를 수행하기 위하여 불가피한 경우 「개인정보 보호법 시행령」 제19조 제1호에 따른 주민등록번호가 포함된 자료를 처리할 수 있다.

# 소청절차규정

**제1조(목적)** 이 영은 행정기관 소속공무원의 소청에 관한 절차를 규정함을 목적으로 한다.

**제2조(소청심사청구)** ① 공무원이 징계처분·강임·휴직·직위해제·면직처분 그밖에 그 의사에 반하는 불리한 처분 또는 부작위에 대하여 소청심사위원회(이하 '위원회'라 한다)에 심사를 청구할 때에는 다음 각 호의 사항을 기재한 소청심사청구서(이하 '청구서'라 한다)를 위원회에 제출하여야 한다.

1. 주소·성명·주민등록번호 및 전화번호
2. 소속기관명 또는 전 소속기관명과 직위 또는 전 직위
3. 피청구인(대통령의 처분 또는 부작위에 대하여는 제청권자)
4. 소청의 취지
5. 소청의 이유 및 입증방법
6. 처분사유설명서 또는 인사발령통지서의 수령지연으로 인하여 처분사유설명서에 기재된 일자로부터 소청제기기간을 초과하여 소청심사를 청구하는 경우에는 그 수령지연사실의 입증자료

② 위원회는 제1항에 따른 소청심사청구가 위원회의 관할에 속하지 아니하는 경우에는 지체 없이 이를 관할 위원회에 이송하고 그 사실을 소청심사를 청구한 자(이하 '청구인'이라 한다)에게 통지하여야 한다.

**제3조(청구기간의 진행정지)** ① 청구인에게 책임이 없는 사유로 소청심사의 청구를 할 수 없는 기간은 「국가공무원법」(이하 '법'이라 한다) 제76조 제1항의 소청제기기간(이하 '소청제기기간'이라 한다)에 산입하지 아니한다.

② 제1항의 규정에 의한 책임 없는 사유의 여부는 위원회가 결정한다.

**제4조(소청대리인의 지정·선임 등)** ① 제2조 제1항에 의한 소청심사의 청구가 있을 때

에는 그 사건의 피청구인은 관계공무원 또는 변호사를 대리인으로 지정 또는 선임하여 소청에 응하게 할 수 있다.

② 변호사가 법 제76조 제1항의 규정에 의하여 청구인의 대리인으로 선임되거나 공무원 또는 변호사가 제1항의 규정에 의하여 피청구인의 대리인으로 지정 또는 선임된 때에는 그 위임장 또는 지정서를 위원회에 제출하여야 한다.

**제4조의2(피청구인의 변명서 제출)** ① 위원회가 법 제12조 제2항의 규정에 의하여 피청구인에게 소청이 제기된 징계 기타처분 또는 부작위에 대한 변명서의 제출을 요구한 때에는 피청구인은 지정된 기일 안에 변명서와 청구인의 수에 따른 부본을 제출하여야 한다.

② 위원회는 제1항에 따라 제출된 변명서의 내용이 충분하지 아니하거나 입증자료가 필요한 때에는 피청구인에게 변명내용의 보충 또는 입증자료의 제출을 요구할 수 있다.

③ 위원회는 제1항 및 제2항에 따라 제출된 변명서 부본, 추가 제출된 변명내용 및 입증자료를 지체 없이 청구인에게 송달하여야 한다.

**제5조(가결정통보)** 위원회가 소청사건에 대하여 법 제76조 제3항의 가결정을 한 때에는 지체 없이 그 임명권자에게 이를 통보하여야 한다. 이 경우에 긴급한 때에는 서면에 의한 통보에 앞서 전화·모사전송·전자우편 등에 의하여 통보하여야 한다.

**제6조(보정요구등)** ① 위원회는 청구서에 흠결이 있다고 인정할 때에는 청구서를 접수한 날부터 7일 이내에 상당한 기간을 정하여 보정을 요구하여야 한다. 다만, 그 흠결이 경미한 때에는 직권으로 보정할 수 있다.

② 제1항의 규정에 의한 보정기간 내에 보정하지 아니할 때에는 소청심사의 청구를 취하한 것으로 본다.

③ 청구인의 소재가 분명하지 아니한 경우에는 제1항의 보정요구는 관보에 게재하고 게재한 날부터 10일이 경과하는 날에 그 보정요구는 청구인에게 도달된 것으로 본다.

④ 위원회가 각 기관에 대하여 심사자료의 제출을 요구하였을 때에는 각 기관은 지정된 기간 내에 이를 제출하여야 한다.

⑤ 제1항의 규정에 의하여 보정을 요구한 소청사건에 대한 처리기간은 그 보정이 완료된 날부터 기산한다.

**제7조(소청의 취하)** 청구인은 위원회의 결정이 있을 때까지는 청구의 일부 또는 전부를 취하할 수 있다.

**제7조의2(각하)** ① 소청제기기간의 경과와 소청 관할 위반 등 소청의 제기가 부적법한 때에는 위원회는 특별한 사정이 있는 경우를 제외하고는 당사자를 출석시키지 아니하고 각하결정을 할 수 있다.

② 위원회는 제1항에 따라 당사자를 출석시키지 아니하고 각하 결정을 하는 때에는 청구인에게 서면에 의한 진술 기회를 주어야 한다.

**제8조(기일지정통지)** ① 위원회가 소청사건을 심사할 때에는 청구인과 피청구인 또는 그 대리인(이하 '소청당사자'라 한다)에게 심사일시·장소를 통지하여 출석할 수 있도록 하여야 한다. 이 경우 통지를 받은 자가 정당한 사유로 출석할 수 없는 때에는 심사의 연기를 요청할 수 있고, 위원회는 심사기일을 다시 정할 수 있다.

② 제1항의 통지를 받고 출석하는 자가 공무원인 경우에는 그 소속기관의 장은 공가를 허가하여야 한다.

③ 삭제

④ 소청당사자중 소재가 분명하지 아니한 자에 대한 제1항의 통지는 관보에 게재하고 게재한 날부터 10일이 경과하는 날에 그 통지는 당해 소청당사자에게 도달된 것으로 본다.

**제9조(위원의 기피·회피)** ① 소청당사자는 위원회의 위원에게 법 제14조 제2항의 규정에 의한 제척사유 또는 심사·결정의 공정을 기대하기 어려운 사정이 있는 경우에는 그 이유를 명시하여 그 위원의 기피를 신청할 수 있으며, 위원은 회피할 수 있다.

② 위원회는 제1항의 기피신청에 대하여 결정을 하여야 한다. 이 경우 기피신청을 받은 위원은 그 의결에 참여하지 못한다.

**제10조(진술권)** ① 위원회는 출석한 소청당사자의 진술을 청취하여야 하며, 필요하다고 인정할 때에는 구술로 심문할 수 있다.

② 제8조 제1항의 통지를 받고 출석하지 아니한 소청당사자는 서면에 의하여 그 의

견을 진술할 수 있다.

③ 청구인이 형사사건으로 구속되거나 기타 사유로 인하여 위원회에 출석할 수 없을 경우에 제8조 제1항의 규정에 의하여 지정한 기일 또는 위원회가 특히 서면에 의한 진술을 위하여 지정한 기일 안에 서면에 의한 진술도 하지 아니한 때에는 위원회는 진술 없이 결정할 수 있다.

**제11조(증거제출권)** ① 소청당사자는 증인의 소환·질문 또는 증거물 기타 심사자료의 제출명령을 신청하거나, 증거물 기타 심사자료를 제출할 수 있다.

② 위원회는 제1항의 신청에 대한 채택여부를 결정하여야 한다.

③ 소청당사자가 신청한 증인의 여비는 신청인의 부담으로 한다.

④ 위원회가 채택한 증인이 공무원인 경우에는 그 소속기관의 장은 그 증인에게 공가를 허가하여야 한다.

⑤ 위원회는 소청사건이 결정된 후 신청이 있는 때에는 제1항의 규정에 의하여 제출된 증거물 기타 심사자료를 제출자에게 반환할 수 있다.

**제12조(조서작성)** 위원회는 소청사건의 심사절차에 대한 조서를 작성하여야 한다.

**제13조(처분의 취소 등)** ① 피청구인은 위원회에 계속 중인 사건의 처분을 취소 또는 변경하거나 부작위에 대한 처분을 한 때에는 위원회와 청구인에게 그 사실을 통지하여야 한다.

② 위원회는 제1항의 경우에 그 사건의 심사여부를 결정하여야 한다.

**제14조(심사의 범위)** 위원회는 징계 또는 소청의 원인이 된 사실 이외의 사실에 대하여 심사하지 못한다.

**제15조(결정서의 작성)** 위원회가 소청심사청구에 대하여 결정을 할 때에는 다음 각 호의 사항을 기재한 소청심사결정서를 작성하고 위원장과 출석한 위원이 이에 서명 날인하여야 한다.

1. 소청당사자의 표시

2. 결정주문

3. 결정이유의 개요

4. 증거의 판단

**제16조(결정서의 송부)** ① 소청심사결정서는 그 정본을 작성하여 지체 없이 소청당사자에게 송부하여야 한다.

② 제1항의 규정에 의하여 소청심사결정서를 송부함에 있어 그 결정서가 위원회의 과실 없이 청구인에게 송달되지 아니한 경우에는 청구인의 주소·성명과 결정주문을 관보에 게재하고, 게재한 날부터 2주일이 경과하는 날에 결정서는 당해 청구인에게 도달된 것으로 본다.

**제17조(감사원 요구에 의한 재심)** ① 감사원법 제32조 제6항의 규정에 의한 재심요구는 그 이유를 명시한 재심요구서에 의하여야 한다.

② 위원회는 제1항의 재심요구서를 접수하면 즉시 그 부본을 첨부하여 청구인에게 송부하고 변명자료의 제출을 요구하여야 한다.

③ 재심사건의 심사는 필요하다고 인정하는 경우를 제외하고는 당사자의 출석 없이 결정할 수 있다.

④ 위원회가 재심사건을 심사·결정하였을 때에는 재심결정서를 작성하여 그 정본을 지체 없이 소청당사자 및 감사원장에게 송부하여야 한다. 이 경우 감사원장에게는 인사혁신처를 경유하여 송부하여야 한다.

⑤ 제1항의 재심요구서에 재심이유가 명시되어 있지 아니하거나, 기타 흠결이 있을 경우에는 재심요구서를 접수한 날부터 7일 이내에 상당한 기간을 정하여 보정을 요구하여야 하며, 이 경우에 처리기간은 그 보정이 완료된 날부터 기산한다.

⑥ 재심요구에 대한 결정은 특별한 사정이 있는 경우를 제외하고는 재심이 요구된 날부터 30일 이내에 하여야 한다.

**제18조(행정소송 결과의 통보)** 청구인이 법 제16조의 규정에 의하여 행정소송을 제기한 경우에는 당해 소청사건의 피청구인은 소송을 제기한 사실 및 그 결과를 위원회에 통보하여야 한다.

**제19조** 삭제

**제20조** 삭제

**제21조(실비변상)** 법 제12조 제5항의 규정에 의한 증인의 일당은 증인이 공무원이 아닌 경우에만 지급하되, 국가공무원 6급 5호봉 상당의 월봉급액을 일할 계산한 금액

으로 하고, 여비는 증인이 공무원인 경우에는 공무원여비규정 '별표1'의 소정액으로 하며, 증인이 공무원이 아닌 경우에는 공무원여비규정 '별표1'의 제4호 해당자 소정액으로 한다.

# 지방공무원 징계 및 소청 규정

**제1조(목적)** 이 영은 「지방공무원법」 제9장 및 제21조에 따른 공무원의 징계와 징계부가금 부과 및 소청 절차에 필요한 사항을 규정함을 목적으로 한다.

**제1조의2(적용 범위)** 지방자치단체의 일반직공무원 및 「지방공무원법」(이하 '법'이라 한다) 제9장이 준용되는 별정직공무원(이하 '공무원'이라 한다)에 대한 징계 또는 징계부가금과 소청 절차는 다른 법령에 특별한 규정이 있는 경우를 제외하고는 이 영에서 정하는 바에 따른다.

**제1조의3(정의)** 이 영에서 사용하는 용어의 뜻은 다음과 같다.

1. '중징계'란 파면·해임·강등 또는 정직(停職)을 말한다.

2. '경징계'란 감봉 또는 견책을 말한다.

**제1조의4(징계등의 관할)** ① 특별시·광역시·특별자치시·도 및 특별자치도(이하 '시·도'라 한다) 인사위원회(이하 '위원회'라 한다)에서는 다음 각 호의 징계 또는 법 제69조의2에 따른 징계부가금(이하 '징계부가금'이라 한다) 사건을 심의·의결한다.

1. 시·도(소속 기관을 포함한다) 및 시·군·구(자치구를 말하며, 소속 기관을 포함한다)의 다음 각 목의 어느 하나에 해당하는 공무원의 징계 또는 징계부가금(이하 '징계등'이라 한다) 사건

가. 5급 이상 공무원(일반임기제공무원의 경우에는 개방형 직위에 임용되는 공무원으로 한정한다)

나. 지방전문경력관 가군

다. 연구관 및 지도관

라. 5급 이상 공무원의 보수에 상당하는 보수를 받는 별정직공무원

2. 시·도 소속의 다음 각 목의 어느 하나에 해당하는 공무원(이하 '6급이하공무원등'이라 한다)에 대한 중징계 또는 중징계 관련 징계부가금(이하 '중징계등'이라 한다) 사

건. 다만, 법 제7조 제1항에 따라 시·도 소속 기관에 위원회를 둔 경우 그 소속 기관의 6급이하공무원등에 대한 중징계등은 제외한다.

가. 6급 이하 공무원(일반임기제공무원의 경우에는 개방형 직위에 임용되는 공무원으로 한정한다)

나. 지방전문경력관 나군 및 다군

다. 연구사 및 지도사

라. 6급 이하 공무원의 보수에 상당하는 보수를 받는 별정직공무원

3. 제2항의 징계등 사건으로서 제2위원회의 심의에 부치는 경우 공정한 심의·의결을 기대하기 어렵다고 인정하여 특별시장·광역시장·특별자치시장·도지사 및 특별자치도지사가 제1위원회의 심의에 부치는 징계등 사건

4. 제1호부터 제3호까지의 징계등 사건과 관련된 공무원의 징계등 사건

5. 시·도 소속 6급이하공무원등에 대한 경징계 또는 경징계 관련 징계부가금(이하 '경징계등'이라 한다) 사건. 다만, 법 제7조 제1항에 따라 시·도 소속 기관에 위원회를 둔 경우 그 소속 기관의 6급이하공무원등에 대한 경징계등은 제외한다.

6. 법 제7조 제1항에 따라 위원회를 둔 시·도 소속 기관의 6급이하공무원등의 중징계등 사건

7. 시·군·구(자치구를 말한다. 이하 같다) 소속 6급이하공무원등의 중징계등 사건. 다만, 시·군·구 소속 기관에 위원회를 둔 경우 그 소속 기관의 6급이하공무원등에 대한 중징계등은 제외한다.

8. 법 제72조 제1항 단서에 따른 소속 기관을 달리하는 같은 사건에 관련된 공무원의 징계등 사건

9. 법 제7조 제1항에 따라 위원회를 둔 시·도 소속 기관의 장과 시장·군수·구청장(자치구의 구청장을 말한다)이 그가 관할하는 위원회의 심의에 부치는 경우 공정한 심의·의결을 기대하기 어렵다고 인정하여 시·도 위원회에 심의·의결을 요구하는 징계등 사건

10. 제5호부터 제9호까지의 징계등 사건과 관련된 공무원의 징계등 사건

② 법 제7조 제1항에 따라 시·도에 복수의 위원회를 두는 경우 제1위원회에서는 제1

항 제1호부터 제4호까지의 징계등 사건을 심의·의결하고, 제2위원회에서는 제1항 제5호부터 제10호까지의 징계등 사건을 심의·의결한다.

③ 시·군·구 위원회에서는 제1항 및 제2항의 징계등 사건을 제외한 다음 각 호의 징계등 사건을 심의·의결한다.

1. 시·군·구 소속 6급이하공무원등의 경징계등 사건. 다만, 시·군·구 소속 기관에 위원회를 둔 경우 그 소속 기관의 6급이하공무원등에 대한 경징계등은 제외한다.

2. 법 제7조 제1항에 따라 위원회를 둔 시·군·구 소속 기관의 6급이하공무원등의 중징계등 사건

3. 법 제7조 제1항에 따라 위원회를 둔 시·군·구 소속 기관의 장이 그가 관할하는 위원회의 심의에 부치는 경우 공정한 심의·의결을 기대하기 어렵다고 인정하여 시·군·구 위원회에 심의·의결을 요구하는 징계등 사건

4. 제1호부터 제3호까지의 징계등 사건과 관련된 공무원의 징계등 사건

④ 법 제7조 제1항에 따라 시·도 및 시·군·구 소속 기관의 장별로 설치된 위원회는 그 소속의 6급이하공무원등에 대한 경징계등 사건을 심의·의결한다.

⑤ 임기제공무원(일반임기제공무원의 경우에는 개방형 직위에 임용되는 공무원은 제외한다)에 대한 징계등은 해당 공무원의 소속 지방자치단체(소속 기관을 포함한다) 위원회의 관할로 한다. 이 경우 법 제7조 제1항에 따라 시·도에 복수의 위원회를 두는 경우 각 위원회는 다음 각 호의 구분에 따른 공무원에 대한 징계등 사건을 관할한다.

1. 제1위원회: 5급 이상 일반임기제공무원(개방형 직위에 임용되는 공무원은 제외한다), 시간선택제임기제공무원 가급, 한시임기제공무원 5호

2. 제2위원회: 6급 이하 일반임기제공무원(개방형 직위에 임용되는 공무원은 제외한다), 시간선택제임기제공무원 중 가급 외의 공무원, 한시임기제공무원 중 5호 외의 공무원

**제2조(징계의결등의 요구)** ① 법 제7조 제1항에 따른 임용권자는 소속 공무원(인사위원회가 설치된 자치구가 아닌 구의 구청장과 소속 기관의 장의 경우에는 다음 각 호의 어느 하나에 해당하는 소속 공무원으로 한정한다)이 법 제69조 제1항 및 제69조의2 제1항·제2항에 해당하는 사유가 있다고 인정될 때에는 지체 없이 해당 징계등 사건을

관할하는 위원회에 징계의결·징계부가금 부과의결(이하 '징계의결등'이라 한다)을 요구하여야 한다.

1. 6급이하공무원등

2. 임기제공무원(일반임기제공무원의 경우에는 개방형 직위에 임용되는 공무원은 제외한다)

② 행정기관의 장은 제1항에 따른 징계의결등을 요구할 수 없는 공무원에게 징계등 사유가 있다고 인정될 때에는 징계의결등의 요구권이 있는 기관의 장에게 그 징계등 사유를 증명할 수 있는 다음 각 호의 어느 하나에 해당하는 관계 자료를 첨부하여 이를 통보하여야 한다.

1. 감사원에서 조사한 사건의 경우에는 공무원 징계처분 또는 징계부가금 부과처분 요구서 및 혐의자·관련자에 대한 문답서·확인서 등 조사 기록

2. 수사기관에서 수사한 사건의 경우에는 공무원 범죄처분 결과 통보서, 공소장, 혐의자·관련자·관계증인에 대한 신문조서 및 진술서 등 수사 기록

3. 그 밖에 다른 기관에서 조사한 사건의 경우에는 징계등 혐의사실 통보서 및 혐의사실을 증명할 수 있는 관계 자료

③ 제2항에 따라 징계등 사유를 통보받은 기관의 장은 타당한 이유가 없으면 1개월 이내에 관할 위원회에 해당 공무원에 대한 징계의결등을 요구하여야 한다.

④ 제3항에 따라 징계의결등을 요구한 기관의 장은 제2항에 따라 징계등 사유를 통보한 행정기관의 장에게 해당 사건의 처리결과를 통보하여야 한다.

⑤ 삭제

⑥ 제1항 및 제3항에 따른 징계의결등을 요구할 때에는 징계등 사유에 대한 충분한 조사를 한 후에 증명에 필요한 다음 각 호의 관계 자료를 첨부하여 관할 위원회에 제출하여야 하고, 중징계 또는 경징계로 구분하여 요구하여야 한다. 다만, 「감사원법」 제32조 제1항 및 제10항에 따라 감사원장이 법 제70조에서 정한 징계의 종류를 구체적으로 지정하여 징계요구를 한 경우에는 그러하지 아니하다.

1. 별지 제1호서식의 공무원 징계의결 또는 징계부가금 부과의결 요구서(이하 '징계의결등 요구서'라 한다)

2. 공무원 인사기록카드 사본

3. 별지 제1호의2 서식의 확인서

4. 혐의 내용을 증명할 수 있는 공문서 등 관계 증거 자료

5. 혐의 내용에 대한 조사 기록 또는 수사 기록

6. 관련자에 대한 조치사항 및 그에 대한 증거 자료

7. 관계법규·지시문서 등의 발췌문

⑦ 징계의결등 요구권자는 징계의결등을 요구하면서 동시에 제6항의 징계의결등 요구서의 사본을 징계등 혐의자에게 보내야 하며, 징계등 혐의자가 징계의결등 요구서 사본의 수령을 거부하는 경우에는 관할 위원회에 그 사실을 증명하는 서류를 첨부하여 문서로 통보하여야 한다.

**제3조(징계의결등의 기한)** ① 위원회는 징계의결등 요구서를 받은 날부터 30일 이내에 징계등에 관한 의결을 하여야 한다. 다만, 부득이한 사유가 있을 때에는 그 위원회의 의결로 30일의 범위에서 그 기한을 연장할 수 있다.

② 법 제73조에 따라 징계등 절차의 진행이 정지된 기간은 제1항의 징계의결등의 기간에 포함하지 아니한다.

**제4조(징계등 혐의자의 출석)** ① 위원회가 징계등 혐의자의 출석을 명할 때에는 별지 제2호 서식의 출석통지서를 해당 징계등 사건을 심의·의결하기 위한 위원회 개최일 3일 전에 징계등 혐의자에게 도달하도록 하여야 한다. 이 경우에는 출석통지서의 사본을 징계등 혐의자의 소속 기관의 장에게 보내야 하며, 소속 기관의 장은 징계등 혐의자를 출석하게 하여야 한다.

② 위원회는 주소를 알 수 없거나 그 밖의 사유로 제1항에 따른 출석통지서를 징계등 혐의자에게 보내는 것이 곤란하다고 인정될 때에는 출석통지서를 징계등 혐의자의 소속 기관의 장에게 보내어 내주게 할 수 있다. 이 경우 출석통지서를 받은 기관의 장은 지체 없이 징계등 혐의자에게 이를 내준 후 그 교부 상황을 관할 위원회에 알려야 한다.

③ 위원회는 징계등 혐의자가 그 위원회에서 진술하기 위한 출석을 원하지 아니할 때에는 진술권 포기서를 제출하게 하여 기록에 첨부하고 서면심사만으로 징계의결

등을 할 수 있다.

④ 징계등 혐의자는 정당한 사유로 출석할 수 없을 때에는 위원회에 사유서를 제출하여야 하며, 사유서를 제출하지 아니하고 출석하지 아니하였을 때에는 위원회는 그 사실을 분명히 기록하고 서면심사로 징계의결등을 할 수 있다.

⑤ 징계등 혐의자가 해외체류, 형사사건으로 인한 구속, 여행, 그 밖의 사유로 징계의결등 요구서 접수일부터 50일 이내에 출석할 수 없다고 인정될 때에는 서면으로 진술하게 하여 징계의결등을 할 수 있다. 이 경우 서면진술을 하지 아니하였을 때에는 그 진술 없이 징계의결등을 할 수 있다.

⑥ 징계등 혐의자가 있는 곳이 분명하지 아니할 때의 출석통지는 해당 지방자치단체의 공보(공보를 발행하지 아니하는 경우에는 둘 이상의 일간신문)를 통하여 한다. 이 경우 공고한 날부터 10일이 지나면 그 출석통지서가 송달된 것으로 본다.

⑦ 징계등 혐의자가 출석통지서 수령을 거부한 경우에는 위원회에서의 진술권을 포기한 것으로 본다. 다만, 징계등 혐의자는 출석통지서 수령을 거부한 경우에도 관할 위원회에 출석하여 진술할 수 있다.

⑧ 징계등 혐의자의 소속 기관의 장이 제2항 전단에 따라 출석통지서를 내주어도 징계등 혐의자가 출석통지서 수령을 거부할 때에는 제2항 후단에 따라 출석통지서 교부 상황을 알릴 때 수령을 거부한 사실을 증명하는 서류를 첨부하여야 한다.

**제5조(심문과 진술권)** ① 위원회는 제4조에 따라 출석한 징계등 혐의자에게 징계의결등 요구의 내용에 관한 심문을 하고, 필요하다고 인정할 때에는 관계인의 출석을 요구하여 심문할 수 있다.

② 위원회는 징계등 혐의자에게 충분한 진술을 할 수 있는 기회를 주어야 하며, 징계등 혐의자는 서면 또는 구술로 자기에게 이익이 되는 사실을 진술하거나 증거를 제출할 수 있다.

③ 징계등 혐의자는 증인의 심문을 신청할 수 있다. 이 경우 위원회는 그 채택 여부를 결정하여야 한다.

④ 징계의결등 요구자는 필요하다고 인정할 때에는 서면 또는 구두로 위원회에 의견을 진술할 수 있다.

**제6조(징계등의 의결)** ① 위원회의 회의는 법 제10조 제2항에 따른 구성원 3분의 2 이상의 출석과 출석위원 과반수의 찬성으로 의결하되, 의견이 나뉘어 출석위원 과반수에 이르지 못할 때에는 출석위원 과반수에 이르기까지 징계등 혐의자에게 가장 불리한 의견의 수에 차례로 유리한 의견의 수를 더하여 그 중에서 가장 유리한 의견을 합의된 의견으로 본다.

② 제1항의 의결은 별지 제3호 서식의 징계 또는 징계부가금 의결서(이하 '징계등 의결서'라 한다)로써 하며, 그 이유란에는 징계등의 원인이 된 사실, 증거의 판단과 관계 법령을 구체적으로 밝혀야 한다.

③ 위원회는 필요하다고 인정할 때에는 소속 직원으로 하여금 사실조사를 하게 하거나 특별한 학식·경험이 있는 자에게 검정(檢定) 또는 감정(鑑定)을 의뢰 할 수 있다.

④ 위원회는 제3항에 따라 소속 직원으로 하여금 사실조사를 하게 하기 위하여 필요하다고 인정할 때에는 징계등 혐의자에게 출석을 명할 수 있다.

⑤ 제4항에 따라 징계등 혐의자를 출석하게 하는 경우에는 제4조 제1항·제2항 및 제8항을 준용한다.

**제7조** 삭제

**제8조(징계등의 양정)** ① 징계등 양정(量定)에 관한 기준은 교육부령 또는 행정자치부령으로 정한다.

② 위원회가 징계등 사건을 의결할 때에는 징계등 혐의자의 소행, 근무성적, 공적, 뉘우치는 정도 및 징계등 요구의 내용과 그 밖의 정황을 고려하여야 한다.

**제8조의2(징계부가금)** ① 위원회가 법 제69조의2 제1항에 따라 징계부가금 부과의결을 요구받은 때에는 같은 항 각 호의 어느 하나에 해당하는 행위(이하 '금품비위행위'라 한다)로 취득하거나 제공한 금전 또는 재산상 이득(금전이 아닌 재산상 이득의 경우에는 금전으로 환산한 금액을 말하며, 이하 '금품비위금액등'이라 한다)의 5배 내에서 징계부가금의 부과의결을 할 수 있다.

② 법 제69조의2 제1항 제1호에서 '대통령령으로 정하는 재산상 이익'이란 다음 각 호의 어느 하나에 해당하는 것을 말한다.

1. 유가증권, 숙박권, 회원권, 입장권, 할인권, 초대권, 관람권, 부동산 등의 사용권

등 일체의 재산상 이익

2. 골프 등의 접대 또는 교통·숙박 등의 편의

3. 채무면제, 취업 제공, 이권 부여 등 유형·무형의 경제적 이익

③ 위원회에서 징계부가금 부과 의결을 하기 전에 징계등 혐의자가 금품비위행위로 다른 법률에 따라 형사처벌을 받거나 변상책임 등을 이행한 경우(몰수나 추징을 당한 경우를 포함한다) 또는 다른 법령에 따른 환수나 가산징수 절차에 따라 환수금이나 가산징수금을 납부한 경우로서 법 제69조의2 제2항에 따라 위원회가 징계부가금을 조정하여 의결할 때에는 벌금, 변상금, 몰수, 추징금, 환수금 또는 가산징수금에 해당하는 금액과 징계부가금의 합계액이 금품비위금액등의 5배를 초과해서는 아니 된다.

④ 징계의결등의 요구권자는 다음 각 호의 어느 하나에 해당하는 사유가 발생한 날부터 30일 내에 위원회에 징계부가금 감면의결을 요구하여야 하며, 동시에 별지 제3호의2 서식의 징계부가금 감면의결 요구서 사본을 징계등 혐의자에게 보내야 한다. 다만, 징계등 혐의자가 그 수령을 거부하는 경우에는 보내지 아니할 수 있다.

1. 징계부가금 부과의결을 받은 사람이 법원의 판결(몰수·추징에 대한 판결을 포함한다)이 확정되거나 변상책임 등을 이행한 날 또는 환수금이나 가산징수금을 납부한 날부터 60일 내에 징계의결등의 요구권자에게 징계부가금 감면의결을 신청한 경우

2. 징계의결등의 요구권자가 징계부가금 부과의결을 받은 사람에 대한 법원의 판결(몰수·추징에 대한 판결을 포함한다)이 확정되거나 변상책임 등이 이행된 것 또는 환수금이나 가산징수금이 납부된 것을 안 경우

⑤ 제4항에 따라 징계부가금 감면의결이 요구된 경우 법 제69조의2 제3항에 따라 위원회는 벌금, 변상금, 몰수 또는 추징금, 환수금 또는 가산징수금에 해당하는 금액과 징계부가금의 합계액이 금품비위금액등의 5배를 초과하지 않는 범위에서 감면의결하여야 한다. 이 경우 징계부가금 감면의결의 기한에 관하여는 제3조 제1항을 준용한다.

⑥ 징계등 혐의자 또는 징계부가금 부과의결을 받은 사람이 벌금 외의 형(벌금형이 병과되는 경우를 포함한다)을 선고받아 제3항 또는 제5항을 적용하기 곤란한 경우에

는 위원회는 형의 종류, 형량 및 실형, 집행유예 또는 선고유예 여부 등을 종합적으로 고려하여 징계부가금을 조정하여 의결하거나 감면의결하여야 한다.

**제9조(의결 통보)** 위원회가 징계의결등이나 징계부가금 감면의결을 하였을 때에는 징계등 의결서 또는 별지 제3호의3 서식의 징계부가금 감면의결서 정본을 첨부하여 지체 없이 징계의결등이나 징계부가금 감면의결의 요구자에게 통보하여야 한다. 다만, 징계의결등이나 징계부가금 감면의결의 요구자와 징계처분, 징계부가금 부과처분 또는 징계부가금 감면처분(이하 '징계처분등'이라 한다)의 처분권자가 다를 때에는 징계처분등의 처분권자에게도 통보하여야 한다.

**제10조(징계처분등)** ① 임용권자는 제6조 및 제8조의2에 따른 징계의결등과 징계부가금 감면의결에 대한 징계처분등을 하여야 한다. 다만, 법 제7조 제1항에 따라 위원회를 둔 기관의 장이 징계처분등 권한을 위임받지 아니한 경우에는 임용권자에게 지체 없이 그 징계처분등을 신청하여야 한다.

② 징계처분등의 처분권자는 징계등 의결서 또는 징계부가금 감면의결서(제1항 단서에 따른 신청서를 포함한다)를 받은 날부터 15일 이내에 징계처분등을 하여야 한다.

③ 징계처분등의 처분권자가 제2항에 따라 징계의결등 또는 징계부가금 감면의결에 대한 징계처분등을 할 때에는 별지 제4호 서식의 징계처분등의 사유설명서에 징계등 의결서 또는 징계부가금 감면의결서의 사본을 첨부하여 징계처분등의 대상자에게 발급하여야 한다.

**제10조의2(징계부가금 납부고지서의 교부 등)** ① 제9조에 따라 의결 통보를 받은 징계처분등의 처분권자가 제10조 제3항에 따라 징계처분등의 대상자에게 징계처분등의 사유설명서를 교부할 때에는 징계부가금 금액을 분명하게 적은 납부고지서 또는 감면된 징계부가금 금액을 분명하게 적은 감면 납부고지서를 함께 교부하여야 한다.

② 징계처분등의 대상자가 제1항의 납부고지서를 교부받은 날부터 60일 내에 징계부가금 또는 감면된 징계부가금을 납부하지 않으면 징계처분등의 처분권자가 법 제69조의2 제4항에 따른 지방세 체납처분의 예에 따라 징수할 수 있다.

③ 징계처분등의 대상자가 징계부가금을 납부하기 전에 제1항의 감면 납부고지서를 받은 경우에는 징계처분등의 대상자는 감면된 징계부가금을 납부하여야 한다.

④ 징계처분등의 대상자가 징계부가금을 납부한 후에 제1항의 감면 납부고지서를 받은 경우에는 징계처분등의 처분권자는 그 차액을 징계처분등의 대상자에게 환급하여야 한다.

**제11조(회의의 비공개)** 위원회의 징계등에 관한 회의는 공개하지 아니한다.

**제12조(비밀누설 금지)** 위원회의 징계등에 관한 회의에 참석한 사람은 직무상 알게 된 비밀을 누설해서는 아니 된다.

**제13조** 삭제

**제14조(직권면직에 대한 위원회의 동의 등)** ① 법 제62조 제2항을 적용할 때 임용권자는 직권면직에 대한 위원회의 의견을 들어야 하는 경우에는 이 영에 따른 경징계등 요구사건의 징계등을 심의·의결하는 위원회의 의견을 들어야 하고, 직권면직에 대한 위원회의 동의를 받아야 하는 경우에는 이 영에 따른 중징계등 요구사건의 징계등을 심의·의결하는 위원회의 동의를 받아야 한다.

② 제1항의 경우 별지 제4호의2 서식의 직권면직 의견·동의 요구서로 그 의견 또는 동의를 요구하여야 한다.

③ 위원회는 다른 징계등 사건(법 제69조의3 제2항에 따라 징계의결등이 요구된 사건은 제외한다)에 우선하여 직권면직에 관하여 제시할 의견이나 동의 여부에 대하여 의결하여야 한다.

④ 위원회가 직권면직에 관하여 제시할 의견이나 동의 여부에 대하여 의결하였을 때에는 지체 없이 별지 제4호의3 서식의 직권면직 의견·동의 의결서를 임용권자에게 통보하여야 한다.

⑤ 제1항부터 제4항까지에서 규정한 사항 외에 직권면직 대상자의 출석, 심문과 진술권 및 사실조사에 관하여는 제4조, 제5조 및 제6조제4항·제5항을 준용한다. 이 경우 '징계등 혐의자'는 '직권면직 대상자'로, '징계의결등'은 '직권면직에 대한 의견 또는 동의 의결'로, '징계의결등 요구서'는 '직권면직 의견·동의 요구서'로, '징계의결등 요구의 내용'은 '직권면직'으로 본다.

**제15조(심사 또는 재심사)** ① 징계의결등 또는 징계부가금 감면의결을 요구한 기관의 장은 법 제72조 제2항에 따라 심사 또는 재심사를 청구하려면 징계의결등 또는 징

계부가금 감면의결을 통보받은 날부터 15일 이내에 다음 각 호의 사항을 적은 징계의결등 또는 징계부가금 감면의결 심사(재심사) 청구서에 사건 관계기록을 첨부하여 관할 위원회에 제출하여야 한다.

1. 심사 또는 재심사 청구의 취지

2. 심사 또는 재심사 청구의 이유 및 증명방법

3. 징계등 의결서 사본 또는 징계부가금 감면의결서 사본

4. 제8조 제2항에 따라 고려된 정황 또는 제8조의2 제6항에 따라 조정·감면을 위하여 고려한 사항

② 제1항에 따라 심사 또는 재심사 청구를 받은 위원회는 이 영에서 정하는 징계의결등 또는 징계부가금 감면의결 절차에 따라 심사 또는 재심사를 하여야 한다.

**제15조의2(징계등 처리대장)** 위원회는 징계등 사건의 접수·처리상황을 관리하기 위하여 별지 제5호 서식의 징계등 처리대장을 갖춰 두어야 한다.

**제16조(소청절차)** 일반직공무원에 대한 소청절차는 국가공무원에게 적용되는 「소청절차규정」을 준용한다.

**제16조의2** 삭제

**제16조의3(징계절차의 중지 등)** ① 법 제73조 제1항에서 '각 행정기관에서 대통령령으로 정하는 바에 따라 조사 중인 사건'이란 「지방자치단체에 대한 행정감사규정」 제2조에 따른 감사 중인 사건을 말한다.

② 임용권자는 법 제73조 제3항에 따라 수사 개시 통보를 받으면 지체 없이 징계의결등의 요구나 그 밖에 징계등 절차의 진행 여부를 결정하고, 그 사실을 징계등 혐의자에게 통보하여야 한다.

**제17조(시행세칙)** 이 영 시행에 필요한 사항은 교육부령 또는 행정자치부령으로 정한다.